大学语文

屈宁丽 卢林 主编

北京理工大学出版社
BEIJING INSTITUTE OF TECHNOLOGY PRESS

版权专有　侵权必究

图书在版编目（CIP）数据

大学语文／屈宁丽，卢林主编.－－北京：北京理工大学出版社，2023.8
　　ISBN 978-7-5763-2711-3

　　Ⅰ．①大… Ⅱ．①屈… ②卢… Ⅲ．①大学语文课-高等学校-教材　Ⅳ．①H19

中国国家版本馆 CIP 数据核字（2023）第 150363 号

出版发行 ／ 北京理工大学出版社有限责任公司
社　　址 ／ 北京市海淀区中关村南大街 5 号
邮　　编 ／ 100081
电　　话 ／ （010）68914775（总编室）
　　　　　　（010）82562903（教材售后服务热线）
　　　　　　（010）68944723（其他图书服务热线）
网　　址 ／ http：//www.bitpress.com.cn
经　　销 ／ 全国各地新华书店
印　　刷 ／ 河北盛世彩捷印刷有限公司
开　　本 ／ 787 毫米×1092 毫米　1/16
印　　张 ／ 18.25　　　　　　　　　　　　　　　　责任编辑／钟　博
字　　数 ／ 414 千字　　　　　　　　　　　　　　　文案编辑／邓　洁
版　　次 ／ 2023 年 8 月第 1 版　2023 年 8 月第 1 次印刷　责任校对／周瑞红
定　　价 ／ 58.00 元　　　　　　　　　　　　　　　责任印制／施胜娟

图书出现印装质量问题，请拨打售后服务热线，本社负责调换

编撰指导委员会

主　任　张　静　吴有富

副主任　刘正发　詹黔江　杜　娟　刘　志　田兴强　张启建
　　　　　吴　薇　饶晓微

委　员　赵祥全　卢　林　冉江兰　熊燕霞

编　　委

总顾问　贺又宁

主　编　屈宁丽　卢　林

副主编　雷　鑫　蒋　郡　李余湘　陈小嫒　高　博

Preface 前言

　　母语语文教育，在各国教育中都是最为重要的组成部分，母语语文教育担负着使受教育者能够熟练运用母语语言进行思维和交流的任务，也是受教育者以其他语言形式进行任何专业领域学习研究的基础与前提。对于中国这样有着悠久历史和灿烂文化的国度，母语语文学习无疑有着更加重要的现实意义。在学习中，要成为具备较高文化素养和专业能力的人，首先就要具有基本的母语语言文字基础知识和相应的口语表达能力。

　　因此，对于大学在校生而言，语文学习是十分必要和重要的。

　　从语文的工具性来说，首先，语文是工具学科，是学习其他学科的基础，只有学好了语文，我们才能更好地学习其他学科知识。叶圣陶先生在1978年就曾明确提出："语文是工具，自然科学方面的天文、地理、生物、数、理、化，社会科学方面的文、史、哲、经，学习、表达和交流都要使用这个工具。"苏步青也曾说："语文是学习的工具，是基础，就像盖楼房需要打地基一样。"只有学会熟练地使用语言，才能更好地进行阅读与表达；只有增强语文学习能力，才能提高思维和理解能力，才能学好其他学科。学好语文是学习其他学科的必备条件。其次，语文是我们最重要的交际工具，是人类交流思想、表达情感、传递文化的工具。无论是工作、学习，还是生活，要实现人与人之间的交流，就要用到语言。人们在交际交流中通过语言来传递情感、交流思想、搜集信息、增加知识、丰富生活。这就是语文的工具性。

　　语文具有人文性。所谓"人文"，简而言之，就是人与文化，其中包含了情感、意志、思想和观念等内容，它不同于自然之物。语文的"人文"可以让我们知道有"一千个哈姆雷特"，也可以让我们感受"雨天里的暖阳、晴天里的风暴""六月的霜雪、冬日的火热"。这都体现了语文的"人文"特点。首先，语文以"真、善、美"净化我们的心灵、砥砺我们的品德、完善我们的人格，即所谓"文以载道"。在语言文字的篇章里，我们耳濡目染、潜移默化，在"润物无声"的感召里形成健康健全的人格、积极向上的思想，树立正确的价值观、人生观、世界观。其次，语文以"无限风光"让我们感受"美"的力量，走进"美"的世界，领略无穷无尽的艺术之光，让我们在艺术的殿堂与美同行、与美共进、美美共享，即所谓"陶冶情操"。通过语言文字的描述，放眼生活实际，从中认识美、感受美、体验美，建立审美认知，形成审美意识，提升审美情趣。

　　本教材立足于大学语文学科特色，服务学生。"大学语文"是大学生的公共基础课程，集工具性、审美性、人文性、趣味性、综合性于一体，以中国传统文化与文学作品为主要载体，带领学生走进蕴涵深厚人文精神和科学精神的中国传统文化；以表达交流、应用文写作的语言文字应用为助力，引导学生"学用结合"，提升学生对语言文字的实际应用能力。作为培养健全大学生的合力因素，学科教学的实施，旨在提高大学生的语文水平（阅读鉴赏、表达交流、应用写作）和审美能力，提升大学生的人文科学素养，拓宽大学生观察世界的视野。

本教材传授语文知识、培养语文能力，向学生传播中华传统文化，营造校园文化氛围，实现对学生的思想、道德、情操以及审美教育。本教材要求学生了解中华传统文化中的人文精神，了解中国文学的发展历程，通过作家作品解读培养学生感知文字、体悟语言、应用写作的语文素养和能力，助力学生文学鉴赏能力、审美认知能力、人文素养的不断提高。

在本教材出版之际，特别感谢国内外同行的相关著作和研究成果，他们为本教材提供了理论基础和案例来源；同时感谢北京理工大学出版社及编辑老师的大力支持。

由于编者的经验和知识有所不足，本教材难免存在不妥之处，恳请广大师生和社会各界人士批评指正。

编 者

2023 年 6 月

目　　录

第一部分　经典阅读

模块一　学习积累 3

任务一　韵文 3

1. 蒹葭 ....《诗经·秦风》3
2. 采薇 ....《诗经·小雅》5
3. 清庙 ....《诗经·周颂》7
4. 长歌行 ....汉乐府 9
5. 短歌行 ....曹操〔东汉〕11
6. 蜀道难 ....李白〔唐〕13
7. 望岳 ....杜甫〔唐〕15
8. 浪淘沙·把酒祝东风 ....欧阳修〔北宋〕17
9. 忆秦娥·娄山关 ....毛泽东〔现当代〕19
10. 红烛 ....闻一多〔现当代〕21
11. 梦与诗 ....胡适〔现当代〕24
12. 偶成 ....戴望舒〔现当代〕26

任务二　散文 28

1. 逍遥游 ....庄子〔战国〕28
2. 冯谖客孟尝君 ....《战国策·齐策》31
3. 触龙说赵太后 ....《战国策·赵策》34
4. 与子俨等疏 ....陶渊明〔东晋〕36
5. 滕王阁序 ....王勃〔唐〕38
6. 醉翁亭记 ....欧阳修〔北宋〕41
7. 中国建筑的特征 ....梁思成〔现当代〕43

模块二　阅读训练 49

任务一　韵文 49

1. 氓 ....《诗经·卫风》49

2　月出 …………………………………………………… 《诗经·陈风》 50
　　3　鹿鸣 …………………………………………………… 《诗经·小雅》 51
　　4　木兰辞 ……………………………………………………… 汉乐府 52
　　5　将进酒 …………………………………………………… 李白〔唐〕53
　　6　登高 ……………………………………………………… 杜甫〔唐〕54
　　7　潼关吏 …………………………………………………… 杜甫〔唐〕55
　　8　水调歌头·明月几时有 ………………………………… 苏轼〔北宋〕56
　　9　南吕一枝花·杭州景 …………………………………… 关汉卿〔元〕57
　　10　己亥杂诗·其八 ……………………………………… 龚自珍〔清〕58
　任务二　散文 ……………………………………………………………… 59
　　1　论语十则 ……………………………………………………… 《论语》59
　　2　邹忌讽齐王纳谏 ………………………………… 《战国策·齐策》61
　　3　郑伯克段于鄢 ………………………………………………… 《左传》62
　　4　石桥铭序 ……………………………………………… 张嘉贞〔唐〕63

第二部分　表达交流

模块一　学习积累 ……………………………………………………………… 67

　任务一　普通话 …………………………………………………………… 67
　　1　普通话标准及语音系统 ……………………………………………… 67
　　2　普通话语音训练 ……………………………………………………… 74
　　3　普通话难点音辨析与训练 …………………………………………… 75
　任务二　普通话水平测试与训练 ………………………………………… 81
　　1　普通话水平测试简介 ………………………………………………… 81
　　2　单音节字词测试训练 ………………………………………………… 90
　　3　多音节字词测试训练 ………………………………………………… 93
　　4　作品朗读测试训练 …………………………………………………… 95
　　5　命题说话测试训练 …………………………………………………… 98
　　6　普通话水平测试模拟试卷 ………………………………………… 100

模块二　运用训练 …………………………………………………………… 107

　任务 ……………………………………………………………………… 107
　　1　交谈 ………………………………………………………………… 107
　　2　面试 ………………………………………………………………… 113
　　3　辩论 ………………………………………………………………… 120
　　4　朗诵 ………………………………………………………………… 128
　　5　演讲 ………………………………………………………………… 135

第三部分　应用写作

模块一　学习积累　　149

任务一　公文　　149
1　通知　　149
2　报告　　154
3　请示　　160

任务二　日常生活应用文　　164
1　条据　　164
2　启事　　169
3　感谢信　　174
4　简报　　178

模块二　写作训练　　183

任务一　一般事务类应用文　　183
1　申请书　　183
2　计划　　187
3　总结　　193
4　调查报告　　199
5　毕业论文　　208
6　简历　　216
7　求职信　　220

任务二　专业工作类应用文　　226
1　导游词　　226
2　毕业设计　　230
3　广告策划方案　　237
4　营销策划方案　　242
5　专题活动策划方案　　249
6　活动安全应急预案　　254
7　实验报告　　259
8　调研报告　　268
9　产品说明书　　274

推荐阅读　　278
参考文献　　279

第一部分　经典阅读

学习目标

1. 素养目标

（1）培养国家通用语言文字思维，提升语文学科素养。

（2）积极、全面地认识人生，形成健全的人格，树立正确的世界观、人生观、价值观。

2. 知识目标

（1）了解、学习中国文学文化常识，掌握诗歌、散文、小说、戏剧等常见文学体裁的特点及发展概况。

（2）积累语文基础知识，掌握阅读、分析和欣赏文学作品的基本方法。

3. 能力目标

（1）在高中、中职语文学习的基础上，能够独立完成篇章解读。

（2）能够熟练运用语言文字基础知识，流畅自如地使用国家通用语言文字实现交际交流。

（3）能够结合语文知识推动专业课程的创新性思维，进行创造性学习。

大学语文

学习储备

源远流长的华夏文明，孕育着炎黄子孙的独特文化。从《诗经》到《水浒传》，从《楚辞》到《红楼梦》，中国文学在数千年的洗礼中演变与发展。

在"一代有一代之文学"的展示中，"汉赋""唐诗""宋词""元曲""明清小说"成为中国文学历史的重要里程碑。

先秦时期的散文与现实紧密相连，确立了以内容充实为主的文统，成为中国散文的主要传统。其篇章保存了中国春秋时期的大量史料，是中国叙事散文的源头，具有很高的文学价值。这一时期的散文，可分为历史散文和说理散文。

历史散文详于记事，叙事结构严密，故事曲折，情节紧张，有戏剧及小说的风味。其文辞气势雄浑，语言感染力强，善用语言比喻说理。

说理散文以其深邃的思想，成为中国传统文化的重要源泉。特别是以儒、道为代表的先秦说理散文，其深厚的思想内涵和文化意蕴，确定了作家的人格理想，作品审美风范，成为中国古代文学的基石之一。

汉赋是源于荀子《赋》的汉朝有韵散文，受到屈宋楚辞和战国恣肆之风的影响，以"铺采摘文"之形式侧重"体物写志"之内容，在散韵结合中专事铺叙。汉朝经济发达，国力强盛，为汉赋的新兴提供了雄厚的物质基础。而统治者对赋的喜爱和提倡，也使文人士大夫以写赋为能事，在两汉的400年间，汉赋成为文人创作的主要文学样式，盛极一时，后世也因此把它看作汉代文学的代表。

在唐代，诗歌发展达到顶峰，这一时期的诗人，如李白、杜甫、王维等，都创作出了令人惊叹的诗篇，成为中国发展史上的文学巨匠。

在宋元时期，中国文学出现了重要的转折。宋词注重个人生活，长于抒情而短于叙事。元曲独步中国古代戏曲史，以精湛的艺术表现展示别具一格的文学内涵，成为中国古代文学宝库中不可忽视的一部分。元曲包括散曲和杂剧。元杂剧以叙事为主，更贴近人民的生活，直接表现人民的喜怒哀乐，广泛地反映社会现实。它成功地宣告了戏剧、小说等叙事文学开始成为中国文学的主流。

在明清时期，随着文化和社会的进一步发展，小说出现了空前的繁荣。这一时期的小说展现了时代特色和文化内涵，更是成为传播思想、道德和艺术的载体，为丰富中国文化和世界文化做出了卓越的贡献。

近现代，文学发展可分为前、后期：前期是清末民初到抗日战争前夕的文学发展，后期则是抗日战争及其之后的文学发展。这一时期出现了很多文学家，如鲁迅、茅盾、老舍、钟钱书，他们发表了很多具有现代意义的文学作品。

中华人民共和国成立后，中国文学进入一个新时期。在这个时期，中国的诗歌、小说、散文等文学类别有了很大的发展。

当代，随着社会的飞速发展，中国文学不断变化。当代文学作品的作者以自己的生活经验和思考为主要创作根据，作品呈现更加多元的面貌。当代文学作品的类别、来源、形式等范围更加广泛，各具特色。

中国文学历经沧桑，源远流长，经历了数千年的演化和发展，其在新阶段的发展越来越注重真实性、多元性和创新性。作为一个重要的文化符号，中国文学已经深深地扎根于中国人民的心底，并一直随着时代的变迁不断地向前发展。同时，中国文学也在不断地与国际接轨，与世界文学紧密联系，并吸收了许多外来文化的元素。在全球化的时代背景下，中国文学在世界范围内获得了越来越多的关注和赞誉。

总的来说，中国文学的发展历程是华夏文明的发展演变历程，更是中华民族思想和精神的发展历程。无论古代还是现代，中国文学创作从来没有停止，它是推动中国文化发展的动力，更是传承中华文明的重要纽带。

模块一　学习积累

任务一　韵文

1　蒹葭

《诗经·秦风》

> 《诗经》是中国文学史上第一部诗歌总集，是中国古代诗歌的开端，收集了西周初年至春秋中叶的诗歌，反映了西周初至春秋中叶约500年间的社会面貌。《诗经》在先秦时期称为《诗》，或取其整数称为《诗三百》。汉武帝时，《诗经》被儒家奉为经典，始称《诗经》，成为《六经》及《五经》之一，并沿用至今。《诗经》在内容上分为《风》《雅》《颂》，在手法上分为《赋》《比》《兴》。《风》是周代各地的歌谣；《雅》是周人的正声雅乐，又分《小雅》和《大雅》；《颂》是周王室和贵族宗庙祭祀的乐歌，又分为《周颂》《鲁颂》和《商颂》。《诗经》可以说是周代社会生活的一面镜子。
>
> 《国风·秦风》，是《诗经》十五国风之一，为秦地民歌，有车邻、驷驖、小戎、蒹葭、终南、黄鸟、晨风、无衣、渭阳和权舆共十篇。秦国本为周的附庸。西周孝王封其臣非子于秦（今甘肃天水故秦城），东周初，秦襄公护送周平王东迁有功，始列诸侯，改建都于雍（今陕西凤翔）。秦国自此逐渐强大。其统治区大致为今陕西中部和甘肃东南部。"秦风"就是这个区域的民歌诗作。

蒹葭苍苍，白露为霜。所谓伊人，在水一方。
溯洄从之，道阻且长。溯游从之，宛在水中央。
蒹葭萋萋，白露未晞。所谓伊人，在水之湄。
溯洄从之，道阻且跻。溯游从之，宛在水中坻。
蒹葭采采，白露未已。所谓伊人，在水之涘。
溯洄从之，道阻且右。溯游从之，宛在水中沚。

【导读】

东周时期，秦地（今陕西中部及甘肃东部）"迫近戎狄"，环境使然，秦人常"修习战备，高尚气力"，也正因此，秦人的思想情感激昂粗豪。《秦风》中的诗作多写征战猎伐、痛悼讽劝一类的事，但《蒹葭》的风格更像郑卫之音。

有史以来,对于《蒹葭》《诗经》注家各执一词。郑玄《毛诗郑笺》认为此诗用来讥讽秦襄公不能用周礼来治国安邦;姚际恒《诗经通论》、方玉润《诗经原始》则认为此诗惋惜招引隐居的贤士而不可得。与《诗经》其他篇章比较来看,此诗没有具体的事件和场景,甚至连"伊人"的性别也未确指。历代《诗经》注家往往求之愈深,失之愈远。现代大多数学者都把它看作一首爱情诗,先以苍苍的蒹葭起兴,再写男子追求意中人,所追的人在何方?在茂密的蒹葭丛里,似见非见,时隐时现。诗中用重章叠句来表现悬念的迭起。"苍苍""萋萋""采采"词义差不多;"白露""未霜""未晞""未已"词义相近。总体而言,这首诗重章叠句整齐,词义浅显易懂,节奏明快,读来朗朗上口。

若作进一步的探究,我们发现,诗中所描述的景象,不是对曾经经历的某件真事的回忆,似由许多相类事件和感受综合、凝聚、虚化成的一种典型化的心理情境,更不是目之所及的现实之人事,而是心理情境所形成的一种心象。这种心象不黏不滞、空灵多蕴。那"水"之"一方"的可望不可即,即这空灵心境的显现。在这里,由于追寻与被追寻的虚化,看似真景物的河水、险阻道路,乃至逆流、顺流的追寻路线,还有那伊人所处的"水"之"中央"的诸多地点,也成了虚拟的象征意象。解读诗作时,对它们均不可作何时何地、何山何水的深究。否则,"伊人"既在河流的上游,又在河流的下游,自相矛盾,连两个人何以都不渡过河去也成了问题。《蒹葭》的成功,就在于诗人准确地抓住了人的心象,借似花非花、空灵蕴藉的心理情境创造出虚化的心象,从而使整首诗呈现出心之意境。

知识拼图

(1)《诗经》的表现手法有( )。
(2)《诗经》描写地方民间风俗的是哪一部分?( )。
(3)《诗经》是中国文学史上的第一部诗歌总集,因收录305篇诗作,又被称为( )。

课堂演练

小组讨论:
(1)请说说你对本诗中心意象的理解。
(2)解读本诗中的重章叠句在意境表达中的作用。

头脑风暴

请结合生活现实,说说"伊人"的象征意义。

拓展延伸

(1)以本诗为例,谈谈诗歌中的"朦胧美"。
(2)请查询并搜集《诗经》的相关资料,做成思维导图和同学交流。

2　采薇

《诗经·小雅》

> 《诗经·小雅》是《诗经》二雅之一，为先秦时代的诗歌。它的内容丰富广泛，最为突出的是关于战争和劳役的作品，共74篇。
>
> "小雅"在描述周代丰富多彩的社会生活、特殊的文化形态的同时，还揭示了周人的精神风貌与情感世界。它立足于社会现实生活，极少超自然的神话，有些诗从正面描写天子、诸侯的武功，表现了强烈的自豪感，充满乐观精神，有些诗则是表现同仇敌忾、共御外侮的斗志昂扬、情绪乐观的战争诗。《诗经·小雅》可以说是中国最早的富于现实精神的诗歌，奠定了中国诗歌面向现实的传统。

采薇采薇，薇亦作止。曰归曰归，岁亦莫止。
靡室靡家，狁之故。不遑启居，狁之故。
采薇采薇，薇亦柔止。曰归曰归，心亦忧止。
忧心烈烈，载饥载渴。我戍未定，靡使归聘。
采薇采薇，薇亦刚止。曰归曰归，岁亦阳止。
王事靡盬，不遑启处。忧心孔疚，我行不来！
彼尔维何？维常之华。彼路斯何？君子之车。
戎车既驾，四牡业业。岂敢定居？一月三捷。
驾彼四牡，四牡骙骙。君子所依，小人所腓。
四牡翼翼，象弭鱼服。岂不日戒？狁孔棘！
昔我往矣，杨柳依依。今我来思，雨雪霏霏。
行道迟迟，载渴载饥。我心伤悲，莫知我哀！

【导读】

　　本诗虽归《小雅》，其风格却颇似《国风》。在雪花纷纷、阴雨霏霏的寒冬，一位解甲退役的征夫于返乡途中踽踽独行。他在恶劣天气下、崎岖的道路上艰难地行进，又饥又渴，但边关渐远，乡关渐近，他归心似箭；此时此刻，遥望家乡，无限感慨，抚今追昔，不禁思绪纷繁，百感交集。那些曾经历的艰苦的军旅生活、那些曾与死神擦肩而过的激烈战斗场面，还有那些无数次登高远望的盼归情景，无一不在眼前一幕幕重现。3 000年前的久戍之卒，唱响了边疆战士急切盼归的追忆之调。

　　全篇的情感主调是盼归的家园之思。或许是突然大作的霏霏雪花惊醒了戍卒，他在追忆中回归现实，接着陷入眼前更深的悲伤。追昔抚今，痛定思痛，令"我心伤悲"。"昔我往矣，杨柳依依。今我来思，雨雪霏霏。"在写景与记事中，作者抒发着内心的情怀。这绝世的文情，千古常新，即使是现在，读来也让人不禁感慨满怀，黯然神伤。

　　"行道迟迟"，归路漫漫，道途险阻，加之"载渴载饥"，行囊匮乏，饥渴交加，眼前的生活困境又加深了戍卒的忧伤。一别经年，"靡使归聘"，生死存亡皆不可知，当此回归之际，必然会生发"近乡情更怯，不敢问来人"[（唐）宋之问《渡汉江》]的忧惧心理。然而，上述种种忧伤在这雨雪霏霏的旷野中，无人知道，更无人安慰。"我心伤悲，莫知我哀",诗文在这孤独无助的悲叹中结束。

总观《采薇》,主导情致的典型意义,不是抒发遣役、劝将士的战斗之情,而是将王朝与蛮族的战争冲突退隐为背景,将从属于国家军事行动的个人从战场上分离出来,通过归途的追述集中表现戍卒们久戍难归、忧心如焚的内心世界,从而表现周人对战争的厌恶和反感。纵观全诗,《采薇》似可称为千古厌战诗之祖。

晋人谢玄评价"昔我往矣,杨柳依依。今我来思,雨雪霏霏"是《诗经》中最佳诗句。开创性的艺术表现手法,本诗成为文学经典的基石。

知识拼图

(1)《采薇》表现了（　　　　　）生活。
(2)《诗经》主要收集了（　　　　　）到春秋中叶的作品。
(3) 按照音乐,《诗经》可以划分为（　　　　　　　　　）。

课堂演练

小组讨论:
说说你从《采薇》中看到了怎样的生活?

头脑风暴

"昔我往矣,杨柳依依。今我来思,雨雪霏霏"被视为情景交融的佳句,谈谈你的理解。

拓展延伸

诗中怎样处理国与家的关系?你如何看待这一问题?

3　清庙

《诗经·周颂》

"颂"是贵族在宗庙中祭祀鬼神和赞美祖先、统治者功德的乐曲，共40篇，分为《周颂》《鲁颂》和《商颂》。《周颂》是周王室的宗庙祭祀诗，其内容一部分是单纯地歌颂祖先功德，还有一部分是春夏之际向神祈求丰年或秋冬之际酬谢神的乐歌。通过《周颂》的篇章，可以窥见西周初期农业生产的情况。

於穆清庙，肃雝显相。济济多士，秉文之德。
对越在天，骏奔走在庙。不显不承，无射于人斯。

【导读】

关于诗歌，司马迁的《史记·孔子世家》提出"诗"有"四始"，认为："《关雎》之乱以为《风》始，《鹿鸣》为《小雅》始，《文王》为《大雅》始，《清庙》为《颂》始。"

而作为毛诗学说思想体系的《毛诗序》，却又把风、小雅、大雅和颂四种诗类作为"四始"。自古以来虽然"四始"之说众说纷纭、莫衷一是，但人们对"四始"的重视，实际代表了人们对整部《诗经》编辑思想体系的根本看法，即它们都反映和表现了王道教化。根据毛诗的解释，司马迁所说的四篇"始诗"都是赞"文王之道"、颂"文王之德"的。

《毛诗序》："颂者，美盛德之形容，以其成功告于神明者也。"《礼记·明堂位》："季夏六月，以禘礼祀周公于太庙，升歌《清庙》。"《礼记·祭统》："夫人尝禘，升歌《清庙》，……此天子之乐也。"《礼记·孔子燕居》："大飨，……两君相见，升歌《清庙》。"《礼记·文王世子》："天子视学，登歌《清庙》。"可见，它的意义已不只是歌颂和祭祀周文王本人了。

《尚书·洛诰》则说："禋于文王、武王。"以为是合祭周文王、周武王时用的歌舞辞，是周人"追祖文王而宗武王"的表现。可是郑玄笺提出清庙乃"祭有清明之德者之庙也"，文王只是"天德清明"的象征而已。于是也就有人认为《清庙》只是"周王祭祀宗庙祖先所唱的乐歌"（高亨《诗经今注》），并不一定是专指文王。不过，从"四始"的特点来看，说它们是祭祀文王的乐歌，还是比较有道理的。至于它们是周公时所作，还是周武王、周成王，甚至周昭王时所作，还是作于周成王五年或七年，一是史无佐证，二是诗无明言，因此只好存而不论了。

知识拼图

（1）《诗经》中的"颂"是王室宗庙祭祀或举行重大典礼时的乐歌，分为（　　　　）。

（2）司马迁"四始"说，以（　　　）为《国风》之始，（　　　）为《小雅》之始，（　　　）为《大雅》之始，（　　　）为《颂》之始。

（3）《诗经》开创了中国诗歌的优秀传统，是我国（　　　　　　　）的源头。

课堂演练

小组讨论：

"颂"是宗庙的乐歌，那么《清庙》表现了什么？

头脑风暴

《毛诗序》说："颂者，美盛德之形容，以其成功告于神明者也。"谈谈你对此的理解。

拓展延伸

孔子说："《清庙》，王德也，至矣！敬宗庙之礼，以为其本；秉文之德，以为其孽。"你对孔子的比喻有怎样的理解？请结合诗句分析。

4　长歌行

汉乐府

> 汉武帝时期，为了收集编纂各地民间音乐，公元前112年，朝廷成立了专门采集民间歌谣的音乐机构，即"乐府"。乐府把原在民间流传的诗歌保存下来，或整理改编创作音乐，以备朝廷祭祀或宴会时演奏之用。这些诗，在汉代叫作"歌诗"，在魏晋时期，开始称为"乐府"或"汉乐府"，后世称为"乐府诗""乐府"或"汉乐府"。其中女性题材作品占重要地位，以通俗的语言构造贴近生活的作品，由杂言渐趋五言，采用叙事手法，刻画人物形象，开拓叙事诗发展的成熟新阶段，成为中国五言诗发展的重要阶段，是继《诗经》之后，中国古代民歌的又一次集大成者。在文学史上，乐府诗与《诗经》《楚辞》可鼎足而立。
>
> 乐府诗历来根据所用音乐不同来分类，郭茂倩《乐府诗集》将乐府诗分为十二类，但主要是以下几类：第一类，郊庙歌辞，主要是贵族文人为祭祀而作的乐歌；第二类，鼓吹曲辞，又称短箫铙歌，是汉初从北方民族传入的北狄乐，当时主要用作军乐；第三类，相和歌辞，音乐多为各地俗乐，歌辞也多"街陌谣讴"，所谓"相和"，是一种演唱方式，含有"丝竹更相和"与"人声相和"两种；第四类，杂曲歌辞，乐调多已失传，不知所起，因无可归类，故自成一类。

青青园中葵，朝露待日晞。阳春布德泽，万物生光辉。
常恐秋节至，焜黄华叶衰。百川东到海，何时复西归？
少壮不努力，老大徒伤悲！

【导读】

《长歌行》是乐府诗中的相和歌辞。本诗从园中葵起调，由园中葵的蓬勃生长推而广之，写到整个自然界，由于有春天的阳光、雨露，所以万物都闪耀着生命的光辉，到处是生机盎然、欣欣向荣的景象。从字面来看，这是对春天的礼赞，而实际上，这是"托物起兴"，借"园中葵"比人，春天园中之葵亭亭玉立，葵叶上的露珠闪着亮光，如同充满青春活力的少年。

时序交换，春去秋来，园中葵经历春生、夏长，到了秋天，成熟收获，但是昔日那熠熠生辉的叶子却变得焦黄枯萎，失去了活力。人生也是如此，由青春勃发到衰老辞世。这是不可移易的自然法则。诗中"常恐秋节至"表达了对"青春"稍纵即逝的珍惜，一个"恐"字，表现出人们在自然法则面前无能为力。

面对易逝的时光，诗人并没有消极懈怠，而是由园中葵联想到了无尽无垠的宇宙时空，时光如江河之水东流，一去不返。

由此，诗人再转入对人生的思考，推出"少壮不努力，老大徒伤悲"这一振聋发聩的结论。推理的过程不着字面痕迹，但读者却可以循着诗人的思维轨迹，用自己的人生体验来补足：自然万物有春华秋实的过程；人生也有少年努力、老有所成的过程。万物在阳光雨露中经历春生夏长，会有秋天的果实；但是人却不同，自身若不努力就不会成功。四季更迭，万物经秋变衰，实现了生命价值，倒也不足伤悲；而人则不然，若"少壮不努力"，则将两手空空，老无所成，徒走世间。如此调动读者思考，无疑增强了诗作的感染力。

知识拼图

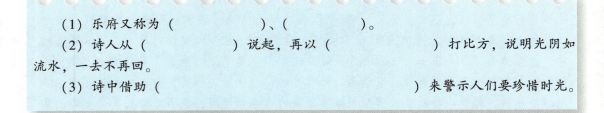

（1）乐府又称为（　　　　）、（　　　　）。
（2）诗人从（　　　　）说起，再以（　　　　）打比方，说明光阴如流水，一去不再回。
（3）诗中借助（　　　　　　　　　　　　）来警示人们要珍惜时光。

课堂演练

小组讨论：
说说本诗描写了哪些自然景物，请说说它们的特点。

头脑风暴

"园中葵"让诗人想到了什么？你有何思考？

拓展延伸

"百川东到海"让你有怎样的人生感悟？

5 短歌行

曹操〔东汉〕

> 曹操（155—220年），字孟德，小字阿瞒，沛国谯县（今安徽省亳州市）人，东汉杰出的政治家、军事家、文学家、书法家，亦是曹魏政权的奠基人，太尉曹嵩之子。东汉末年，天下大乱，曹操以汉天子的名义征讨四方，对内消灭二袁、吕布、刘表、韩遂等割据势力，对外降服南匈奴、乌桓、鲜卑等，统一了中国北方，并推行了一系列政策以恢复经济生产和社会秩序，奠定了曹魏立国的基础。曹操在世时，曾担任东汉丞相，后为魏王，去世后谥号为武王。曹操精兵法，工书法，擅诗歌。
>
> 曹操的诗作多为抒发政治抱负，反映汉末人民的苦难生活，气魄雄伟、慷慨悲凉；其散文亦清峻整洁，开启并繁荣了建安文学，给后人留下了宝贵的精神财富，史称"建安风骨"。曹操同时擅长书法，尤工章草，唐朝张怀瓘在《书断》中评其为"妙品"。

对酒当歌，人生几何！
譬如朝露，去日苦多。
慨当以慷，忧思难忘。
何以解忧？唯有杜康。（唯，一作：惟）
青青子衿，悠悠我心。
但为君故，沉吟至今。
呦呦鹿鸣，食野之苹。
我有嘉宾，鼓瑟吹笙。
明明如月，何时可掇？（明明，一作：皎皎）
忧从中来，不可断绝。
越陌度阡，枉用相存。
契阔谈䜩，心念旧恩。（谈䜩，一作：谈宴）
月明星稀，乌鹊南飞。
绕树三匝，何枝可依？
山不厌高，海不厌深。
周公吐哺，天下归心。

【导读】

《短歌行》是汉乐府的旧题，属《相和歌辞·平调曲》，原为乐曲名称。乐府《相和歌·平调曲》中有《短歌行》和《长歌行》。魏文帝曹丕《燕歌行》载"短歌微吟不能长"，晋傅玄《艳歌行》中有"咄来长歌续短歌"等句，认为"长歌""短歌"是指"歌声有长短"。现在所能见到的最早的《短歌行》就是曹操所作的拟乐府《短歌行》。"拟乐府"就是运用乐府旧曲来补作新词，曹操传世的《短歌行》共有两首，这是其中的第一首。

这是一首"求贤歌"。诗中作者强调自己特别忧愁。这"不可断绝"的愁思，源于他得不到众多"贤才"与他一起建功立业。本来"愁"情于人而言，是一种消极低沉的情绪，但是"愁"在这里却带有某种隐含进步意义的目的，这就成了积极进取的情感。曹操寓理于情，以情感人，借助抒情诗抒发政治文章所不能抒发的感情，起到政治文章所不能起的作用，这种"求贤"主题的艺术化表现方法值得我们学习。

知识拼图

（1）诗中的（　　　　　　　　）表达了作者希望尽可能多地接纳人才，这被唐代的刘禹锡在《陋室铭》中化用为（　　　　　　　　　　）。

（2）汉献帝至曹魏初期，文学以诗歌成就最高，许多作品从汉乐府汲取养料，多有反映民生疾苦，渴望建功立业之作，文风慷慨悲壮，语言刚健，后人称之为（　　　　　）。

（3）建安作家笔墨直抒胸襟，抒发渴望建功立业的雄心壮志，掀起了中国诗歌史上（　　　　　）的第一个高潮。

课堂演练

小组讨论：
诗人说"譬如朝露，去日苦多"，为什么"苦"呢？

头脑风暴

诗歌末尾两句有咏史怀古之意，诗人这样写的意图是什么？

拓展延伸

古诗词中，诗人常常借"明月"来表达心中情感，本诗中，作者借"明月"表达了对贤才的渴望。关于"明月"的意象，你了解的还有哪些，请举例说明。

6　蜀道难

李白〔唐〕

> 李白（701—762年），字太白，号青莲居士，又号"谪仙人"，唐代伟大的浪漫主义诗人，被后人誉为"诗仙"，与杜甫并称"李杜"。为了与另外两位诗人李商隐与杜牧即"小李杜"区别，杜甫与李白又合称"大李杜"。据《新唐书》记载，李白为兴圣皇帝（凉武昭王李暠）九世孙，与李唐诸王同宗。其人爽朗大方，爱饮酒作诗，喜交友。李白深受黄老列庄思想影响，有《李太白集》传世，诗作多在醉时所写，代表作有《望庐山瀑布》《行路难》《蜀道难》《将进酒》《明堂赋》《早发白帝城》等。

噫吁嚱，危乎高哉！蜀道之难，难于上青天！

蚕丛及鱼凫，开国何茫然！尔来四万八千岁，不与秦塞通人烟。西当太白有鸟道，可以横绝峨眉巅。地崩山摧壮士死，然后天梯石栈相钩连。

上有六龙回日之高标，下有冲波逆折之回川。黄鹤之飞尚不得过，猿猱欲度愁攀援。青泥何盘盘，百步九折萦岩峦。扪参历井仰胁息，以手抚膺坐长叹。问君西游何时还？畏途巉岩不可攀。

但见悲鸟号古木，雄飞雌从绕林间。又闻子规啼夜月，愁空山。蜀道之难，难于上青天，使人听此凋朱颜！连峰去天不盈尺，枯松倒挂倚绝壁。飞湍瀑流争喧豗，砯崖转石万壑雷。其险也如此，嗟尔远道之人胡为乎来哉！

剑阁峥嵘而崔嵬，一夫当关，万夫莫开。所守或匪亲，化为狼与豺。朝避猛虎，夕避长蛇，磨牙吮血，杀人如麻。锦城虽云乐，不如早还家。

蜀道之难，难于上青天，侧身西望长咨嗟！

【导读】

唐代蜀中商业经济极为发达，入蜀的人乐不思返。蜀中自古为封建割据之地，随时有发生叛乱的可能。这首诗是唐开元十九年（731年）李白初入长安之作。《蜀道难》是乐府古题，古辞都以蜀道险阻为内容，寓有功业难成之意。正是这一点，触动李白初入长安追求功名未成的心事。当友人入蜀时，他便用这一古题写诗送别友人。

《蜀道难》诗中极力描绘入蜀道路的艰难险阻，表达对蜀中军阀割据作乱和友人旅蜀安危的担忧，更借此抒发世道艰难，志士功业难成的悲愤。"蜀道之难，难于上青天"的感叹在诗中出现三次，是感情的爆发、延续和收束。第一次出现，开门见山，单刀直入地点出了主题——"危途难行"，并定下全诗的基调，一唱三叹，震动人心。"蜀道之难，难于上青天"的出现，还鲜明地体现了作品结构的严谨。它第一次出现，是写蜀道开创之难；第二次出现，是写蜀道行走之险；第三次出现，是写国情之险恶。此时诗作的感情发展达到顶峰，诗人悲愤难禁，倍觉创业艰难。

"蜀道之难，难于上青天"的反复呼告，不仅鲜明地体现出作品结构的严谨和感情的跌宕起伏，又像乐曲的主旋律，具有回环荡漾的音乐美。由于它始终贯注全诗，所以它构成了全诗的感情主干，并将全诗凝结成一个完满的艺术整体。诗人虽然惊叹蜀道之难，但感情却是昂扬奋发、充满力量的，诗人的感情仿佛随着蜀山、蜀水跌宕起伏，读后令人心情振奋。总之，这一中心句的三次出现，在全诗的层次结构、感情凝聚、气氛渲染等方面起了很大作用。

知识拼图

（1）李白与杜甫被称为"李杜"，韩愈曾称赞他们的诗作（　　　　　　　　）。

（2）李白被后人称为"诗仙""谪仙人"，因为生活中的喜好，他还被称为（　　　　　）。

课堂演练

小组讨论：

全文的主旨句是什么？它在诗中出现了几次？其作用是什么？

头脑风暴

（1）请谈谈唐代浪漫主义文学的发展历程。

（2）对比西南地区的交通现状，请思考为什么会有"蜀道难"的说法？

拓展延伸

本诗给了你怎样的生活启示？

7　望岳

杜甫〔唐〕

> 杜甫（712—770年），字子美，自号少陵野老，唐代伟大的现实主义诗人，与李白合称"李杜"。杜甫生于河南巩县（今河南省巩义市），原籍湖北襄阳，后世称其为杜拾遗、杜工部、杜少陵、杜草堂。杜甫也常被称为"老杜"。他被后世尊称为"诗圣"，他的诗被称为"诗史"。
>
> 唐乾元二年（759年），杜甫弃官入川，虽然躲避了战乱，生活相对安定，但仍然心系苍生，胸怀国事。他有"致君尧舜上，再使风俗淳"的宏伟抱负。杜甫有《登高》《春望》《北征》以及"三吏""三别"等名作传世。

岱宗夫如何？齐鲁青未了。
造化钟神秀，阴阳割昏晓。
荡胸生曾云，决眦入归鸟。
会当凌绝顶，一览众山小。

【导读】

泰山又称岱山或岱岳，为五岳之首，在今山东省泰安市城北。古代以泰山为五岳之首，诸山所宗，故又称"岱宗"。

本诗描绘了泰山雄伟磅礴的景象，诗人通过精妙奇绝的谋篇布局和艺术构思，以诗题中的"望"字统摄全篇，不见"望"字却句句"望岳"，给人以身临其境之感。诗人通过泰山高大巍峨的气势和神奇秀丽的景色，表达对祖国山河的热爱之情，也展示了不怕困难、敢攀顶峰、俯视一切的雄心和气概，以及卓然独立、兼济天下的豪情壮志。

本诗开篇描写泰山的辽阔绵延和泰山的雄峻磅礴，再描写远望泰山群峰云生，如归鸟入谷，最后描写登上山顶所见，无不在"望"中穿行，这一路行来之"望"，尽显诗人心中的抱负。

知识拼图

（1）杜甫的诗作因反映当时的社会矛盾和人民疾苦，记录唐代由盛转衰的历史巨变，所以被称为（　　　　）。

（2）杜甫与李白因其文学成就，被人们称为"大李杜"，同样因为文学成就而被称为"小李杜"的是（　　　　）和（　　　　）。

（3）杜甫是唐朝伟大的现实主义诗人，被称为"诗圣"，因为他曾做过工部员外郎，所以人们又称他为（　　　　）。

课堂演练

小组讨论：

（1）谈谈诗作末尾抒发了作者怎样的感情。

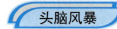

（2）有人说"此诗堪称'奇'字之妙,""奇"在于"割"之用字之"奇",结合诗句品析"割"字奇在何处。

头脑风暴

本诗写景很有特色,请选取其中一点,尝试分析。

拓展延伸

名句传千古,意蕴永流传。请谈谈你对"会当凌绝顶,一览众山小"的理解。

8　浪淘沙·把酒祝东风

欧阳修〔北宋〕

欧阳修（1007—1072年），字永叔，号醉翁，晚号六一居士，谥号"文忠"，故世称欧阳文忠公。欧阳修是北宋著名的文学家、政治家、书法家和文化名臣。欧阳修以出众的才华和卓越的政绩闻名于世。他擅长诗、文、词、赋等各种文体，作品广泛流传并深受后世推崇。

宋仁宗天圣八年（1030年），欧阳修进士及第，官至翰林学士、枢密副使、参知政事。他是宋代文学史上最早开创一代文风的文坛领袖，名列"唐宋八大家"之一，并与韩愈、柳宗元、苏轼被后人合称"千古文章四大家"。其散文创作的成就与其正确的古文理论相辅相成，从而开创了一代文风。在史学方面，欧阳修也有较高成就，他曾主修《新唐书》，并独撰《新五代史》，今有诗词文集《欧阳文忠公集》《六一词》等传世。

作为一位政治家，欧阳修曾担任过宰相等重要职位，他在政务上有着出色的才干和改革的思维。他倡导救灾济民、节约财政、减轻赋税等一系列政策，为国家的稳定和人民的福祉做出了卓越贡献。除了政治事务，欧阳修还是一位杰出的文化人。他对古代文学的研究和传承功不可没，特别是对《史记》的整理和注释工作做出了重要贡献。同时，他还因出色的书法艺术而受到推崇，尤以楷书和隶书著称。渊博的学识、卓越的才情以及对文学艺术的推崇和追求，使他成为北宋时期文化界的重要人物。

总之，欧阳修是北宋时期备受尊崇的文学家、政治家和书法家。他的出众才华、卓越政绩以及对文化的贡献使他成为中国古代文化史上不可忽视的重要人物之一。

把酒祝东风，且共从容。垂杨紫陌洛城东。总是当时携手处，游遍芳丛。
聚散苦匆匆，此恨无穷。今年花胜去年红。可惜明年花更好，知与谁同？

【导读】

本词是作者与友人在洛阳东郊旧地重游时有感而作。本词在时间跨度上照应了去年、今年和明年。上阕从眼前之景色勾起回忆之境，其即从眼前所见的美景想到了去年的同游之乐。下阕则由现在之境联想到未来之境，尤其表现出对友谊的珍惜。"今年花胜去年红，可惜明年花更好"，通过将三年的花季加以比较，融别情于赏花之中，借此比喻人生的短促和相聚时的欢快心情。事实上，这里并不是说"今年"的花真的比"去年"的花更鲜艳。此处是用乐景写哀情，让词的意境更加深化，感情更加诚挚。上阕回忆往昔与朋友相聚洛阳，同游郊野的无限乐趣。下阕则展离愁别绪，感伤气息浓重。结尾两句用"可惜明年花更好，知与谁同"。来映衬明年朋友相聚之期难以确定，不知与谁一道重来洛城游芳，更进一层地深化了词人心中人生聚散无常之感。

即使如此，所幸还有"明年花更好"的希望和期待，如此良辰美景总能或多或少慰藉词人怅惘失落的情怀，使离愁转而变成一种淡淡的伤感而已。

知识拼图

（1）欧阳修继承唐代韩愈的（　　　　）精神，在（　　　）、（　　　）、史传等方面都有较高的成就。

（2）欧阳修曾与宋祁合修（　　　　　），并独撰《新五代史》。

（3）欧阳修继承并发展了汉语的古文理论，领导了北宋的（　　　　　）运动。

课堂演练

小组讨论：

（1）作为游宴之作，词人在上阕中并未直接描写宴饮场面，请结合词句分析词人为什么这么写。

（2）结合"今年花胜去年红。可惜明年花更好，知与谁同？"分析词人所表达的情感。

头脑风暴

（1）这首词上阕叙事，下阕抒情。试分析上阕的叙事和下阕的抒情有何异同。

（2）有人说"今年花胜去年红，可惜明年花更好，知与谁同？"精妙绝伦，请对此进行分析。

拓展延伸

本词首句写"东风"，请简要分析，并对比"东风"与"西风"，说说它们在古诗词中的意象。

9　忆秦娥·娄山关

毛泽东〔现当代〕

> 毛泽东（1893—1976 年），字润之，湖南湘潭人，中国人民的领袖，伟大的马克思主义者，伟大的无产阶级革命家、战略家、理论家，中国共产党、中国人民解放军和中华人民共和国的主要缔造者和领导人，马克思主义中国化的伟大开拓者，近代以来中国伟大的爱国者和民族英雄，中国共产党第一代中央领导集体的核心，领导中国人民彻底改变自己命运和国家面貌的一代伟人。他对马克思列宁主义的发展、军事理论的贡献以及对共产党的理论贡献被称为毛泽东思想。
>
> 毛泽东被视为现代世界历史中最重要的人物之一，《时代》杂志将他评为"20 世纪最具影响力的 100 人之一"。

西风烈，
长空雁叫霜晨月。
霜晨月，
马蹄声碎，
喇叭声咽。

雄关漫道真如铁，
而今迈步从头越。
从头越，
苍山如海，
残阳如血。

【导读】

"忆秦娥"是词牌名，该词牌最早出自李白《忆秦娥·箫声咽》词。此调别名甚多，有《秦楼月》《玉交枝》《碧云深》《双荷叶》等，而《秦楼月》则与《忆秦娥》同取词中首句为名。"娄山关"是词题，也是本词的写作地点。《忆秦娥·娄山关》是毛泽东词作中较出色的作品，该词写景状物，直抒胸臆，慷慨悲烈。该词写于 1935 年 2 月，最早发表在 1957 年 1 月的《诗刊》上。

娄山关位于贵州省遵义城北的娄山上，处于险峻的山峰，是贵州北部进入四川的重要隘口，离遵义城约 60 公里。关上立有一石碑，碑上刻有"娄山关"三字。此处地势极为险要，历来为兵家必争之地。

本词写于娄山关激战之后，以娄山关之战为题材，虽写翻越娄山关行军之景，但表达的是胜利后的所见所闻所感。本词通过高度综合、侧面描写，把两次战斗历程浓缩为一次，以严肃、紧张的行军气氛，透露出激战的先兆；借猛烈的西风、凄厉的雁叫、细碎急促的马蹄声和时断时续、悲咽带涩的喇叭声，暗示了战斗的紧张激烈。海涛般起伏的苍山、如血的残阳，描绘出浴血奋战、英勇牺牲的激战情景。全词分为上、下两阕，仅用 46 个字就把雄奇悲壮、气势如虹、雄浑壮阔的冬夜行军图像勾勒出来，表现了作者面对失利和困难从容不迫的气度和博大胸怀。

知识拼图

（1）本词中，词人从听觉的角度描写了（　　　　　　　　）。
（2）本词在写作手法上，明写（　　　　　），实写（　　　　　　　）。

课堂演练

小组讨论：
（1）"雄关漫道真如铁"表达了怎样的精神？
（2）上阕描绘了一幅怎样的画面？

头脑风暴

（1）词中描写红军出征情形的字句有哪些？
（2）请赏析"碎""咽"的表达效果。

拓展延伸

（1）杜甫《潼关吏》写道"大城铁不如，小城万丈余"，本词中也写道"雄关漫道真如铁"，二者都提到了"铁"，有何用意？
（2）毛泽东不仅是叱咤风云的一代诗人，也是胸怀大志的政治家。他有博大的胸襟，崇高的风范，奋发向上、永不消沉的乐观性格，他的诗词大气磅礴、豪迈奔放。请赏析其他诗词1~2首。

10 红烛

闻一多〔现当代〕

> 闻一多（1899—1946年），本名闻家骅，字友三，亦字友山，后改名多，又改名一多。闻一多生于湖北浠水县巴河镇，是中国现代诗人、学者、民盟盟员、民主战士。他致力于研究新诗格律化的理论，在论文《诗的格律》中，他提出新诗应具有三美，即音乐的美（音节）、绘画的美（辞藻）、建筑的美（节的匀称和句的均齐）。闻一多著有诗集《红烛》（1923）、《死水》（1928），学术著作《古典新义》《楚辞校补》《神话与诗》《唐诗杂论》等。闻一多的主要著作收集在《闻一多全集》中，共4册8集，在1948年8月由上海开明书店出版。

春蚕到死丝方尽，蜡炬成灰泪始干。

——李商隐

红烛啊！
这样红的烛！
诗人啊！
吐出你的心来比比，
可是一般颜色？

红烛啊！
是谁制的蜡——给你躯体？
是谁点的火——点着灵魂？
为何更须烧蜡成灰，
然后才放出光？
一误再误；
矛盾！冲突！

红烛啊！
不误，不误！
原是要"烧"出你的光来——
这正是自然的方法。

红烛啊！
既制了，便烧着！
烧罢！烧罢！
烧破世人的梦，
烧沸世人的血——
也救出他们的灵魂，
也捣破他们的监狱！

红烛啊！
你心火发光之期，

正是泪流开始至日。
红烛啊！
匠人造了你！
原是为烧的。
既已烧着，
又何苦伤心流泪？
哦，我知道了！
是残风来侵你的光芒，
你烧的不稳时，
才着急得流泪！
红烛啊！
流罢！你怎能不流呢？
请将你的脂膏，
不息地流向人间，
培出慰藉的花儿，
结成快乐的果子！
红烛啊！
你流一滴泪，灰一分心。
灰心流泪你的果，
创造光明你的因。
红烛啊！
"莫问收获，但问耕耘。"

【导读】

1923年，闻一多先生准备出版自己的第一部诗集，他在回顾自己数年来对理想的探索历程和诗作成就时，写下了这首著名的诗作《红烛》。后来，他将它作为同名诗集《红烛》的序诗。

本诗在开始就突出了红烛的意象，红红的如同赤子之心的红烛，让诗人禁不住发问："你的心""可是一般颜色？"你们的心可有这样的赤诚与热情？你们可有勇气吐出真心来与这红烛比一比？一个"吐"字，既生动又形象，把诗人的奉献精神和赤诚展示得一览无余。接着，诗人反过来又问"红烛"的身躯来自哪里，灵魂出自何处。这样的身躯和灵魂，为什么要燃烧？为什么要在火光中毁灭身躯？于此，诗人也迷茫了，如同在生活中陷入迷茫，诗人找不到方向，也有许多想不透的问题，因此"矛盾！冲突！"在这些矛盾冲突中诗人坚定了自己心中的信念："不误！不误！"于是，诗人找到了生活的方向，并准备朝着理想中的光明之路迈进，即使自己被烧成灰烬也在所不惜。

本诗由发问，迷茫，探索，转而歌颂红烛，在生活的困顿与失望中，红烛承担起自己的责任。它要烧，烧破世人的空想，并且靠着自己的燃烧救出一个又一个活着但不自由的灵魂，即使受到风雨的阻挠，流着泪也要燃烧。诗人歌颂红烛的奉献精神，歌颂这来之不易的光明。在歌颂中，诗人从红烛的身上找到了生活的方向：实干，探索，坚毅、努力地向着理想奔赴，不计后果。"莫问收获，但问耕耘。"

《红烛》以浓重的浪漫主义和唯美主义色彩，通过幻想和情绪的渲染，以优美的语言来抒发诗人心中的情感。本诗在形式和节奏上展示出了诗人所倡导的音乐的美。闻一多先生融汇了古今中外的诗歌形式，以强烈的情感表达和精神追求开辟了中国一代诗风，激励着一代代的中国诗人去耕耘和探索。

知识拼图

（1）闻一多先生的第一部诗集是（　　　　　）。
（2）闻一多先生对新诗提出了"三美"：（　　　）、（　　　）、（　　　）。

课堂演练

小组讨论：
（1）蜡烛有红有白，诗人为什么以"红烛"为题？请简要分析。
（2）简要分析"红烛"意象的特点。

头脑风暴

结合你对诗人的了解，阅读全诗，简要分析本诗所表达的思想感情。

拓展延伸

请结合实际，谈谈你对"莫问收获，但问耕耘"的理解。

11　梦与诗

胡适　〔现当代〕

> 胡适（1891—1962年），原名嗣穈，学名洪骍，字希疆，后改名胡适，字适之，笔名天风、藏晖等，汉族，徽州绩溪县上庄村人，中国现代思想家、文学家、哲学家。胡适因提倡文学革命而成为新文化运动的领袖之一。他倡导中国新诗创作，并亲身实践。朱自清说："新诗的初期，说理是主调之一。新诗的开创人胡适之先生就提倡以诗说理。"
>
> 胡适先生以作品展示自己的创作主张。其《尝试集》中就有表现哲理的《威权》、表现人生哲理的《应该》，而本诗则表现出了艺术哲理。他的《尝试集》是中国新诗的第一部诗集，其主要著作还有《中国哲学史大纲》《胡适文存》等。

都是平常经验，
都是平常影象，
偶然涌到梦中来，
变幻出多少新奇花样！

都是平常情感，
都是平常言语，
偶然碰着个诗人，
变幻出多少新奇诗句，

醉过才知酒浓，
爱过才知情重——
你不能做我的诗，
正如我不能做你的梦。

【导读】

《梦与诗》是胡适先生于1920年创作的一首现代诗。这首诗主题明确、节奏明快，诗人认为，做诗和做梦有相通之处：我做我的诗，你做你的梦，但是无论是做诗还是做梦，只有投身其中，才能够体会到其中的乐趣。诗与梦可以互相引用，但不能互相替代。

在新文化运动时期，文化发展处于一种新旧交替、东西交替的状态，双方争论不断升级、炽热化。人们可以假设：一种观点是梦，另一种观点是诗。那么，这两种观点的对立是无可厚非的。胡适强调"醉过才知酒浓，爱过才知情重"，表面上看来有关风月，其实不然，新文化运动的发展只是开端，它的好坏应该由实践来评判。

常言道"日有所思，才夜有所梦"，诗人以独特的视角，变幻出新奇的诗句。这首简短明快的小诗，把"梦"与"诗"两个完全不同的概念联系起来。胡适先生以娴熟的技巧让人寻不出丝毫不和谐之处。在诗人看来，梦与诗有共通之处，它们都寄托着人们对平常生活的期待。梦也许是常人共有的模糊经历，但是可在诗人的笔下找到契合点，梦与诗之间的界线变得清晰明了。

本诗先说"梦"有神奇"变幻"的能力，对许多"平常经验"和"影像"进行任意变形，产生种种神奇梦境，再说诗人也仿佛拥有"梦"一般神奇的能力，将许多平常的"情感"和"言语""变幻"出美妙的诗句来，最后到以奇妙的诗句证明了诗人梦幻一般神奇的语言能力："醉过才知酒浓，爱过才知情重"。这两句可与古人的"少年不识愁滋味，为赋新词强说愁"之句对读。

如同人世的经验，唯有局中人方知个中滋味，正是如人饮水，冷暖自知。胡适先生在诗中讨论梦与诗的关系，二者互为隐喻，显然涉及诗的本质问题，因此这是一首关于诗的诗。同时，从诗中还可以看到，20世纪90年代以来，汉语诗界高高飘扬的"个人化写作""私人经验"的旗帜原来并不是什么不得了的新东西，胡适先生早已"题诗在上头"："你不能做我的诗，正如我不能做你的梦"。

知识拼图

(1) 胡适先生是"中国新诗"的（　　　　）。
(2) 中国新诗的第一部诗集是（　　　　）。
(3) 中国新诗的创作主张是（　　　　）。

课堂演练

小组讨论：
请简要分析"梦"与"诗"。

头脑风暴

结合生活实际，简要分析"醉过才知酒浓，爱过才知情重"。

拓展延伸

结合当时的文坛创作，分析《梦与诗》的创作意义。

12　偶成

戴望舒〔现当代〕

> 戴望舒（1905—1950年），男，名承，字朝安，小名海山，浙江省杭州市人，曾用笔名梦鸥、梦鸥生、信芳、江思等，中国现代派象征主义诗人、翻译家。
> 　　1922年，戴望舒首次公开在《半月》第1卷第23期发表小说《债》。1926年，他与施蛰存、杜衡等人创办《璎珞》旬刊，发表诗作《凝泪出门》。1928年，他发表《雨巷》，并与施蛰存、杜衡、冯雪峰创办《文学工场》。1929年，他出版了第一本诗集《我的记忆》。
> 　　1941年年底，戴望舒因宣传革命被日军逮捕入狱。
> 　　1942年7月3日，戴望舒获释，创作作品《我用残损的手掌》。
> 　　戴望舒先后在鸳鸯蝴蝶派的刊物上发表过三篇小说：《债》《卖艺童子》和《母爱》。他曾经和杜衡、张天翼和施蛰存等人成立了一个名为"兰社"的文学小团体，创办了《兰友》旬刊。

如果生命的春天重到，
古旧的凝冰都哗哗地解冻，
那时我会再看见灿烂的微笑，
再听见明朗的呼唤——这些迢遥的梦。

这些好东西都决不会消失，
因为一切好东西都永远存在，
它们只是像冰一样凝结，
而有一天会像花一样重开。

【导读】

没有《雨巷》中"丁香空结雨中愁"那样低沉徘徊和飘忽的凄美，本诗在字里行间都流露出欣喜、希望和坚定，这不仅是诗人历经磨难之后的大悟，也是诗人乐观豁达的展现，更是一首生命的赞歌。

"凝冰消融，微笑重叠，万物回灵，梦里春醒"——这些平凡而美好的事物不会消失，它们将永远存在。而今，它们不过像如冰一样的凝结，终有一天，它们会像花一样重开。本诗没有流光溢彩的华章，在朴实的轻吟浅唱中尽显真挚的情韵，轻声诉说着生命的真谛。

从《雨巷》到《寻梦者》，从《烦忧》到《我用残损的手掌》，再到这首《偶成》，戴望舒一生都在执着地追求。在那样的时代，他仍能写出这样拨云见日的文字，不得不让人肃然起敬。他着眼于身边，以独特的视角，创造出不拘一格的意境，在小事物中孕育着人生大境界。如今细细品读本诗，其情感仍可以契合我们的心灵，即使岁月流逝，本诗所引起的共鸣，也不会随着无情的时间被埋葬。

或许这就是诗歌的魅力，它能挣脱时空的限制，获得永生的感染力。在这些灵动的文字中，我们瞥见了诗人的人生态度。

知识拼图

（1）戴望舒是中国（　　　　　）的代表。
（2）戴望舒的第一本诗集是（　　　　　）。
（3）《新诗》月刊的创办者有（　　　　　　　）和戴望舒等。

课堂演练

小组讨论：
（1）简要分析《偶成》所表达的情感。
（2）解析"古旧的凝冰"。

头脑风暴

诗中的"这些迢遥的梦"表达了什么？

拓展延伸

结合自己的生活实际，谈谈从《偶成》中你获得了什么启示。

任务二 散文

1 逍遥游

庄子〔战国〕

> 庄子（约公元前369—约公元前286年），姓庄，名周，字子休，战国时期宋国蒙人，战国中期道家学派代表人物，思想家、哲学家、文学家，庄学的创立者，与老子并称"老庄"。他最早提出的"内圣外王"思想对儒家影响深远。他洞悉易理，指出"《易》以道阴阳"，其"三籁"思想与《易经》三才之道相合。其文学想象力极为丰富，语言运用自如，灵活多变，能把微妙难言的哲理阐释得引人入胜。其代表作品为《庄子》，其中名篇有《逍遥游》《齐物论》《养生主》等。其作品被称为"文学的哲学，哲学的文学"。据传庄子曾隐居南华山，卒葬于彼，故在唐玄宗天宝初年被诏封为南华真人，其著作《庄子》被奉为《南华真经》。

北冥有鱼，其名为鲲。鲲之大，不知其几千里也；化而为鸟，其名为鹏。鹏之背，不知其几千里也；怒而飞，其翼若垂天之云。是鸟也，海运则将徙于南冥。南冥者，天池也。《齐谐》者，志怪者也。《谐》之言曰："鹏之徙于南冥也，水击三千里，抟扶摇而上者九万里，去以六月息者也。"野马也，尘埃也，生物之以息相吹也。天之苍苍，其正色邪？其远而无所至极邪？其视下也，亦若是则已矣。且夫水之积也不厚，则其负大舟也无力。覆杯水于坳堂之上，则芥为之舟；置杯焉则胶，水浅而舟大也。风之积也不厚，则其负大翼也无力。故九万里，则风斯在下矣，而后乃今培风；背负青天，而莫之夭阏者，而后乃今将图南。蜩与学鸠笑之曰："我决起而飞，抢榆枋而止，时则不至，而控于地而已矣，奚以之九万里而南为？"适莽苍者，三餐而反，腹犹果然；适百里者，宿舂粮；适千里者，三月聚粮。之二虫又何知！小知不及大知，小年不及大年。奚以知其然也？朝菌不知晦朔，蟪蛄不知春秋，此小年也。楚之南有冥灵者，以五百岁为春，五百岁为秋；上古有大椿者，以八千岁为春，八千岁为秋。此大年也。而彭祖乃今以久特闻，众人匹之，不亦悲乎？

汤之问棘也是已："穷发之北，有冥海者，天池也。有鱼焉，其广数千里，未有知其修者，其名为鲲。有鸟焉，其名为鹏，背若泰山，翼若垂天之云；抟扶摇羊角而上者九万里，绝云气，负青天，然后图南，且适南冥也。斥鴳笑之曰：'彼且奚适也？我腾跃而上，不过数仞而下，翱翔蓬蒿之间，此亦飞之至也。而彼且奚适也？'"此小大之辩也。

故夫知效一官，行比一乡，德合一君，而征一国者，其自视也，亦若此矣。而宋荣子犹然笑之。且举世誉之而不加劝，举世非之而不加沮，定乎内外之分，辩乎荣辱之境，斯已矣。彼其于世，未数数然也。虽然，犹有未树也。夫列子御风而行，泠然善也，旬有五日而后反。彼于致福者，未数数然也。此虽免乎行，犹有所待者也。若夫乘天地之正，而御六气之辩，以游无穷者，彼且恶乎待哉？故曰：至人无己，神人无功，圣人无名。

尧让天下于许由，曰："日月出矣而爝火不息；其于光也，不亦难乎？时雨降矣而犹浸灌；其于泽也，不亦劳乎？夫子立而天下治，而我犹尸之；吾自视缺然，请致天下。"许由曰："子治天下，天下既已治也；而我犹代子，吾将为名乎？名者，实之宾也；吾将为宾乎？鹪鹩巢于深林，不过一枝；偃鼠饮河，不过满腹。归休乎君，予无所用天下为！庖人虽不治庖，尸祝不越樽俎而代之矣！"

肩吾问于连叔曰："吾闻言于接舆，大而无当，往而不反。吾惊怖其言。犹河汉而无极也；大有径庭，不近人情焉。"连叔曰："其言谓何哉？"曰："藐姑射之山，有神人居焉。肌肤若冰雪，淖约若处子，不食五谷，吸风饮露，乘云气，御飞龙，而游乎四海之外；其神凝，使物不疵疠而年谷熟。吾以是狂而不信也。"连叔曰："然。瞽者无以与乎文章之观，聋者无以与乎钟鼓之声。岂唯形骸有聋盲哉？夫知亦有之！是其言也，犹时女也。之人也，之德也，将旁礴万物以为一，世蕲乎乱，孰弊弊焉以天下为事！之人也，物莫之伤：大浸稽天而不溺，大旱金石流，土山焦而不热。是其尘垢秕糠将犹陶铸尧舜者也，孰肯以物为事？"宋人资章甫而适诸越，越人断发文身，无所用之。尧治天下之民，平海内之政，往见四子藐姑射之山，汾水之阳，窅然丧其天下焉。

惠子谓庄子曰："魏王贻我大瓠之种，我树之成而实五石。以盛水浆，其坚不能自举也。剖之以为瓢，则瓠落无所容。非不呺然大也，吾为其无用而掊之。"庄子曰："夫子固拙于用大矣。宋人有善为不龟手之药者，世世以洴澼絖为事。客闻之，请买其方百金。聚族而谋曰：'我世世为洴澼絖，不过数金，今一朝而鬻技百金，请与之。'客得之，以说吴王。越有难，吴王使之将，冬，与越人水战，大败越人。裂地而封之。能不龟手一也，或以封，或不免于洴澼絖，则所用之异也。今子有五石之瓠，何不虑以为大樽，而浮乎江湖，而忧其瓠落无所容？则夫子犹有蓬之心也夫！"

惠子谓庄子曰："吾有大树，人谓之樗。其大本拥肿而不中绳墨，其小枝卷曲而不中规矩，立之途，匠者不顾。今子之言，大而无用，众所同去也。"庄子曰："子独不见狸狌乎？卑身而伏，以候敖者；东西跳梁，不辟高下；中于机辟，死于罔罟。今夫斄牛，其大若垂天之云。此能为大矣，而不能执鼠。今子有大树，患其无用，何不树之于无何有之乡，广莫之野，彷徨乎无为其侧，逍遥乎寝卧其下。不夭斤斧，物无害者，无所可用，安所困苦哉！"

【导读】

《逍遥游》是庄子的代表作，是《庄子内篇》的首篇，本文集中地表现了庄子追求自由的人生观。本文首先论证了世间万物因为"有所待"而不自由，所以"自己"要追求那"无所待"的最高境界，接着通过一系列寓言故事，论证"至人无己""神人无功""圣人无名"的境界。

知识拼图

（1）庄子，名（　　　），战国时期著名的思想家、哲学家、文学家，（　　）代表人物。

（2）庄子的文学想象丰富奇特，语言运用自如，常常把微妙难言的哲理阐释得引人入胜，被称为（　　　　　　　　　）。

（3）《庄子》和《周易》《老子》并称（　　　　）。

课堂演练

小组讨论：

（1）庄子对蜩和学鸠的态度是怎样的？你能从文中进行解读吗？

（2）品读本文，说说蜩与学鸠为什么讥笑鲲鹏。

头脑风暴

庄子所说的"逍遥"是什么？

拓展延伸

请联系实际，分析"逍遥"的含意

2　冯谖客孟尝君

《战国策·齐策》

> 《战国策》，又称《国策》，为西汉刘向编订的国别体史书，原作者不详，一般认为非一人之作。该书主要记载了战国时期谋臣、策士纵横捭阖的斗争。全书按东周、西周、秦国、齐国、楚国、赵国、魏国、韩国、燕国、宋国、卫国、中山国依次分国编写，分为12策、33卷，共497篇。本书所记载的历史，上起公元前490年智伯灭范氏，下至公元前221年高渐离以筑击秦始皇。其篇章语言精练，文笔委婉生动，人物形象鲜明，富有浓厚的文学意味，是先秦历史散文中成就最高、影响最大的著作之一。
>
> 《战国策·齐策》讲述战国时期齐国谋士的游说活动，主要体现我国古代的民本思想，也强调了任用人才和表彰贤德之人在治理国家过程中的重要意义。本文出自《战国策·齐策》。

　　齐人有冯谖者，贫乏不能自存，使人属孟尝君，愿寄食门下。孟尝君曰："客何好？"曰："客无好也。"曰："客何能？"曰："客无能也。"孟尝君笑而受之曰："诺。"

　　左右以君贱之也，食以草具。居有顷，倚柱弹其剑，歌曰："长铗归来乎！食无鱼。"左右以告。孟尝君曰："食之，比门下之客。"居有顷，复弹其铗，歌曰："长铗归来乎！出无车。"左右皆笑之，以告。孟尝君曰："为之驾，比门下之车客。"于是乘其车，揭其剑，过其友曰："孟尝君客我。"后有顷，复弹其剑铗，歌曰："长铗归来乎！无以为家。"左右皆恶之，以为贪而不知足。孟尝君问："冯公有亲乎？"对曰："有老母。"孟尝君使人给其食用，无使乏。于是冯谖不复歌。

　　后孟尝君出记，问门下诸客："谁习计会，能为文收责于薛者乎？"冯谖署曰："能。"孟尝君怪之，曰："此谁也？"左右曰："乃歌夫长铗归来者也。"孟尝君笑曰："客果有能也，吾负之，未尝见也。"请而见之，谢曰："文倦于事，愦于忧，而性懧愚，沉于国家之事，开罪于先生。先生不羞，乃有意欲为收责于薛乎？"冯谖曰："愿之。"于是约车治装，载券契而行，辞曰："责毕收，以何市而反？"孟尝君曰："视吾家所寡有者。"

　　驱而之薛，使吏召诸民当偿者，悉来合券。券遍合，起，矫命，以责赐诸民。因烧其券。民称万岁。长驱到齐，晨而求见。孟尝君怪其疾也，衣冠而见之，曰："责毕收乎？来何疾也！"曰："收毕矣。""以何市而反？"冯谖曰："君之'视吾家所寡有者'。臣窃计，君宫中积珍宝，狗马实外厩，美人充下陈。君家所寡有者，以义耳！窃以为君市义。"孟尝君曰："市义奈何？"曰："今君有区区之薛，不拊爱子其民，因而贾利之。臣窃矫君命，以责赐诸民，因烧其券，民称万岁。乃臣所以为君市义也。"孟尝君不悦，曰："诺，先生休矣！"

　　后期年，齐王谓孟尝君曰："寡人不敢以先王之臣为臣。"孟尝君就国于薛，未至百里，民扶老携幼，迎君道中。孟尝君顾谓冯谖："先生所为文市义者，乃今日见之。"

　　冯谖曰："狡兔有三窟，仅得免其死耳；今君有一窟，未得高枕而卧也。请为君复凿二窟。"孟尝君予车五十乘，金五百斤，西游于梁，谓惠王曰："齐放其大臣孟尝君于诸侯，诸侯先迎之者，富而兵强。"于是梁王虚上位，以故相为上将军，遣使者黄金千斤，车百乘，往聘孟尝君。冯谖先驱，诫孟尝君曰："千金，重币也；百乘，显使也。齐其闻之矣。"梁使三反，孟尝君固辞不往也。

齐王闻之，君臣恐惧，遣太傅赍黄金千斤、文车二驷，服剑一，封书，谢孟尝君曰："寡人不祥，被于宗庙之祟，沉于谄谀之臣，开罪于君。寡人不足为也；愿君顾先王之宗庙，姑反国统万人乎！"冯谖诫孟尝君曰："愿请先王之祭器，立宗庙于薛。"庙成，还报孟尝君曰："三窟已就，君姑高枕为乐矣。"

孟尝君为相数十年，无纤介之祸者，冯谖之计也。

【导读】

本文有人物、有故事、有情节、有戏剧冲突、有细节描绘，初具传记的特征，开后世史书"列传"先河。文中通过描写冯谖的政治见识与过人才智，反映战国时期贵族阶级盛行养士之风的社会现实，同时也从侧面表现了策士们在政治生活中的作用。本文的故事情节跌宕起伏、波澜层出，结构精巧谨严，极富戏剧性，语言简洁流畅，人物形象生动，可谓匠心独运，是历来传诵的名篇。

在曲折的情节和生动的人物形象刻画中，本文用"以虚引实、欲出先没"的技巧步步为营，让人物性格更加突出。冯谖的出场颇富戏剧性，他穷困潦倒、一无所能，其地位、待遇都比较低，即使受到人们轻视，也并没有离去，反而通过"三唱"获得孟尝君的礼遇。他一心报恩，主动收债于薛，且自作主张烧契，为孟尝君买"义"。他西游于梁，邀梁礼聘和请立宗庙于薛，为孟尝君巧凿"三窟"。本书通过曲折的情节将人物性格刻画得入木三分，让读者看到一个出身寒微却胸怀大志、富于远见且足智多谋的策士形象。

本文还运用对比手法，表现人物特点和相互关系。如三次"弹铗而歌"，孟尝君的左右由无所爱憎到"皆笑之"，再到"皆恶之"，而孟尝君却一一满足了其要求。两相对照，表现出孟尝君的宽厚及左右门客的势利。又如，冯谖对孟尝君说明焚券市义的理由及情况，孟尝君却"不悦"，两相对照，表现出冯谖富于远见而孟尝君之见识不足。再如，冯谖从藏才不露到初试锋芒再到大显身手，与孟尝君的轻视、重视、存疑、称赞和信赖互为衬托对比，不仅反映出孟尝君了解、认识冯谖的曲折过程，更重要的是使冯谖的聪明才智，随着事态的发展逐步展现在读者面前，起到了不鸣则已，鸣则惊人的效果，更加完整鲜明地展现出冯谖大智若愚的策士形象，给人以深刻的印象。

知识拼图

（1）《战国策》是战国时期谋臣策士策谋和言论的汇编，属于（　　　　）史书。
（2）冯谖为孟尝君谋营的"三窟"是指（　　　　　　　），"战国四君子"是（　　　　　　　　）。
（3）冯谖为孟尝君"焚券市义"的行为蕴含着（　　　　）思想。

课堂演练

小组讨论：

（1）"战国四君子"争相养士，体现了战国时期怎样的政治面貌？

（2）最能表现冯谖政治才能的情节是什么？你从中获得了什么启示？

头脑风暴

如果孟尝君是你的领导，针对他的性格特点，你将如何说服他同意你的工作方案？

拓展延伸

（1）根据冯谖再三"弹铗而歌"，联系毛遂自荐、伯乐相马等故事，试析实行唯才是举的社会条件和环境。

（2）请从选择、设计人生道路的角度，谈谈"狡兔三窟"的双重意义。

3　触龙说赵太后

《战国策·赵策》

> 《战国策·赵策》讲述战国时期赵国纵横家的政治主张和谋事策略。这些谋士为了谋取富贵或者实现自己的治国理念，针对当时赵国的形势，为自己所效力的主君分析内外形势、制定策略，在国家治理、战争用兵、用人谋略等方面，起到了很大的推动作用。本文出自《战国策·赵策》。

赵太后新用事，秦急攻之。赵氏求救于齐。齐曰："必以长安君为质，兵乃出。"太后不肯，大臣强谏。太后明谓左右："有复言令长安君为质者，老妇必唾其面！"

左师触龙言：愿见太后。太后盛气而揖之。入而徐趋，至而自谢，曰："老臣病足，曾不能疾走，不得见久矣，窃自恕，而恐太后玉体之有所郄也，故愿望见太后。"太后曰："老妇恃辇而行。"曰："日食饮得无衰乎？"曰："恃粥耳。"曰："老臣今者殊不欲食，乃自强步，日三四里，少益耆食，和于身也。"太后曰："老妇不能。"太后之色少解。

左师公曰：老臣贱息舒祺，最少，不肖，而臣衰，窃爱怜之，愿令得补黑衣之数，以卫王宫。没死以闻！"太后曰："敬诺。年几何矣？"对曰："十五岁矣。虽少，愿及未填沟壑而托之。"太后曰："丈夫亦爱怜其少子乎？"对曰："甚于妇人。"太后笑曰："妇人异甚！"对曰："老臣窃以为媪之爱燕后贤于长安君。曰："君过矣，不若长安君之甚。"左师公曰："父母之爱子，则为之计深远。媪之送燕后也，持其踵，为之泣，念悲其远也，亦哀之矣。已行，非弗思也，祭祀必祝之，祝曰：'必勿使反。'岂非计久长，有子孙相继为王也哉？"太后曰："然。"

左师公曰："今三世以前，至于赵之为赵，赵王之子孙侯者，其继有在者乎？"曰："无有。"曰"微独赵，诸侯有在者乎？"曰："老妇不闻也。"曰："此其近者祸及身，远者及其子孙，岂人主之子孙则必不善哉？位尊而无功，奉厚而无劳，而挟重器多也。今媪尊长安君之位，而封之以膏腴之地，而不及今令有功于国，一旦山陵崩，长安君何以自托于赵？老臣以媪为长安君计短也。故以为其爱不若燕后。"太后曰："诺。恣君之所使之。"

于是为长安君约车百乘，质于齐，齐兵乃出。

子义闻之曰："人主之子也、骨肉之亲也，犹不能恃无功之尊，无劳之奉，已守金玉之重也，而况人臣乎。"

【导读】

《触龙说赵太后》是《战国策》中的名篇，主要讲述了战国时期，秦国趁赵国政权交替之机，大举攻赵，并已占领赵国的三座城池。赵国形势危急，向齐国求援，齐国要赵太后的小儿子长安君作人质，才肯出兵。赵太后溺爱长安君，执意不肯，致使国家危机日深。本文写的就是在强敌压境，赵太后又严厉拒谏的危急形势下，触龙因势利导，以柔克刚，用"爱子则为之计深远"的道理，说服赵太后，让其爱子出质于齐，换取救兵，解除国家危难的故事，歌颂了触龙以国家利益为重的品质和循循善诱的思辨口才。

从艺术表达上看，本文在描写人物上是成功的。本文通过揭示矛盾展示人物性格。本文在开篇揭示了三种矛盾，初步刻画赵太后目光短浅、不识大局、专横独断的性格。而触龙进

模块一 学习积累

谏的经过，正是解决矛盾的过程。他利用赵太后自以为是的弱点，顺着赵太后的心理，以叙家常的方式展开思想交锋，从侧面到反面，层层比较，步步深入地说理，处处体贴赵太后，而处处又不离进谏主题，让赵太后逐步接受自己的观点。这种描写使触龙忠心机智、沉着冷静、善于谋划的老臣形象便展现在了读者面前。

从语言技巧上看，本文可成为我们向上层者、领导者游说，使用钓语的典范。关于"钓语"，《鬼谷子》说"其钓语合事得人实也。……常持其网驱之，其言无比，乃为之变。以象动之，以报其心，见其情，随而牧之"。简而言之，钓语是言谈开始时的导引性、启发性言语，用于引出对方的话头以及对方不愿外露的思想情感，就像钓鱼投饵一般。触龙就是用钓语让赵太后说出了她自己不愿说而且也禁止他人说的长安君为质的事情，先以叙家常的方式开头，既解除了戒备，又拉近了关系，使谈话得以继续，通过摆事实、讲道理，事情向着触龙预先设计好的方向发展，赵太后敌对、抵抗的心态也逐渐变为接受，最终赵太后主动要求派遣长安君使齐为质。

本文虽然篇幅不长，但情节一波三折，跌宕起伏，叙事和说理融为一体，令读者印象深刻，是一篇艺术感染力很强的文学作品，更是一篇教人学习沟通说服艺术的经典文章。

知识拼图

（1）触龙用（　　　）的方法，使赵太后明白了（　　　　　　　）的道理，进而同意以长安君为质。
（2）赵太后的主要性格特征是（　　　　　　　　）。
（3）文中出现的敬称有（　　　　　　），谦称有（　　　　　　）。

课堂演练

小组讨论：
（1）请分析触龙的劝谏艺术。
（2）只有经受磨炼才能担当重任，请说说你知道的经历磨炼后取得成功的故事。

头脑风暴

"父母之爱子，则为之计深远"体现了怎样的教育理念？生活中应如何处理父母子女之间的关系？

拓展延伸

触龙察言观色、避其锋芒的沟通技巧，给你带来了哪些启发？在今后的工作中，应怎样让领导接受你的意见？

4 与子俨等疏

陶渊明〔东晋〕

> 陶渊明（约365—427年），名潜，字元亮，别号五柳先生，东晋著名的文学家、散文家和诗人。
>
> 陶渊明自幼聪颖好学，深受家庭的文化熏陶。其父亲是一位儒学学者，对他的教育产生了深远的影响。他早年学习经史子集和礼仪等传统文化知识。二十岁时，陶渊明开始游宦生涯，以谋生路。但是，陶渊明并不满足于传统的官场生涯，他倾向于隐居田园，追求心灵的宁静和自然的生活。为官几年以后，他放弃了官职，返回家乡，在五柳山修建了一座茅屋，开始了他的隐逸生活。陶渊明的作品以诗歌和散文为主，他的诗歌以清新自然、豪放洒脱的风格著称，表达了对自然田园和人生的热爱与思考。他的作品充满了对自然景物的描写和对人生哲理的思考，形成了独特的陶渊明风格。
>
> 陶渊明的作品深受后世文人的喜爱和推崇，被誉为"田园诗派"的代表。他的作品对后世文学产生了广泛的影响，尤其对中国文人的田园情怀和对自然的热爱产生了深远的影响。陶渊明的传世作品共有诗125首、文12篇，被后人编为《陶渊明集》。
>
> 陶渊明一生始终保持对人生的热爱。他借文学作品展示内心对真理、美和善的追求，成为中国文学史上的一颗璀璨明星。陶渊明的文学才华和人格魅力使他成为后世文人的楷模和榜样。他的作品被广泛传播和研究，并被视为中国文学史上的经典之一。陶渊明逝世后，被人们尊称为"五柳先生"，以示对他的文学成就和人格魅力的敬仰。

告俨、俟、份、佚、佟：

天地赋命，生必有死；自古圣贤，谁能独免？子夏有言："死生有命，富贵在天。"四友之人，亲受音旨。

发斯谈者，将非穷达不可妄求，寿夭永无外请故耶？

吾年过五十，少而穷苦，每以家弊，东西游走。性刚才拙，与物多忤。自量为己，必贻俗患。僶俛辞世，使汝等幼而饥寒。余尝感孺仲贤妻之言。败絮自拥，何惭儿子？此既一事矣。但恨邻靡二仲，室无莱妇，抱兹苦心，良独内愧。

少学琴书，偶爱闲静，开卷有得，便欣然忘食。见树木交荫，时鸟变声，亦复欢然有喜。常言五六月中，北窗下卧，遇凉风暂至，自谓是羲皇上人。意浅识罕，谓斯言可保。日月遂往，机巧好疏。缅求在昔，眇然如何！

疾患以来，渐就衰损，亲旧不遗，每以药石见救，自恐大分将有限也。汝辈稚小家贫，每役柴水之劳，何时可免？念之在心，若何可言！然汝等虽不同生，当思四海皆兄弟之义。鲍叔，管仲，分财无猜；归生、伍举，班荆道旧；遂能以败为成，因丧立功。他人尚尔，况同父之人哉！颖川韩元长，汉末名士，身处卿佐，八十而终，兄弟同居，至于没齿。济北汜稚春，晋时操行人也，七世同财，家人无怨色。

《诗》曰："高山仰止，景行行止。"虽不能尔，至心尚之。汝其慎哉，吾复何言！

【导读】

本文约作于宋永初二年（公元421年），作者五十三岁时，当时作者所患疟疾曾一度加剧。重病中他恐来日无多，便怀着生死由命的达观态度，给几个儿子留下了这封家信，表达了对生命短暂和人生无常的思考。

本文开篇提到天地赋予人生命，但生必有死，无论是圣贤还是普通人都无法独善其身。作者引用子夏的话"死生有命，富贵在天"，并称他们是接受命运安排的人。作者自述年少时贫穷，经历家庭困苦，性格刚直而愚钝，常常与世界发生冲突。他认识到自己的行为可能给家人带来麻烦，所以写信给子俨等人，希望他们不要像他一样在年幼时就经历贫困和困苦。他感受到孺仲贤妻的教诲，他自责家中条件不佳，但他对自己的妻子并无怨言。他年少时爱好音乐和读书，一旦看到树木交荫或听到鸟鸣声，就会感到愉悦。作者还提到五六月中北窗下卧，遇凉风时，会觉得自己像神话中的神仙羲皇。他认为自己的言论可能浅薄，但是他希望这些话能够保留下来。

文中作者谈及自己的身体渐渐衰弱，亲友们无不悉心照料，但他担心这种帮助也会有限。他对子俨等人的贫困和劳作表示关切，呼吁他们应该将四海皆兄弟的情感放在心中，并借以鲍叔、管仲等古人为例，讲述兄弟之间相互帮助、分享财富的故事。他特别提到颖川韩元长和济北氾稚春共同生活并分享财富，没有怨恨之色。最后，他引用《诗经》中的句子，希望子俨等人能够慎重对待兄弟之间的义气。

通过这封信，作者表达了对兄弟间亲情和友情的重视，以及对生命短暂和人生无常的深思。他鼓励儿子们珍惜兄弟之间的情谊，懂得互相帮助和分享，五子同心，共同渡过人生的困难和挫折。

这封家信虽历时久远，但对于我们的现实生活仍有极大的借鉴价值与学习意义。

知识拼图

（1）《与子俨等疏》是陶渊明写给自己五个儿子的信函，表达了对（　　　　）和（　　　　）的思考。

（2）陶渊明呼吁诸子应保持亲情和兄弟之义，引用了历史上（　　　　）等典范人物作为榜样。

课堂演练

小组讨论：
《与子俨等疏》表达了怎样的社会观察？

头脑风暴

通过本文，你认为陶渊明想向儿子们传达怎样的思想感情和价值观？

拓展延伸

本文给你带来了哪些启示和思考？从陶渊明对社会现实的观察中，你认为有哪些普遍适用的价值观和人生哲理？

5　滕王阁序

王勃〔唐〕

> 王勃（650—676 年），字子安，唐代初期著名的文学家、政治家和诗人，与杨炯、卢照邻、骆宾王以诗文齐名，并称"王杨卢骆"，亦称"初唐四杰"。胡应麟曾评说："王勃兴象宛然，气骨苍然，实首启盛中妙境，五言绝亦抒写悲凉，洗尽流调，究其才力，自是唐人开山祖。"由此可见王勃在唐代文学史上的重要地位。
>
> 王勃少年聪慧，对文学艺术有着浓厚的兴趣。其父十分重视对他的教育和培养。他年轻时就考取了进士科举，并入官府任职。在其政治生涯中，他积极参与国家事务，为社会做出了一定的贡献。
>
> 王勃的文学成就主要体现在诗歌方面，其诗风深受初唐文人的影响，雄浑豪放、气势磅礴。其作品大多描绘社会动荡和人生的辛酸，表达了对时事人生的思考和感慨。其中最著名的作品有《滕王阁序》《登鹳雀楼》等。
>
> 王勃的文风独特而富有张力，常借慷慨激昂的雄辩语言表达思想情感，具有很高的艺术性和极强的感染力，他的诗歌深受当时文人的喜爱和推崇，对后世文学产生了广泛的影响。尽管文学生涯短暂，但他的才华和成就不可忽视。他以豪情壮志和独特的创作风格，开辟了唐代文学的新局面，被后人尊称为唐代文学的"开山鼻祖"。

　　豫章故郡，洪都新府。星分翼轸，地接衡庐。襟三江而带五湖，控蛮荆而引瓯越。物华天宝，龙光射牛斗之墟；人杰地灵，徐孺下陈蕃之榻。雄州雾列，俊采星驰。台隍枕夷夏之交，宾主尽东南之美。都督阎公之雅望，棨戟遥临；宇文新州之懿范，襜帷暂驻。十旬休假，胜友如云；千里逢迎，高朋满座。腾蛟起凤，孟学士之词宗；紫电青霜，王将军之武库。家君作宰，路出名区；童子何知，躬逢胜饯。

　　时维九月，序属三秋。潦水尽而寒潭清，烟光凝而暮山紫。俨骖騑于上路，访风景于崇阿。临帝子之长洲，得天人之旧馆。层峦耸翠，上出重霄；飞阁流丹，下临无地。鹤汀凫渚，穷岛屿之萦回；桂殿兰宫，即冈峦之体势。

　　披绣闼，俯雕甍，山原旷其盈视，川泽纡其骇瞩。闾阎扑地，钟鸣鼎食之家；舸舰迷津，青雀黄龙之轴。云销雨霁，彩彻区明。落霞与孤鹜齐飞，秋水共长天一色。渔舟唱晚，响穷彭蠡之滨；雁阵惊寒，声断衡阳之浦。

　　遥襟甫畅，逸兴遄飞。爽籁发而清风生，纤歌凝而白云遏。睢园绿竹，气凌彭泽之樽；邺水朱华，光照临川之笔。四美具，二难并。穷睇眄于中天，极娱游于暇日。天高地迥，觉宇宙之无穷；兴尽悲来，识盈虚之有数。望长安于日下，目吴会于云间。地势极而南溟深，天柱高而北辰远。关山难越，谁悲失路之人；萍水相逢，尽是他乡之客。怀帝阍而不见，奉宣室以何年？

　　嗟乎！时运不齐，命途多舛。冯唐易老，李广难封。屈贾谊于长沙，非无圣主；窜梁鸿于海曲，岂乏明时？所赖君子安贫，达人知命。老当益壮，宁移白首之心？穷且益坚，不坠青云之志。酌贪泉而觉爽，处涸辙以犹欢。北海虽赊，扶摇可接；东隅已逝，桑榆非晚。孟尝高洁，空怀报国之情；阮籍猖狂，岂效穷途之哭！

勃，三尺微命，一介书生。无路请缨，等终军之弱冠；有怀投笔，慕宗悫之长风。舍簪笏于百龄，奉晨昏于万里。非谢家之宝树，接孟氏之芳邻。他日趋庭，叨陪鲤对；今晨捧袂，喜托龙门。杨意不逢，抚凌云而自惜；钟期既遇，奏流水以何惭？

呜乎！胜地不常，盛筵难再；兰亭已矣，梓泽丘墟。临别赠言，幸承恩于伟饯；登高作赋，是所望于群公。敢竭鄙怀，恭疏短引；一言均赋，四韵俱成。请洒潘江，各倾陆海云尔：

滕王高阁临江渚，佩玉鸣鸾罢歌舞。
画栋朝飞南浦云，珠帘暮卷西山雨。
闲云潭影日悠悠，物换星移几度秋。
阁中帝子今何在？槛外长江空自流。

【导读】

本文描绘了一个富有诗意和壮丽景观的地方。南昌作为古代郡邑，"物华天宝，龙光射斗牛之墟；人杰地灵，徐孺下陈蕃之榻。雄州雾列，俊采星驰。台隍枕夷夏之交，宾主尽东南之美"。本文先以优美的辞藻描绘人杰地灵的壮丽景色，接着刻画九月景象——"潦水尽而寒潭清，烟光凝而暮山紫。山原旷其盈视，川泽纡其骇瞩"，再以华丽的辞藻展现"层峦耸翠，飞阁流丹"之景象。这里"鹤汀凫渚，桂殿兰宫"，在这如画的美景中，诗人思绪开阔，继而表达自己的所思所想，极目天地，不禁感慨时运多舛与命途坎坷。但尽管如此，作者仍坚守自己的志向与追求，遥想历史上的名人事迹，对志士仁人的赞美和敬佩溢于言表，同时展示了作者的豪情与志向。

通篇读来，本文以华丽的辞藻和细腻的描写，展示壮丽的自然景观和作者内心的情感与思考，带领读者进入一个充满诗意和哲思的世界。

知识拼图

（1）本文描述了（　　　　　）和（　　　　　　　）。
（2）文中提到的南昌地方特色之一是（　　　　），体现了（　　　　　）的文化象征。
（3）文中通过（　　　　）和（　　　　）的对比，展现了一种（　　　　）的情感和思想。

课堂演练

小组讨论：

（1）本文描绘的滕王阁是怎样一幅景象？本文通过怎样的形象和意象表达了作者的情感和思想？

（2）滕王指代谁？他与王勃之间的关系是怎样的？通过这种关系，本文表达了怎样的主题？

头脑风暴

本文使用了大量的意象和修辞手法,分析它们是如何增强诗歌的艺术效果和感染力。

拓展延伸

(1) 本文对人生的思考和哲理的表达,给你带来了哪些启示和思考?本文的名句和修辞手法有哪些?它们如何突出表达了作者的观点和情感?

(2) 本文在中国文学史上的地位和影响如何?它的主题和思想有何现实意义?

6　醉翁亭记

欧阳修〔北宋〕

　　环滁皆山也。其西南诸峰，林壑尤美，望之蔚然而深秀者，琅琊也。山行六七里，渐闻水声潺潺而泻出于两峰之间者，酿泉也。峰回路转，有亭翼然临于泉上者，醉翁亭也。作亭者谁？山之僧智仙也。名之者谁？太守自谓也。太守与客来饮于此，饮少辄醉，而年又最高，故自号曰醉翁也。醉翁之意不在酒，在乎山水之间也。山水之乐，得之心而寓之酒也。

　　若夫日出而林霏开，云归而岩穴暝，晦明变化者，山间之朝暮也。野芳发而幽香，佳木秀而繁阴，风霜高洁，水落而石出者，山间之四时也。朝而往，暮而归，四时之景不同，而乐亦无穷也。

　　至于负者歌于途，行者休于树，前者呼，后者应，伛偻提携，往来而不绝者，滁人游也。临溪而渔，溪深而鱼肥，酿泉为酒，泉香而酒洌，山肴野蔌，杂然而前陈者，太守宴也。宴酣之乐，非丝非竹，射者中，弈者胜，觥筹交错，起坐而喧哗者，众宾欢也。苍颜白发，颓然乎其间者，太守醉也。

　　已而夕阳在山，人影散乱，太守归而宾客从也。树林阴翳，鸣声上下，游人去而禽鸟乐也。然而禽鸟知山林之乐，而不知人之乐；人知从太守游而乐，而不知太守之乐其乐也。醉能同其乐，醒能述以文者，太守也。太守谓谁？庐陵欧阳修也。

【导读】

　　《醉翁亭记》是北宋文学家欧阳修被贬为滁州太守后写的一篇散文，也是体现欧阳修散文风格的代表作。在文中作者把政治失意、仕途坎坷的内心抑郁和苦闷寄情于山水之间，消融于与民同乐之中。

　　欧阳修以独到的笔触描绘了滁州山水的美景——山峦起伏、溪水潺潺，构成了一幅壮丽的画卷。在这美景之中，有一座名为醉翁亭的亭子，据说是由山中的僧人智仙所建。欧阳修将自己称为醉翁，寓意在于追求山水之间的乐趣，而非只是迷恋酒的醉意。他深入揭示了山水之乐对人心的滋养和陶冶，将其比作一种超越时光的心灵享受。

　　在文中，欧阳修以巧妙的比喻和象征手法，将山水景色与人生百态结合。他描绘了山间四时的变幻和自然的美妙，以及人们在其中的欢乐。文中描写了滁州的居民以及太守的宴会场景——饮酒作乐、射箭、下棋，欢声笑语不绝于耳，展现了人们在山水之间释放心灵、享受生活的愉悦。

　　通过《醉翁亭记》，欧阳修不仅表达了对山水之美和人生乐趣的深刻思考，也通过自身的体验和感悟，赋予了本文独特的艺术价值。他以简洁明快的语言和巧妙的意象描绘，使读者仿佛置身于滁州醉翁亭，感受其中的愉悦和人生哲理。这篇散文既是一篇山水游记，又是一篇人生感悟，充分展现了欧阳修卓越的文学才华和对人生的独特见解。

知识拼图

（1）醉翁亭位于（　　　　）山的两峰之间。
（2）醉翁之意不在于酒，在乎（　　　　　　）。
（3）酿泉是从两峰之间泻出的水流，它位于（　　　　　　）山上。

课堂演练

小组讨论：

（1）《醉翁亭记》中描绘的石桥、山水和醉翁亭的景象给你的印象是怎样的？它们在文中扮演了怎样的角色，具有怎样的象征意义？通过这些描写，作者想要传达给读者怎样的情感和思想？

（2）醉翁亭和其中的人物形象，例如山之僧智仙和太守，对文脉的发展和主题有何重要性？作者通过怎样的手法和描写方式展现这些人物的性格和态度？他们在文中的意义是什么？

头脑风暴

（1）如果你是醉翁亭的设计师，你会如何设计这个亭子？请描述你的设计理念和构思。

（2）作者以山水之乐为乐，你认为山水之乐对人的情绪和心境有什么影响？请分享你的观点和感受。

拓展延伸

（1）阅读《醉翁亭记》后，你对于山水之乐和人生哲理有了怎样的认识？根据作者的描写和表达，你认为他想要传达给读者的人生态度和价值观是什么？这种人生态度和价值观在现代社会是否依然有启示和借鉴的价值？

（2）《醉翁亭记》在中国文学史上的地位如何？它与其他古代散文或文学作品相比有何独特之处？在当代社会，我们如何理解和传承这样的古代散文作品？它们对于我们个人的修养和对自然的感知有何意义？

7 中国建筑的特征

梁思成〔现当代〕

> 梁思成（1901—1972年），广东省新会县人，我国著名的建筑历史学家、建筑学教育家和建筑师。1927年，梁思成获得宾夕法尼亚大学建筑学硕士学位，其后在哈佛大学美术研究院学习。他于1928年回国，并于1946年为清华大学创办了建筑系，之后主持创建中国营造学社。
>
> 梁思成毕生从事中国古代建筑的研究和建筑学教育事业。他系统地调查、整理、研究了中国古代建筑的历史和理论，是这一学科的开拓者和奠基者。其主要著作有《清室营造则例》《中国建筑史》。

中国的建筑体系是世界各民族数千年文化史中一个独特的建筑体系。它是中华民族数千年来世代经验的累积所创造的。这个体系分布到很广大的地区：西起葱岭，东至日本、朝鲜，南至越南、缅甸，北至黑龙江，包括蒙古共和国①的区域在内。这些地区的建筑和中国中心地区的建筑，或是同属于一个体系，或是大同小异，如弟兄之同属于一家的关系。

考古学家所发掘的殷代遗址证明，至迟在公元前15世纪，这个独特的体系已经基本上形成了，它的基本特征一直保留到了近代。3 500年来，中国世世代代的劳动人民发展了这个体系的特长，不断地在技术上和艺术上把它提高，达到了高度水平，取得了辉煌成就。

中国建筑的基本特征可以概括为下列九点。

（一）个别的建筑物，一般由三个主要部分构成：下部的台基、中间的房屋本身和上部翼状伸展的屋顶（图1）。

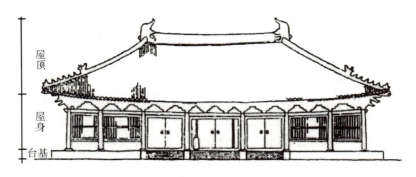

图1　一座中国建筑物的三个主要部分

（二）在平面布置上，中国所称为一"所"房子是由若干座这种建筑物以及一些联系性的建筑物，如回廊、抱厦、厢、耳、过厅等，围绕着一个或若干个庭院或天井建造而成的。在这种布置中，往往左右均齐对称，构成显著的轴线。这同一原则，也常应用在城市规划上。主要的房屋一般地都采取向南的方向，以取得最多的阳光。这样的庭院或天井里虽然往往也种植树木花草，但主要部分一般地都有砖石墁地，成为日常生活所常用的一种户外的空间，我们也可以说它是很好的"户外起居室"。

---

①　即蒙古人民共和国。

（三）中国建筑体系以木材结构为主要结构方法。这就是说，房身部分是以木材做立柱和横梁，成为一副梁架。每一副梁架有两根立柱和两层以上的横梁。每两副梁架之间用枋、檩之类的横木把它们互相牵搭起来，就成了"间"的主要构架，以承托上面的重量。

两柱之间也常用墙壁，但墙壁并不负重，只是像"帷幕"一样，用以隔断内外，或分划内部空间而已。因此，门窗的位置和处理都极自由，由全部用墙壁至全部开门窗，乃至既没有墙壁也没有门窗（如凉亭），都不妨碍负重的问题；房顶或上层楼板的重量总是由柱承担的。这种框架结构的原则直到现代的钢筋混凝土构架或钢骨架的结构才被应用，而我们中国建筑在3000多年前就具备了这个优点，并且恰好为中国将来的新建筑在使用新的材料与技术的问题上具备了极有利的条件。

（四）斗拱：在一副梁架上，在立柱和横梁交接处，在柱头上加上一层层逐渐挑出的称作"拱"的弓形短木，两层拱之间用称作"斗"的斗形方木块垫着。这种用拱和斗综合构成的单位叫作"斗拱"。它是用以减少立柱和横梁交接处的剪力，以减少梁的折断之可能的。更早，它还是用以加固两条横木接榫的，先是用一个斗，上加一个略似拱形的"替木"。斗拱也可以由柱头挑出去承托上面其他结构，最显著的如屋檐，上层楼外的"平坐"（露台），屋子内部的楼井、栏杆等。斗拱的装饰性很早就被发现，不但在木结构上得到了巨大的发展，并且在砖石建筑上也充分应用，它成为中国建筑中最显著的特征之一。

（五）举折，举架：梁架上的梁是多层的；上一层总比下一层短；两层之间的矮柱（或柁墩）总是逐渐加高的。这叫作"举架"。屋顶的坡度就随着这举架，由下段的檐部缓和的坡度逐步增高为近屋脊处的陡斜，成了缓和的弯曲面。

（六）屋顶在中国建筑中素来占着极其重要的位置。它的瓦面是弯曲的，当屋顶是四面坡的时候，屋顶的四角也就是翘起的。它壮丽的装饰性也很早就被发现而予以利用了。在其他体系建筑中，屋顶素来是不受重视的部分，除掉穹窿顶得到特别处理之外，一般坡顶都是草草处理，生硬无趣，甚至用女儿墙把它隐藏起来。但在中国，古代智慧的匠师们很早就发挥了屋顶的巨大装饰性。在《诗经》里就有"如鸟斯革""如翚斯飞"的句子来歌颂像翼舒展的屋顶和出檐。《诗经》开了端，两汉以来许多诗词歌赋中就有更多叙述屋子顶部和它的各种装饰的词句。这证明屋顶不但是几千年来广大人民所喜闻乐见的，并且是我们民族所最骄傲的成就。它的发展成为中国建筑中最主要的特征之一。

（七）大胆地用朱红作为大建筑物屋身的主要颜色，用在柱、门窗和墙壁上，并有用彩色绘画图案来装饰木构架的上部结构，如额枋、梁架、柱头和斗拱，无论外部内部都如此。在使用颜色上，中国建筑是世界各建筑体系中最大胆的。

（八）在木结构建筑中，所有构件交接的部分都大半露出，在它们外表形状上稍稍加工，使其成为建筑本身的装饰部分。例如：梁头做成"挑尖梁头"或"蚂蚱头"；额枋出头做成"霸王拳"；昂的下端做成"昂嘴"，上端做成"六分头"或"菊花头"；将几层昂的上段固定在一起的横木做成"三福云"等；或如整组的斗拱和门窗上的刻花图案，门环、角叶，乃至如屋脊、脊吻、瓦当等属于这一类。它们都是结构部分，经过这样的加工而取得了高度装饰的效果。

（九）在建筑材料中，大量使用有色琉璃砖瓦；尽量利用各色油漆的装饰潜力。木上刻花，石面上作装饰浮雕，砖墙上也加雕刻。这些也都是中国建筑体系的特征。

这一切特点都有一定的风格和手法，为匠师们所遵守，为人民所承认，我们可以称其为中国建筑的"文法"。建筑和语言文字一样，一个民族总是创造出他们世世代代所喜爱，因而沿用的惯例，成了法式。在西方，希腊、罗马体系创造了它们的"五种典范"，成为它们建筑的法式。中国建筑怎样砍割并组织木材称为梁架，成为斗拱，成为一"间"，成为个别建筑物的框架，怎样用举架的公式求得屋顶的曲面和曲线轮廓；怎样结束瓦顶；怎样求得台基、台阶、栏杆的比例；怎样切削生硬的结构部分，使同时成为柔和的、曲面的、图案型的装饰物；怎样布置并联系各种不同的个别建筑，组成庭院；这都是我们建筑上两三千年沿用并发展下来的惯例法式。无论每种具体的实物怎样地千变万化，它们都遵循着那些法式。构件与构件之间，构件和它们的加工处理装饰，个别建筑物和个别建筑物之间，都有一定的处理方法和相互关系，所以我们说它是一种建筑上的"文法"。至于梁、柱、枋、檩、门、窗、墙、瓦、槛、阶、栏杆、隔扇、斗拱、正脊、垂脊、正吻、戗兽、正房、厢房、游廊、庭院、夹道等，那就是我们建筑上的"词汇"，是构成一座或一组建筑的不可少的构件和因素。

这种"文法"有一定的拘束性，但同时也有极大的运用的灵活性，能有多样性的表现。也如同做文章一样，在文法的拘束性之下，仍可以有许多体裁，有多样性的创作，如文章之有诗、词、歌、赋、散文、小说等，建筑的"文章"也可因不同的命题，有"大文章"或"小品"。大文章如宫殿、庙宇等；"小品"如山亭、水榭、一轩、一楼。文字上有一面横额，一副对子，纯粹作点缀装饰用的。建筑也有类似的东西，如路尽头的一座影壁，或横跨街中心的几座牌楼等，它们之所以都是中国的建筑，具有共同的中国建筑的特性和特色，就是因为它们都用到了中国建筑的"词汇"，遵循着中国建筑的"文法"所组织起来的。运用这"文法"的规则，为了不同的需要，可以用极不相同的"词汇"构成极不相同的体形，表达极不相同的情感，解决极不相同的问题，创造极不相同的类型。

这种"词汇"和"文法"到底是什么呢？归根说来，它们是从世世代代的劳动人民在长期建筑活动的实践中所累积的经验中提炼出来的，经过千百年的考验，而普遍地受到承认所遵守的规则和惯例。它是智慧的结晶，是劳动和创造成果的总结。它不是一人一时的创作，它是整个民族物质和精神条件下的产物。

由这"文法"和"词汇"组织而成的建筑形式，很快为广大人民所接受、所承认、所喜爱，虽然原先是从木材结构产生的，但它们很快就越过材料的限制，同样运用到砖石建筑上去，以表现那些建筑物的性质，表达所要表达的情感。这说明为什么在中国无数的建筑上都常常应用原来用在木材结构上的"词汇"和"文法"。这条发展的途径，中国建筑和欧洲希腊、罗马的古典建筑体系，乃至埃及和两河流域的建筑体系是完全一样的，所不同的是，是那些体系很早就舍弃了木材而完全代以砖石为主要材料。在中国，则因很早就创造了先进而科学的梁架结构法，将其发展到高度的艺术和技术水平，所以虽然也发展了砖石建筑，但木框架同时也被采用为主要的结构方法，这样的框架实在为我们新建筑的发展创造了无比有利的条件。

在这里，我打算提出一个各民族的建筑之间的"可译性"的问题。

如同语言和文学一样，为了同样的需要，为了解决同样的问题，乃至为了表达同样的情感，不同的民族，在不同的时代是可以各自用自己的"词汇"和"文法"来处理它们的。简单的如台基、栏杆、台阶等，所要解决的问题基本上是相同的，但许多民族创造了许多形式不同的台基、栏杆和台阶。如热河普陀拉的一个窗子，就与无数文艺复兴时代窗子的"内容"完全相同，但是各自用到不同的"词汇"和"文法"，用自己的形式把这样一句"话"说出来了。又如天坛皇穹宇与罗马的布拉曼提所设计的圆亭子，虽然大小不同，基本上是同一体裁的"文章"。又如罗马的凯旋门与北京的琉璃牌楼，巴黎的一些纪念柱与我们的华表，都是同一性质，同样处理的市容点缀。这许多例子说明各民族各有自己不同的建筑手法，建筑出来各种各类的建筑物，如同不同的民族使用不同的文字所写出来的文学作品和通俗文章一样。

我们若想用我们自己建筑上的优良传统来建造适合于今天我们新中国的建筑，我们就必须首先熟悉自己建筑上的"文法"和"词汇"，否则我们是不可能写出一篇中国"文章"的。关于这方面深入一步的学习，可以参考《清工部工程做法则例》和北宋《李明仲的营造法式》。关于前书，中国营造学社出版的《清式营造则例》可作为一部参考用书。关于后书，我们也可以从营造学社一些研究成果总得到参考的图版。

【导读】

中华民族世代生息于亚洲大陆东部，东观沧海，北依大漠，西阻高原，南接丛林，在一个相对独立的地理环境中，经过数千年文明的演进，创造了光辉灿烂、独具一格的中华文化。我国不仅拥有巍峨的山川、秀美的河流，还有数不尽的名胜古迹、雄伟瑰丽的古代建筑艺术，这些璀璨的文化文明，是我们宝贵的珍藏，值得我们学习与保护。

1954年1月，梁思成先生发表《中国建筑的特征》一文，该文基于保护我国文物的高度认知，从不同角度讲解了中国古代建筑所展示的人类智慧与文化文明。

中华人民共和国成立之初，随着北京新城建设的开展，古城的城墙和城门也随之面临被拆除的命运。1950年5月7日，梁思成先生发表了《关于北京城墙存废问题的讨论》。1953年，在极"左"思想的影响下，一些人主张扫除北京古建筑和古城墙。为此，梁思成奔走呼吁："中国建筑的个性乃即我民族之性格"，"一国一族之建筑适反鉴其物质精神、继往开来之面貌"，"一个东方古国的城市，在建筑上，如果完全失掉自己的艺术特征，在文化表现及观瞻方面都是大可痛心的，因这事实明显地代表我们文化衰落消失的现象"。

知识拼图

（1）梁思成是我国著名的建筑学家、建筑史学家、建筑教育家，他创建了中国（　　　　　　）。

（2）由于在建筑学上具有深厚造诣，梁思成写出了中国第一本（　　　）的（　　　）。

课堂演练

小组讨论：

（1）本文写到中国建筑的九大特征，请仔细阅读，说说作者的写作顺序。

（2）本文提出了中国建筑的"文法"，怎样理解该"文法"？

头脑风暴

简析梁思成提出的各民族建筑之间的"可译性"。

拓展延伸

搜索"都江堰""赵州桥""莫高窟"的相关史实资料，谈谈中国的"工匠技艺"。

模块二 阅读训练

任务一 韵文

1 氓

《诗经·卫风》

> 《诗经·卫风》为十五国风之一，包括《淇奥》《考槃》《硕人》《氓》《竹竿》《芄兰》《河广》《伯兮》《有狐》《木瓜》共10篇。它们是先秦时期卫国地方的民歌。经前人考定，"邶、鄘、卫"都是卫国的诗。《左传·襄公二十九年》记载吴公子季札听了鲁国的乐队歌唱了"邶、鄘、卫"以后，评论时便将此三诗统称为"卫风"。可见他把"邶、鄘、卫"作为一个整体，以区别于其他国风。

　　氓之蚩蚩，抱布贸丝。匪来贸丝，来即我谋。送子涉淇，至于顿丘。匪我愆期，子无良媒。将子无怒，秋以为期。
　　乘彼垝垣，以望复关。不见复关，泣涕涟涟。既见复关，载笑载言。尔卜尔筮，体无咎言。以尔车来，以我贿迁。
　　桑之未落，其叶沃若。于嗟鸠兮，无食桑葚！于嗟女兮，无与士耽！士之耽兮，犹可说也。女之耽兮，不可说也。
　　桑之落矣，其黄而陨。自我徂尔，三岁食贫。淇水汤汤，渐车帷裳。女也不爽，士贰其行。士也罔极，二三其德。
　　三岁为妇，靡室劳矣。夙兴夜寐，靡有朝矣。言既遂矣，至于暴矣。兄弟不知，咥其笑矣。静言思之，躬自悼矣。
　　及尔偕老，老使我怨。淇则有岸，隰则有泮。总角之宴，言笑晏晏。信誓旦旦，不思其反。反是不思，亦已焉哉！

【导读】

　　《氓》是诗人现实生活中典型情绪的再现，诗人运用现实主义创作方法，描述自己的悲惨遭遇，对当时的社会现实进行反映和批判。
　　《氓》最初以民歌的形式流传在民间，是人们的口头创作，经过无数劳动人民的反复咏唱、不断改进，到写定时，才形成我们现在所看到的完整诗篇。在人们的传唱中，创作者把自己关于恋爱婚姻方面的感受渗透到歌唱中去，赋予作品现实性。诗中女主人公叙述了自己的亲身经历和切身感受。诗人把握住了题材内容的各种复杂的矛盾，抓住自己和氓的矛盾，氓是夫权的代理人，他们从夫妻关系变为压迫与被压迫的关系，透露了男尊女卑、夫权制度的社会现实；她也抓住自己和兄弟的矛盾，反映了当时社会道德、舆论以夫权为中心和弃妇孤立无援的现实；她还抓住自己内心的矛盾，婚前见了氓就开心，不见氓就伤心，如何解决见与不见的矛盾呢？这些错综复杂的矛盾，构成诗的主要矛盾——封建礼法制度与妇女幸福家庭生活的愿望的矛盾。这是当时社会中极为显著和普遍的现象。

诗中展示了一位善良的劳动妇女的形象，她最初可能做些养蚕缫丝的家庭副业，所以有些积蓄。结婚前她纯洁天真，入世不深，以致一下子便以心相许。当她看到氓不高兴时，赶快安慰他："将子无怨，秋以为期"。她多情，真心爱氓，看不到他时，"泣涕涟涟"，看到他时，"载笑载言"。她勇敢，敢于无媒而与氓交心。她忠诚，把自己和财物都用车子搬到氓家。结婚以后，她安贫，和氓共同过苦日子。她辛勤，把家务劳动一齐挑起来。她坚贞，当家境逐渐好转，遭受丈夫虐待时，始终不渝地爱氓。被弃以后，她坚强刚毅，冷静理智，看清氓虚伪丑恶的嘴脸，坚决地和氓决绝。

从一位纯洁、多情、勇敢的少女，到吃苦耐劳、忍辱负重的妻子，再到坚强、刚毅、果敢的弃妇，她性格的发展，是随着和氓关系的变化而发展的。本诗通过氓和女两个形象的鲜明对比，将真与假、善与恶、美与丑清楚地展现出来。

2　月出

《诗经·陈风》

《诗经·陈风》是十五国风之一，有《宛丘》《东门之枌》《衡门》《东门之池》《东门之杨》《墓门》《防有鹊巢》《月出》《株林》《泽陂》10篇。

月出皎兮，佼人僚兮。舒窈纠兮，劳心悄兮。
月出皓兮，佼人懰兮。舒忧受兮，劳心慅兮。
月出照兮，佼人燎兮。舒夭绍兮，劳心惨兮。

【导读】

诗中"月出皎兮""月出皓兮""月出照兮"，以柔美的月光展示出无限的情意。在这柔情背景的衬托之下，女子那秀美的倩影越发彰显。月光朦胧中，一个身形优美的女子缓缓而行，更是增添了几分神秘的色彩，一种朦胧美的韵味也自然流露。这一景象极富画意，而画意之中又渗透了无限的诗情。

《月出》的意境如梦似幻。对于心中之人的思念，开始于冉冉升起的皎月。也许因为月儿总是孤独地悬在无垠的夜空中，也许因为它普照一切，笼罩大地，所以二人即使相隔千里，也是共赏一轮明月，月下怀人的意境总是那么旷远。也许那心上之人，此刻也近在咫尺，但在这朦胧的月光之下，又好像离得很远。诗人遥想着心中之人此刻姣好的容颜、那月下踯躅的多姿倩影，时而分明，时而迷茫，如梦似幻。

在这惆怅的情调里，"劳心悄兮""劳心慅兮""劳心惨兮"则是直抒其情。这忧思、这惆怅、这纷乱如麻理不断的愁情，都在前三句的基础上产生，由"佼人"月下的倩影诱发，充满可思而不可见的怅恨。在这静谧的月夜，"佼人"月下独自长久地徘徊，一任夜风吹拂，一任夕露沾衣，心中的相思之苦无法排解。

这无尽的绵绵愁情，在柔婉缠绵的语言里，与无边的月色、无尽的愁思相携相依，一唱三叹，余味无穷。那"皎""皓""照"的月色、那"僚""懰""燎"的音容笑貌、那"窈纠""懮受""夭绍"的优柔体态、那"悄""慅""惨"的戚戚心情，在一韵到底的通篇月色产生是水乳交融的和谐。特别是"窈纠""懮受""夭绍"等叠韵词的运用，更显得缠绵婉约。

望月怀人的迷离意境、悠悠长长的伤感情调，一经《月出》描绘，后世的类似之作便源源不断，如李白《送祝八之江东赋得浣纱石》的"若见天涯思故人，浣溪石上窥明月"，杜甫《梦太白》的"落月满屋梁，犹疑见颜色"，常建《宿王昌龄隐处》的"松际露微月，清光犹为君"，王昌龄《郑县宿陶太公馆中赠冯六元二》的"山月出华阴，开此河渚雾，清光比故人，豁然展心悟"。不管他们怎样选取视角，或截取不同的形式，或变换不同的语言，似乎都离不开那一种意境，丢不掉那一种情调，即如梦似幻的意境、怅惘悠悠的情调。

3 鹿鸣

《诗经·小雅》

呦呦鹿鸣，食野之苹。我有嘉宾，鼓瑟吹笙。
吹笙鼓簧，承筐是将。人之好我，示我周行。
呦呦鹿鸣，食野之蒿。我有嘉宾，德音孔昭。
视民不恌，君子是则是效。我有旨酒，嘉宾式燕以敖。
呦呦鹿鸣，食野之芩。我有嘉宾，鼓瑟鼓琴。
鼓瑟鼓琴，和乐且湛。我有旨酒，以燕乐嘉宾之心。

【导读】

《鹿鸣》的主题历来有争论，大致有美诗与刺诗种两种解读。全诗共3章，每章开头都以鹿鸣起兴，自始至终都洋溢着欢快的气氛，展现了殿堂上嘉宾们琴瑟歌咏和宾主之间互敬互融的氛围。

首先，在空旷的原野上，一群麋鹿悠闲自在地吃着野草，不时发出呦呦的鸣叫声，此起彼伏，和谐悦耳。在君臣之间的宴会上，呦呦的鹿鸣声营造了一种热烈额而又和谐的氛围，将让人拘谨紧张的状态感染成欢快轻松的氛围。在这样的氛围中，君臣的思想沟通、情感交流变得更加和谐，君王在轻松的氛围里能够愉快地接纳臣子的谏言，臣子在轻松的氛围中则能放心提出中肯的意见。

接着，转入主人表达祝辞，表明君主对臣子的要求。这把宴会推到了一个政治的高度。最后，在呦呦的鹿鸣声中，诗歌的主题升华，点出了此次宴会的目的，它不是为了满足口腹之欲，而是为了"安乐其心"，让臣子在轻松的氛围里心悦诚服，实现"在其位，担其责"的目的。

4　木兰辞

汉乐府

　　唧唧复唧唧，木兰当户织。不闻机杼声，唯闻女叹息。
　　问女何所思，问女何所忆。女亦无所思，女亦无所忆。昨夜见军帖，可汗大点兵，军书十二卷，卷卷有爷名。阿爷无大儿，木兰无长兄，愿为市鞍马，从此替爷征。
　　东市买骏马，西市买鞍鞯，南市买辔头，北市买长鞭。旦辞爷娘去，暮宿黄河边，不闻爷娘唤女声，但闻黄河流水鸣溅溅。旦辞黄河去，暮至黑山头，不闻爷娘唤女声，但闻燕山胡骑鸣啾啾。
　　万里赴戎机，关山度若飞。朔气传金柝，寒光照铁衣。将军百战死，壮士十年归。
　　归来见天子，天子坐明堂。策勋十二转，赏赐百千强。可汗问所欲，木兰不用尚书郎，愿驰千里足，送儿还故乡。
　　爷娘闻女来，出郭相扶将；阿姊闻妹来，当户理红妆；小弟闻姊来，磨刀霍霍向猪羊。开我东阁门，坐我西阁床。脱我战时袍，著我旧时裳。当窗理云鬓，对镜帖花黄。出门看火伴，火伴皆惊忙：同行十二年，不知木兰是女郎。
　　雄兔脚扑朔，雌兔眼迷离；双兔傍地走，安能辨我是雄雌？

【导读】

　　《木兰辞》与《孔雀东南飞》并称"乐府双璧"，是一首长篇叙事诗。诗中讲述一个名叫木兰的女子，女扮男装，替父从军，在战场上建立功勋，回朝后不愿作官，只求回家团聚的故事。本诗热情赞扬了这位女子勇敢善良的品质、保家卫国的决心和英勇无畏的精神。全诗以"木兰是女郎"来构思木兰的传奇故事，富有浪漫色彩。本诗的详略安排极具匠心，虽为战争题材，却较多地着墨于生活场景、儿女情态，富有生活气息；通过人物的问答，借助铺陈、排比、对偶、互文等手法描述人物情态，刻画人物心理，使人物跃然纸上，极具艺术感染力。
　　本诗以织机声"唧唧复唧唧"开篇，引出木兰停机叹息，无心织布的情景，不禁令人奇怪，再以问答的形式，道出木兰的心事。原来木兰的父亲在天子征兵之列，但父亲年事已高，家中又无长男，于是木兰决定代父从军。接着叙述木兰出征的准备。一切准备妥当后，木兰便开始了十年的征战生活。在这十年中，木兰历经了一次次残酷的战斗，将士们有的战死，有的归来，而英勇善战的木兰则是有幸生存、胜利归来的将士中的一个。"将军百战死，壮士十年归"概述战争旷日持久，战斗激烈悲壮。
　　出征归来，按理该享受高官厚禄，但是木兰却还朝辞官。"木兰不用尚书郎"，而愿"还故乡"，这固然由于木兰对家园生活的眷念，也由于她的秘密，即她是女儿身，天子不知内情，木兰不便明言，这颇有戏剧意味。木兰还乡后与亲人团聚，诗中先以父母姊弟各自符合身份、性别、年龄的举动，描写家中的欢乐气氛，展现浓厚的亲情，再以木兰一连串的行动，描写她对故居的亲切感受和对女儿妆的喜爱，天然的小女儿情态表现木兰归家后情不自禁的喜悦，最后以恢复女儿装束的木兰与昔日战场上的伙伴相见的喜剧场面作为故事的结局和全诗的高潮。
　　《木兰辞》塑造了木兰这一不朽的人物形象，既富传奇色彩，又真切动人。木兰是奇女子,也是普通人;是巾帼英雄,也是平民少女;是骁勇的战士,也是娇美的女儿。她天性善良又坚毅勇敢,沉着机智又机敏活泼,热爱亲人又报效国家,不慕高官厚禄而热爱和平生活。诗中以人物问答来刻画人物心理,生动细致;以众多的铺陈排比来描述行为情态,活泼自然;以风趣的比喻来收束全诗,令人回味无穷。

《木兰辞》的创作基础,是中国传统文化与北朝尚武风格的融合。

5 将进酒

李白〔唐〕

君不见黄河之水天上来,奔流到海不复回。
君不见高堂明镜悲白发,朝如青丝暮成雪。
人生得意须尽欢,莫使金樽空对月。
天生我材必有用,千金散尽还复来。
烹羊宰牛且为乐,会须一饮三百杯。
岑夫子,丹丘生,将进酒,杯莫停。
与君歌一曲,请君为我倾耳听。(倾耳听,一作:侧耳听)
钟鼓馔玉不足贵,但愿长醉不愿醒。(不足贵,一作:何足贵;不愿醒,一作:不复醒)
古来圣贤皆寂寞,惟有饮者留其名。(古来,一作:自古;惟,通:唯)
陈王昔时宴平乐,斗酒十千恣欢谑。
主人何为言少钱,径须沽取对君酌。
五花马,千金裘,呼儿将出换美酒,与尔同销万古愁。

【导读】

《将进酒》原是汉乐府短箫铙歌的曲调,内容多咏唱喝酒放歌之事。本诗约作于唐天宝十一年(752年),是诗人和友人岑勋在嵩山老友元丹丘的颍阳山居作客时所写。当时,诗人仕途遇挫,所以借酒兴诗。

全诗气势豪迈,感情奔放,语言流畅,具有极强的感染力。"天生我材必有用""人生得意须尽欢"是诗人热情豪放的展现。本诗以"君不见黄河之水天上来,奔流到海不复回"发端,挟天风海雨向读者迎面扑来。颍阳去黄河不远,诗人登高纵目,故借以起兴。黄河源远流长,落差极大,如从天而降,一泻千里,东向大海。如此波澜壮阔的现象,必定不是肉眼能够看到的,这是诗人想象的,所以语言极其夸张。上句写大河水来,势不可挡;下句写大河水去,势不可回。一涨一消,自成舒卷往复的咏叹之味。紧接着的二句则是对时间范畴的夸张,"君不见,高堂明镜悲白发,朝如青丝暮成雪",恰似一波未平、一波又起。是悲叹人生苦短,但不直接说出,而是说"高堂明镜悲白发",一种搔首顾影、徒呼奈何的神态如在眼前。这里把人生由青春到老的全过程说成了"朝""暮"之事,使原本短暂的人生显得得更加短暂了。开篇"以黄河之水一去不复返喻人生易逝","以黄河的伟大永恒显出生命的渺小脆弱"。这个开端可谓悲感至极,却又不堕纤弱,这是巨人式的感伤,是惊心动魄的艺术力量,同时也是由长句排比开篇的气势感所造成的。沈德潜说:"此种格调,太白从心化出",可见其颇具创意。

"人生得意须尽欢",这似乎是宣扬及时行乐的思想,然而只不过是表象而已。诗人的"得意"不过是一场幻影,诗人并不得意,而是失望与愤慨,但他并不就此消沉,而是用乐观好强的口吻肯定人生,肯定自我。"天生我材必有用",这是一个令人鼓掌赞叹的好句子,它从貌似消极的现象中透露出深藏其内的一种怀才不遇而又渴望入世的积极的态度。正是"长风破浪会有时",应为这样的未来痛饮高歌,破费又算得了什么!"千金散尽还复来"又是高度自信的惊人之句,能驱使金钱而不为金钱所驱使,这足以令凡夫俗子们咋舌。即使"钟鼓馔玉"也"不足贵",所以"但愿长醉不愿醒"。

全诗篇幅不长,但五音繁会,气象不凡。诗人情极悲愤而作狂放,语极豪纵而又沉着。全诗具有震动古今的气势与力量,大起大落之间,诗情忽禽忽张,由悲转乐、转狂放、转愤激,再转狂放,最后结穴于"万古愁",回应篇首,如大河奔流,有气势,亦有曲折,纵横捭阖,力能扛鼎。通篇以七言为主,而以三、五十言段"破"之,极具参差错综之致;诗段以散行为主,又以短小的对仗语点染(如"岑夫子,丹丘生""五花马,千金裘"),节奏疾徐尽变,奔放而不流易。《唐诗别裁》谓"读李诗者于雄快之中,得其深远宕逸之神,才是谪仙人面目",此篇足以当之。

6 登高

杜甫〔唐〕

风急天高猿啸哀,渚清沙白鸟飞回。
无边落木萧萧下,不尽长江滚滚来。
万里悲秋常作客,百年多病独登台。
艰难苦恨繁霜鬓,潦倒新停浊酒杯。

【导读】

农历九月九日,是中国传统的重阳节。这一天,人们有登高的习俗。本诗是杜甫重阳"登高"的作品。唐代宗大历二年(767年)秋天,杜甫寓居夔州(今重庆市奉节县),他此时患有严重的肺病,生活困顿。这年重阳节,诗人登高抒怀,写下《登高》,全诗通过对凄清秋景的描写,抒发了诗人年迈多病、感时伤世、寄寓异乡的悲苦。

本诗作从登高所见的"风、天、猿、渚、沙、鸟"之景物,以"急、高、哀、清、白、飞"等词修饰,点明节序和环境,渲染了浓郁的秋意,展现具有夔州特色的鲜明风物。"天高""风急""沙白""渚清",句法严谨,语言精练,历来被视为佳句。

接着诗人抒发登高所生之慨,表达羁旅之愁。"常作客"是诗人多年漂泊不定的处境。"万里"则说明夔州距离家乡遥远,从距离上渲染愁苦之深,应合"登高"的节候,因景生情。诗人远离故乡,长期漂泊,且暮年多病,举目无亲,秋季独自登高,不禁满怀愁绪。古人重阳节登高是要饮酒的,但是诗人却连这点欢乐也不能有了。从异乡漂泊到疾病缠身,从白发日多到护病断饮,时世艰难是潦倒不堪的根源。杜甫忧国伤时的情操跃然纸上。

胡应麟盛誉此诗为"旷代之作",更说此诗"当为古今七言律第一,不必为唐人七言律第一"。清代杨论推崇此诗为"杜集七言律诗第一"(《杜诗镜铨》)。

纵览全诗，八句皆对。粗略一看，首尾好像"未尝有对"，胸腹好像"无意于对"，细细读来，"一篇之中，句句皆律，一句之中，字字皆律"。

7　潼关吏

杜甫〔唐〕

士卒何草草，筑城潼关道。大城铁不如，小城万丈馀。
借问潼关吏，修关还备胡？要我下马行，为我指山隅。
连云列战格，飞鸟不能逾。胡来但自守，岂复忧西都。
丈人视要处，窄狭容单车。艰难奋长戟，万古用一夫。
哀哉桃林战，百万化为鱼。请嘱防关将，慎勿学哥舒。

【导读】

潼关古称桃林塞，扼西北之咽喉，掌帝京之门户。它西薄华山，东接桃林，北拒黄河，南近商岭，为晋、陕、豫三省要道，地势险要，历来为兵家必争之地。东汉建安年间，曹操击退马超，始于此建关，其因临潼水而得名。如今，故城已去，我们只能从历代文人墨客的诗词歌赋中，窥得古代潼关曾经的雄姿。

《潼关吏》是杜甫"三吏三别"作品之一，是一首五言诗。五言诗最早起源于汉魏时期，是古代诗歌体裁的一种。本诗作于唐肃宗乾元二年（759 年）。759 年，唐军在相州大败，安史叛军乘势进逼洛阳，西攻长安，作为长安和关中地区屏障的潼关势必有一场恶战。杜甫从洛阳返回华州，途经潼关，正好看到了紧张的备战气氛。见到战乱给百姓带来的无穷灾难和人民忍辱负重参军参战的行为，杜甫感慨万千，在潼关驿楼抒发自己矛盾的心情。

前四句为概述，描述漫漫潼关道上，无数士卒修筑工事，放眼望去，沿着起伏的山势筑起的大小城墙既高峻又牢固。"借问潼关吏，修关还备胡？"是故意发问，暗借三年前潼关曾经失守一事，引起人们对这次潼关防卫措施的关心和悬念。有了问话，接下来就该是回答了，但诗中的潼关吏并不着急回答，却"要我下马行，为我指山隅。"这是插叙，暗承"修关还备胡"。潼关吏对所筑工事充满了信心：若敌兵来了，不必担心长安的安危。看那山口要冲，狭窄得只能容单车通过，正是"一夫当关，万夫莫开"。这不仅是潼关吏的介绍，主要表现了一种"胡来但自守"的决心和"艰难奋长戟"的气概。这正是借潼关吏之口来表现守关将士的昂扬斗志。

与"三别"通篇的人物独白不同，"三吏"的形式是夹带问答，而本诗的对话又具有自己的特点。首先，在对话缓急有致；其次，对话深情毕现，人物形象鲜明。潼关吏的答话并无刻意造奇之感，却给读者留下一种坚韧不拔、英勇沉着的印象。

全诗中不仅对天险之地潼关进行了描述，突出了潼关在古代战争中的重要作用和地位，同时从侧面反映出战乱时期的社会矛盾和现实生活，体现出诗人期盼和平的美好愿景，以及忧国忧民的家国情怀。

8　水调歌头·明月几时有

苏轼〔北宋〕

苏轼（1037—1101年），字子瞻，号铁冠道人、东坡居士，世称苏东坡、苏仙、坡仙；北宋文学家、书法家、画家，历史治水名人，与其父苏洵、其弟苏辙并称"三苏"。

苏轼是北宋时期的文坛领袖，在诗、词、文、书、画等方面都有很高的成就。其诗题材广泛，清新豪健，善用夸张比喻，独具风格，与黄庭坚并称"苏黄"；其词开豪放一派，与辛弃疾同是豪放派代表，并称"苏辛"；其文著述宏富、纵横恣肆、豪放自如，与欧阳修并称"欧苏"，与韩愈、柳宗元、欧阳修、苏洵、苏辙、王安石、曾巩合称"唐宋八大家"；擅长书法，与黄庭坚、米芾、蔡襄合称"宋四家"；擅长文人画，尤擅墨竹、怪石、枯木等。苏轼的作品有《东坡七集》《东坡易传》《东坡乐府》《寒食帖》《潇湘竹石图》《枯木怪石图》等。

宋神宗时，苏轼曾在杭州、密州、徐州、湖州等地任职。元丰三年（1080年），苏轼因"乌台诗案"被贬为黄州团练副使。宋哲宗即位后，苏轼出任翰林学士、侍读学士、礼部尚书等职，外放治理杭州、颍州、扬州、定州等地。后随着新党执政，苏轼被贬惠州、儋州。宋徽宗时，苏轼获赦北还，病逝于常州。

丙辰中秋，欢饮达旦，大醉，作此篇，兼怀子由。

明月几时有，把酒问青天。不知天上宫阙，今夕是何年？我欲乘风归去，又恐琼楼玉宇，高处不胜寒。起舞弄清影，何似在人间。

转朱阁，低绮户，照无眠。不应有恨，何事长向别时圆？人有悲欢离合，月有阴晴圆缺，此事古难全。但愿人长久，千里共婵娟。

【导读】

这首词写于宋神宗熙宁九年（1076年）八月十五日，是苏轼在密州时所作。词前的小序交代了写词的过程："丙辰中秋，欢饮达旦，大醉。作此篇，兼怀子由。"

苏轼因为与当权的变法者王安石等人政见不同，自求外放，辗转在各地为官。他曾经要求调任到离苏辙较近的地方为官，以求兄弟多多聚会。熙宁七年（1074年）苏轼差至密州。到密州后，这一愿望仍然无法实现。熙宁九年中秋，皓月当空，银辉遍地，词人与胞弟苏辙分别之后，已七年未得团聚。此刻，词人面对一轮明月，心潮起伏，于是乘酒兴正酣，挥笔写下了这首词。中秋佳节，词人不写明月之美，也不绘佳节之美，而是突如其来地发出连串疑问，这一摆脱中秋词赋俗套的写作方法，是来自词人心灵深处疑问的爆发。"明月几时有"？这是人人皆知的事，但进一步探究，却又是人人都无法知道的事。它看似突如其来，却又不是偶然。在连串的疑问中，焦点是明月。诗人借着想象的翅膀，驰骋琼楼玉宇：忽而青天，忽而明月；忽而玉宇，忽而人间；忽而神话，忽而现实。

于是，词人"起舞弄清影，何似在人间"。词人的感情又一次剧烈变化。这深沉之问是如此全面与诚恳，到头却还是一场空。以茫茫莫解开始，又以茫茫莫解告终。

在"月、酒、舞"中，词人时而天上，时而人间。"转朱阁，低绮户，照无眠。"矛盾的精神向情感过渡。"不应有恨"，但人偏偏要在无情之物中，写出有情之恨来。在这个巧妙的疑问中，词人流露出是沦落异乡，良宵佳节不能与亲人团聚的感慨。这正是"人有悲欢离合，月有阴晴圆缺，此事古难全"，所以"但愿人长久，千里共婵娟"。

本词体现出全与缺的观念，词人借中秋的明月表达对矛盾的思考。"全"是理想境界，"缺"是现实生活。可贵的是，在情绪起伏中，词人以高昂旺盛的乐观主义精神来对待残缺的现实，并坚持完美的理想追求。一轮光辉灿烂的明月，从篇始照到篇尾，从现实照进理想。即使有所犹豫，也并不悲哀；即使有所怨，也并不颓唐。

9 南吕一枝花·杭州景

关汉卿〔元〕

关汉卿（约1234年以前—约1300年），原名不详，字汉卿，号已斋（又作一斋、已斋叟），汉族，解州（今山西省运城）人，另有籍贯大都（今北京市）和祁州（今河北省安国市）等说，元杂剧奠基人，与白朴、马致远、郑光祖并称"元曲四大家"，关汉卿居四大家之首。

关汉卿一生的戏剧创作十分丰富，剧目有60多个，剧本大多散佚。他的杂剧，有悲剧，有喜剧，题材广阔，深刻地揭露了元代腐朽黑暗的社会现实。他的《感天动地窦娥冤》《救风尘》《望江亭》《鲁斋郎》《单刀会》都是脍炙人口的作品。其中《感天动地窦娥冤》是元剧中最优秀、最光辉的剧本，它犹如一篇声讨元代统治者的檄文，通过窦娥的悲剧，揭露了元代社会高利贷盘剥，地痞流氓横行和官吏贪赃枉法、草菅人命的罪行，鞭挞了元代社会的混乱、畸形和吃人的丑恶本质。在长期的创作实践中，其作品形成了主题深刻、结构严谨、形象活泼鲜明、语言泼辣质朴的杂剧特色。他是中国戏剧史上作品最多、成就最大的一位作家。

[南吕]普天下锦绣乡，寰海内风流地。大元朝新附国，亡宋家旧华夷。水秀山奇，一到处堪游戏。这答儿忒富贵，满城中绣幕风帘，一哄地人烟凑集。

[梁州]百十里街衢整齐，万余家楼阁参差，并无半答儿闲田地。松轩竹径，药圃花蹊，茶园稻陌，竹坞梅溪。一陀儿一句题诗，一步儿一扇屏帏。西盐场便似一带琼瑶，吴山色千叠翡翠。兀良望钱塘江万顷玻璃。更有清溪绿水，画船儿来往闲游戏。浙江亭紧相对，相对着险岭高峰长怪石，堪羡堪题。

[尾]家家掩映渠流水，楼阁峥嵘出翠微，遥望西湖暮山势。看了这壁，觑了那壁，纵有丹青，下不得笔。

【导读】

作者用独特的视角和笔触赞美了杭州的繁华市井和绮丽风光。作者主要运用铺叙的手法，开篇便描绘了这座古城的历史变迁和它如今的繁华气象。

杭州在北宋时就以其繁荣的经济和秀美的湖光山色被誉为"东南第一州"。经过南宋一百多年的经营，更见繁华富丽。

这套散曲是在南宋灭亡后作者初到杭州时写的。作者以写实手法，逼真地刻画出这座江南城市人口的稠密与景色的美丽。作者称誉杭州是"普天下锦绣乡，寰海内风流地"，说它"百十里街衢整齐，万余家楼阁参差"，到处是"松轩竹径，药圃花蹊；茶园稻陌，花坞梅溪"，每处都能入画入诗，最后点出杭州山水之美绝非画笔所能描绘。整套曲子描写细腻，语言通俗，风格清新，流露出作者对祖国秀丽山河的热爱之情。

　　杭州既是"普天下锦绣乡"，又是"环海内风流地"，有着数不清、道不尽的锦绣繁华，但一句"大元朝新附国，亡宋家旧华夷"又道尽了它繁华中的沧桑。作者用细腻的语言展现了杭州城的旖旎之景。"百十里街衢整齐，万余家楼阁参差，并无半答儿闲田地"，城中道路四通八达，数不清的亭台楼阁错落有致地分布着。这偌大的杭州城，却无半点闲置之地，仅从此句便可一窥杭州在宋元时期的胜景。无论是"松轩竹径，药圃花蹊"，还是"茶园稻陌，竹坞梅溪"，均可谓一步一诗，一处一画。"清溪""绿水""画船"，如此良辰美景，值得所有观景之人钦羡，用再多华美的辞藻来题咏也不为过。本曲的亮点在于"看了这壁，觑了那壁，纵有丹青下不得笔"几句，作者虽妙笔生花，对杭州城的景色用心描绘，但这如诗如画的美景，纵有丹青妙笔，也不能描绘出一二。其中的无奈之情，更反衬了杭州城的美不胜收，也展现了作者无尽的感慨和怀想。关汉卿是金代末年人，生于北方，长于北方，这湖光山色的杭州美景对于他来说有很强烈的吸引力。本曲表达了作者对杭州城的赞叹之情。杭州城是南宋的都城，在南宋灭亡之时饱受战火侵袭，但关汉卿来到杭州之时应是在元朝统一全国后不久，战火已然远去，繁盛之景也恢复如初。除了"大元朝新附国，亡宋家旧华夷"之句略有怀古伤今的感叹之外，全曲基本上都在表达关汉卿对南方山水美景和城市兴盛的惊喜和赞叹，更表现了他对祖国山河的热爱。这首套曲语言通俗生动，描写、议论并重，写景抒情结合巧妙，充分展现了元曲的艺术特点，遣词造句更体现了关汉卿作品的率真本色。

10　己亥杂诗·其八

龚自珍〔清〕

　　龚自珍（1792—1841年），字璱人，号定庵，清代思想家、诗人、文学家和改良主义的先驱者。

　　龚自珍出身官宦显赫之家，且极具文学修养。他自幼受到家庭良好氛围的熏陶，在其母亲的教育下，好读诗文。他在8岁时学习研究《经史》《大学》，在12岁时跟从外祖父段玉裁学《说文》。他辑科名掌故，以经说字、以字说经，考古今官制；为目录学、金石学等。龚自珍文学方面也显示出创作才华：13岁，作《知觉辨》；15岁，诗集编年；1810年（嘉庆十五年），倚声填词，应顺天乡试，由监生中式副榜第28名。龚自珍在史学方面，发出"尊史"的呼吁，并潜心于西北历史、地理的探讨；在文学方面，则提出"尊情"之说，主张诗与人为一。

　　龚自珍曾任内阁中书、宗人府主事和礼部主事等官职。他主张革除弊政，抵制外国侵略，曾全力支持林则徐禁除鸦片。他在48岁时辞官南归，次年卒于江苏丹阳云阳书院。他的诗文主张"更法""改图"，洋溢着爱国热情，被柳亚子誉为"三百年来第一流"。他著有《定庵文集》，留存文章300余篇，诗词近800首，后人将其作品辑为《龚自珍全集》。著名诗集《己亥杂诗》共350首，多为咏怀和讽喻之作。

太行一脉走蜿蜒，莽莽畿西虎气蹲。
送我摇鞭竟东去，此山不语看中原。

【导读】

《己亥杂诗》是龚自珍创作的一组诗集,共315首,发表于清道光十九年己亥(1839年)。这年龚自珍辞官,由北京南返杭州,后又北上接取家属,在南北往返的途中,他看着祖国的大好河山,目睹生活在苦难中的人民,不禁触景生情,思绪万千,即兴写下了一首又一首诗作。诗中记述见闻、回忆往事、感时忧国、抒发感慨,艺术地再现与反映了诗人思想、交游、宦迹、著述的丰富经历,标志着诗人认识社会和批判现实的能力在晚年已臻新的境界。

本诗是《己亥杂诗》的第八首,是诗人在游览西山后写下的作品。西山因太湖而妩媚多姿,太湖因西山而丰富多彩。这里山峦起伏,奇石嶙峋,峰回路转,曲径通幽,自古就形成了以地带景、以景抒情的八大美景和七大名胜。在这美景名胜中,诗人触景生情,写下了这首诗。

任务二 散文

1 论语十则

《论语》

《论语》是春秋时期的思想家、教育家孔子的弟子及其弟子的再传弟子的语录文集,并不是某一个人的著作。孔子开创了私人讲学的风气,相传他有弟子三千人,贤弟子七十二人。孔子去世以后,他的弟子和再传弟子代代传授他的言论,并逐渐将这些口头记诵的语录言行记录下来,因此称为"论";《论语》主要记载孔子及其弟子的言行,因此称为"语"。"论"又有纂的意思,所谓《论语》,是指将孔子及其弟子的言行记载下来,编纂成书。其编纂者主要是仲弓、子游、子夏、子贡,他们忧虑师道失传,首先起草以纪念老师,然后和少数留在鲁国的弟子及再传弟子完成编纂。

《论语》的内容涉及政治、教育、文学、哲学以及立身处世的道理等多方面。现存《论语》20篇、492章,其中记录孔子与弟子及时人谈论之语约444章,记录孔门弟子相互谈论之语约48章。

学而二

有子曰:"其为人也孝弟,而好犯上者,鲜矣;不好犯上,而好作乱者,未之有也。君子务本,本立而道生。孝弟也者,其为仁之本与!"

学而三

子曰:"巧言令色,鲜仁矣。"

学而四

曾子曰:"吾日三省吾身。为人谋而不忠乎?与朋友交而不信乎?传不习乎?"

学而五

子曰："千乘之国，敬事而信，节用而爱人，使民以时。"

学而六

子曰："弟子入则孝，出则悌，谨而信，泛爱众而亲仁，行有余力，则以学文。"

学而八

子曰："君子，不重则不威；学则不固。主忠信。无友不如己者；过则勿惮改。"

学而十

子禽问于子贡曰："夫子至于是邦也，必闻其政，求之与，抑与之与？"子贡曰："夫子温、良、恭、俭、让以得之。夫子之求之也，其诸异乎人之求之与？"

学而十二

有子曰："礼之用，和为贵。先王之道，斯为美，小大由之。有所不行，知和而和，不以礼节之，亦不可行也。"

为政十四

子曰："君子周而不比，小人比而不周。"

里仁一

子曰："里仁为美。择不处仁，焉得知？"

【导读】

《论语》作为儒家思想的核心著作，其内容博大精深、包罗万象。古人曾评说："半部论语治天下。"可见论语在中国历史上的重要地位和作用。其思想主要体现在以下三个方面：一是伦理道德范畴——仁，二是社会政治范畴——礼，三是认识方法论范畴——中庸。仁，是指人内心深处的一种真实的状态，这种真的极致是善，这种真和善的全体状态就是"仁"。孔子首先确立仁的范畴，然后将礼阐述为适应仁、表达仁的一种合理的社会关系与待人接物的规范，进而明确"中庸"的系统方法论原则。"仁"是《论语》的思想核心。

现存《论语》的篇目有：学而篇、为政篇、八佾篇、里仁篇、公冶长篇、雍也篇、述而篇、泰伯篇、子罕篇、乡党篇、先进篇、颜渊篇、子路篇、宪问篇、卫灵公篇、季氏篇、阳货篇、微子篇、子张篇、尧曰篇。学而篇主要讲"务本"的道理，引导初学者进入"道德之门"；为政篇主要讲治理国家的道理和方法；八佾篇主要记录孔子谈论礼乐之语；里仁篇主要讲仁德的道理；公冶长篇主要评价古今人物及其得失；雍也篇主要记录孔子和弟子们的言行；述而篇主要记录孔子的容貌和言行；泰伯篇主要记录孔子和曾子的言论及其对古人的评论；子罕篇主要记录孔子提倡和不提倡做的事；乡党篇主要记录孔子的言谈举止、衣食住行和生活习惯；先进篇主要记录孔子的教育言论和对弟子的评论；颜渊篇主要记录孔子教育弟子如何实行仁德，如何为政和处世；子路篇主要记录孔子关于为人和为政道理的言论；宪问篇主要记录孔子及其弟子论修身为人之道之语，以及对古人的评价；卫灵公篇主要记录孔子及其弟子在周游列国时关于仁德治国方面的言论；季氏篇记录孔子论君子修身，以及如何用礼法治国之语；阳货篇主要记录孔子论述仁德，阐发礼乐治国之道的言论；微子篇主要记录古代圣贤事迹、孔子众人周游列国中的言行及周游途中世人对于乱世的看法；子张篇主要记录孔子和弟子们探讨求学为道的言论、弟子们对于孔子的敬仰赞颂；尧曰篇主要记录古代圣贤的言论和孔子关于为政的论述。

2 邹忌讽齐王纳谏

《战国策·齐策》

> 《战国策·齐策》讲述战国时期齐国谋士的游说活动，主要体现我国古代的民本思想，也强调了任用和表彰贤德之人在治理国家过程中的重要意义。本文出自《战国策·齐策》。

邹忌修八尺有余，而形貌昳丽。朝服衣冠，窥镜，谓其妻曰："我孰与城北徐公美？"其妻曰："君美甚，徐公何能及君也？"城北徐公，齐国之美丽者也。忌不自信，而复问其妾曰："吾孰与徐公美？"妾曰："徐公何能及君也？"旦日，客从外来，与坐谈，问之客曰："吾与徐公孰美？"客曰："徐公不若君之美也。"明日徐公来，孰视之，自以为不如；窥镜而自视，又弗如远甚。暮寝而思之，曰："吾妻之美我者，私我也；妾之美我者，畏我也；客之美我者，欲有求于我也。"

于是入朝见威王，曰："臣诚知不如徐公美。臣之妻私臣，臣之妾畏臣，臣之客欲有求于臣，皆以美于徐公。今齐地方千里，百二十城，宫妇左右莫不私王，朝廷之臣莫不畏王，四境之内莫不有求于王：由此观之，王之蔽甚矣。"

王曰："善。"乃下令："群臣吏民，能面刺寡人之过者，受上赏；上书谏寡人者，受中赏；能谤讥于市朝，闻寡人之耳者，受下赏。"令初下，群臣进谏，门庭若市；数月之后，时时而间进；期年之后，虽欲言，无可进者。燕、赵、韩、魏闻之，皆朝于齐。此所谓战胜于朝廷。

【导读】

本文主要讲述了战国时期齐国谋士邹忌劝说君主纳谏，使之广开言路、改良政治的故事。本文结构紧凑，按照事件发展的时间顺序安排情节，主要写邹忌"进谏"和齐威王"纳谏"的过程，事件虽然简单，但写得妙趣横生，活灵活现。

本文通过三问三答，以及邹忌面见徐公之后的一系列心理活动，对邹忌与徐公比美的情节进行了细致描绘，刻画出一个有自知之明、头脑清醒、善于思考的智者形象，渗透了直言不易的道理。第二段邹忌以切身经历设喻，推衍得出"王之蔽甚矣"的结论，巧妙地向齐威王进谏。这和其他纵横说客们以正面劝谏或渲染夸张的方法有所不同，邹忌巧妙地用自己日常生活中的小事作喻，类比推理，使齐威王懂得"兼听则明，偏信则暗"的道理，进而广开言路、修明政治。

本文剪裁巧妙、辞约意丰，采用外貌描写、语言描写、心理描写、动作描写等手法刻画人物形象，塑造出一位足智多谋、娴于辞令又深谙君主心理的谋士形象。作为齐威王的谋臣，邹忌能从日常生活联想到治理国家的大事，可谓忠于职守、勤于王事。在妻、妾、客的交口称赞中，邹忌没有得意忘形，而是进行调查、比较，最后实事求是地承认自己"弗如远甚"。这说明他观察细致，头脑冷静，实事求是，善于思考，能透过现象看到本质，最后得出正确的结论。一旦考虑成熟，他便毫不迟疑地向君主进谏，这反映了他"知无不言，言无不尽"的坦荡胸怀。齐威王的形象也给人留下鲜明的印象。他听完邹忌的进谏后，不仅没有生气，而且立即表达"善"，"乃下令"。这极其简练的语言，表现出齐威王勇于纳谏、行动力强的开明形象，说明他是一位英明果断、虚怀若谷的君主。

除了人物塑造成功之外，本文的结构也很有特色。全文从头至尾一直用三层排比的手法描写。妻、妾、客是三层；"私我""畏我""有求于我"是三层；"宫妇左右""朝廷之臣""四境之内"是三层；"面刺""上书谏""谤讥于市朝"又是三层；"令初下""数月之后""期年之后"也是三层。这样的安排使文章显得紧凑、严整而富于形式美、节奏美。

3 郑伯克段于鄢

《左传》

《左传》是中国古代第一部叙事完备的编年体史书，原名《左氏春秋》，汉代改称《春秋左氏传》《春秋内传》《左氏》，汉代以后多称《左传》。全书共35卷，大约18多万字。该书按照鲁国十二公的顺序，自鲁隐公元年（公元前722年）至鲁哀公二十七年（公元前468年），以《春秋》为本，主要记载了东周前期254年间各国政治、经济、军事、外交、文化等方面的重要事件和重要人物，是研究先秦历史的很有价值的文献。《左传》与《公羊传》《谷梁传》合称"春秋三传"。

《左传》相传是春秋末期的史官左丘明所著。左丘明（约公元前502年—约公元前422年），鲁国之附庸小邾国人，姓丘，名明，因其父任左史官，故称左丘明。他是春秋末期的史学家、文学家、思想家、散文家、军事家，曾任鲁国史官，为解析《春秋》而作《左传》，后又作《国语》，作《国语》时已双目失明。左丘明是中国传统史学的创始人，被誉为"文宗史圣""经臣史祖"。

初，郑武公娶于申，曰武姜，生庄公及共叔段。庄公寤生，惊姜氏，故名曰寤生，遂恶之。爱共叔段，欲立之，亟请于武公，公弗许。

及庄公即位，为之请制。公曰："制，岩邑也，虢叔死焉，佗邑唯命。"请京，使居之，谓之京城大叔。祭仲曰："都城过百雉，国之害也。先王之制：大都，不过参国之一；中，五之一；小，九之一。今京不度，非制也，君将不堪。"公曰："姜氏欲之，焉辟害？"对曰："姜氏何厌之有？不如早为之所，无使滋蔓，蔓难图也。蔓草犹不可除，况君之宠弟乎？"公曰："多行不义，必自毙，子姑待之。"

既而大叔命西鄙、北鄙贰于己。公子吕曰："国不堪贰，君将若之何？欲与大叔，臣请事之；若弗与，则请除之，无生民心。"公曰："无庸，将自及。"大叔又收贰以为己邑，至于廪延。子封曰："可矣。厚将得众。"公曰："不义，不暱，厚将崩。"

大叔完聚，缮甲兵，具卒乘，将袭郑。夫人将启之。公闻其期，曰："可矣！"命子封帅车二百乘以伐京。京叛大叔段，段入于鄢，公伐诸鄢。五月辛丑，大叔出奔共。

书曰:"郑伯克段于鄢。"段不弟,故不言弟;如二君,故曰克;称郑伯,讥失教也;谓之郑志。不言出奔,难之也。

遂置姜氏于城颍,而誓之曰:"不及黄泉,无相见也。"既而悔之。颍考叔为颍谷封人,闻之,有献于公,公赐之食,食舍肉。公问之,对曰:"小人有母,皆尝小人之食矣,未尝君之羹,请以遗之。"公曰:"尔有母遗,繄我独无!"颍考叔曰:"敢问何谓也?"公语之故,且告之悔。对曰:"君何患焉?若阙地及泉,隧而相见,其谁曰不然?"公从之。公入而赋:"大隧之中,其乐也融融!"姜出而赋:"大隧之外,其乐也洩洩!"遂为母子如初。

君子曰:"颍考叔,纯孝也,爱其母,施及庄公。《诗》曰:'孝子不匮,永锡尔类。'其是之谓乎?"

【导读】

本文以时间顺序为线索,记叙郑国王室内部势力之间的权力之争,既涉及政治、军事利益,也牵涉母子情、手足情,读来扣人心弦。本文首先写郑庄公寤生,使姜氏受到惊吓,姜氏因此喜爱次子共叔段。共叔段在母亲的暗中支持下,意图谋夺君王之位,逐步扩张他的势力。郑庄公静观其变,外似宽厚实则胸怀杀机。矛盾冲突越来越明朗、尖锐,最后达到高潮:郑庄公讨伐共叔段,共叔段逃奔到共,姜氏被放逐在城颍。本文线索清晰,有明线、暗线,也有主线、次线。共叔段的扩张势力是明线,郑庄公的欲擒故纵是暗线。明线被安排成次线,暗线却被写成主线,郑庄公的所作所为成为直接叙述的对象。两条线索在文章开端分头发展,到"公伐诸鄢",才交织在一起,并引出一条新的线索——郑庄公与姜氏的母子关系,最后以母子和好如初为结局。

全文脉络清晰,结构完整,叙事性强,仅七百余字,把整个事件的起因、经过和结局交代得清清楚楚,且波澜起伏,语言生动简洁,人物形象饱满,情节丰富曲折,还表达了作者的政治理想,真正达到了微而显、婉而辩、精而腴、简而奥的辩证统一,是一篇极富文学色彩的历史散文。

本文的精彩之处在于对人物的刻画惟妙惟肖,形象生动。郑庄公老谋深算,城府极深,他对母亲和胞弟的阴谋早已心知肚明,却一直按兵不动,欲擒故纵,最后师出有名。作为国君,他精明强干,运筹帷幄,对事情的发展洞若观火,是一位深谋远虑的政治家;但作为兄长,他对胞弟的越轨行为不及时加以教导和劝阻,却一味放纵,终于酿成母子决裂、手足相残的惨剧,体现出他阴险狠毒、工于心计的性格特征。郑庄公最后将母亲囚禁在城颍,"既而悔之",后在颍考叔的设计安排下"隧而相见",母子关系恢复如初。本文中的其他人物也塑造得栩栩如生。姜氏自私偏狭、昏聩糊涂,共叔段则贪婪狂妄、愚昧无知,在母亲的纵容下,骄纵成性、狂妄自大。在尖锐的矛盾冲突中,人物形象生动传神,情节丰富曲折,显示出高超的艺术水平。

4 石桥铭序

张嘉贞〔唐〕

张嘉贞(666—729年),字嘉贞,唐朝宰相,历任多个重要职位,为国家政务和改革做出了杰出的贡献。

张嘉贞是一位杰出的政治家,以其卓越的才华和忠诚的为政,声名远播。他在担任唐朝宰相期间,推行一系列政策和改革,致力于加强国家治理和促进社会发展。他以卓越的才智和清廉的作风获得了皇帝和人民的高度赞誉。

张嘉贞的政绩和文化修养使他成为唐朝政治和文化的重要人物。他的治国才能和深思熟虑的决策为国家带来了繁荣和稳定。他对文化教育的关注和推动也使当时的文学艺术得以发展。

赵郡洨河石桥,隋匠李春之迹也。制造奇特,人不知其所以为。

试观乎用石之妙,楞平砧,斗方版,促郁纇,穷隆崇,豁然无楹。吁可怪也!

又详乎叉插骈,磨砻致密,甃百象一,仍糊灰璺,腰纤铁,蹙两涯,嵌四穴,盖以杀怒水之荡突。虽怀山而固护焉。非夫深智远虑,莫能创是。

其栏槛华柱,锤斫龙兽之状,蟠绕擎踞,眈盱翕欻,若飞若动,又足畏乎!

夫通济利涉,三才一致。故辰象昭回,天河临乎析木;鬼神幽助,海石倒乎扶桑。亦有停杯渡河,羽毛填塞,引弓击水,鳞甲攒会者,徒闻于耳,不觌于目。目觌所者,工所难者,比于是者,莫之与京。

敕河北道推勾租庸兼复囚使判官、卫州司功参军、河东柳涣,继为铭曰:于绎工妙,冲讯灵若。架海维河,浮鼋役鹊。伊制或微,并模盖略。析坚合异,超涯截壑。支堂勿动,观龙是跃。信梁而奇,在启为博。北走燕蓟,南驰温洛。騑騑壮辕,殷殷雷薄。携斧拖绣,骞騘视鹤。艺人侔天,财丰颂阁。斫轮见嗟,错石惟作。并固良球,人斯瞿唧。

【导读】

《石桥铭序》是张嘉贞创作的一篇铭文,描述了赵郡洨河石桥的制造之奇特及其背后的深意。这座石桥由隋代匠人李春设计建造,其设计和构造之巧妙令人难以理解。观察这座桥,可以看到石材的精妙运用,平砧斫成斗方版,促使桥面平坦,令人惊叹的是桥上竟然没有楹柱。这种设计与制作的巧思令人称奇。此外,桥面的石块经过精心安排,形成了一体化的结构。桥面还用铁腰带固定,并在两侧嵌入四个穴,以防止急流冲击。整座桥不仅具备实用功能,而且栏杆和柱子上雕刻的龙兽形象生动逼真、栩栩如生,令人望而生畏。石桥全长64.4米,跨度大而弧形平缓;桥拱肩敞开,大弧拱两端各建两个大小不一的小拱,既减小了桥体质量,又利于排洪,且有美化桥体外观的作用。在世界桥梁史上,此桥的设计之巧,工艺之新,为石拱桥的卓越典范,拱肩加拱的设计更属首创。制造这座石桥需要深厚的智慧和远见,只有具备这些才能创造出如此奇迹。张嘉贞的文章以饱满的热情、优美的文笔,表达了人们对建桥工匠的赞美与歌颂。

《石桥铭序》展示了张嘉贞对于赵郡洨河石桥的赞美和敬畏情。通过铭文的形式,他向读者介绍了这座石桥的非凡之处,同时也表达了对制造者李春的深深敬意。全文结合技术和美学的角度,展现了石桥的独特之处和令人称奇的制作工艺。这种创作方式既展示了作者对工艺的关注,又凸显了石桥所蕴含的深意和对自然力量的抵御。总的来说,《石桥铭序》以深刻的思考和精湛的艺术表达,成为一篇值得品味和赞叹的铭文之作。

第二部分 表达交流

> **学习目标**
>
> **1. 素养目标**
>
> （1）培养学生正确的人际交往态度、文明和谐地与人交流的基本素养。
>
> （2）在不同的目标要求中，以负责的态度陈述所思所想，表达真情实感，培养学生的科学理性精神。
>
> **2. 知识目标**
>
> （1）了解普通话基础知识，掌握说好普通话的方法和技巧。
>
> （2）了解日常生活中与人交流的说话方法，掌握交际用语的技巧。
>
> **3. 能力目标**
>
> （1）通过学习，增强学生的人际交往能力，让学生学会倾听，善于表达，自如应对人际交往。
>
> （2）通过学习，推敲、锤炼语言，表达力求准确、鲜明、生动。
>
> （3）在原有学习的基础之上，进一步提高叙述、说明、描写、议论、抒情等表达能力。

学习储备

古人云:"一言之辨,重于九鼎之宝;三寸之舌,强于百万之师。"自古以来,人们就认识到话语的力量。只言片语,有时可以颠覆一个王朝,有时也能平息一场战争。

一个人的语言表达能力直接体现了这个人的思维和智力水平。语言的表达以交际、传播为目的,以物、事、情、理为内容,以语言为工具,以听者、读者为接收对象,如此方能将思维的成果反映出来。

事实表明,语言在人们的生活中起着重要作用,是人们发展智力和实现社会交往的核心因素。社会生活的各个方面都需要沟通、需要交流,而人们交流思想、沟通感情最直接、最方便的途径就是语言。出色的语言表达可以使人们从形同陌路变为无话不说,从争论不休变为融洽和谐,从彼此相离变为友好相处。

语言表达能力自古就有重要的作用,那些因语言表达而传为佳话的历史故事,随处可见,如"邹忌讽齐王""触龙说赵太后""诸葛亮舌战群儒促孙刘大败曹操""苏秦游说君王'合纵'"等。在近现代,我们敬爱的周恩来总理也因其睿智的思维和出色的语言表达能力尽展大国之风。一位外国记者曾问周总理:"在你们中国,明明是人走的路为什么却叫作'马路'呢?"周总理不假思索地回答:"我们所走的是马克思主义道路,简称马路。"这位记者提问的用意可谓"司马昭之心",周总理把"马路"的"马"解释成马克思主义,恐怕是这位记者始料未及的。

从以上故事中,我们不难看出语言表达能力在人际交往中的重要作用。

作为当代大学生,提升语言表达能力显得尤其重要。首先,好的语言交际能力能增强大学生的自信心,促进大学生综合素质的提升,对大学生的生活和工作有非常重要的作用。在求职就业过程中,如果语言表达能力不能达到招聘要求,就会给求职带来不利的影响,严重的甚至会失去就业的良好时机。在当今社会,好的语言表达能力是每个人必备的基本素质,各行各业都需要具有扎实的专业基础知识、较强的实践能力、较高的思想素质、良好的语言表达能力的复合型人才。要立足于社会,实现人生价值,就需要具备良好的语言表达能力。

我们生活在一个有声的语言世界中,语言表达能力是每个人都应具备的生存能力。在日常交际中,会说话的人常常能通过平淡无奇的话题引人入胜,笨嘴拙舌的人则会把新奇优雅的内容说得索然无味。良好的语言表达能力是通向成功大门的一把钥匙,能带来意料之外的良好效果。

常言道:"良言一句三冬暖,恶语伤人六月寒。"这充分说明了语言表达能力的重要性。在当今社会,经济迅猛发展,人们之间的交往日益频繁,语言表达能力的重要性更加突出。流畅的语言表达、睿智的语言思维越来越被认为是当代人才所应具有的必备能力。良好的语言表达能力也成为当代人才必备的基本素质之一。

模块一　学习积累

任务一　普通话

1　普通话标准及语音系统

"普通话"是中国法定的通用语，早在1956年2月，中华人民共和国国务院就发布了《关于推广普通话的指示》，正式确定"普通话"的定义为：

"以北京语音为标准音，以北方方言为基础方言，以典范的现代白话文著作为语法规范。"

2000年10月31日第九届全国人民代表大会常务委员会第十八次会议通过了《中华人民共和国国家通用语言文字法》，其中第二条明确规定："本法所称的国家通用语言文字是普通话和规范汉字。"这是中华人民共和国第一部关于语言文字的专门法律。

【普通话的标准】

作为国家通用语，普通话在语音、词汇以及语法方面都有国家规定的标准，这从上面普通话的定义中就可以看到。

1）语音上"以北京语音为标准语音"

以北京语音为标准音，指的是把北京方言的语音系统作为普通话的语音系统，包括北京话的声母、韵母和声调以及它们之间的配合关系等。但是，普通话"以北京语音为标准"并不包括吸收北京方言土语里的一些语音成分。例如，北京话的儿化音和轻音特别多，其中大部分没有被普通话吸收，还有一些土语词的读音也没有进入普通话的语音系统。

2）词汇上"以北方方言为基础方言"

汉语有七大方言：北方方言、吴方言、湘方言、赣方言、粤方言、客家方言、闽方言。"北方方言"是汉语中最广泛的方言，使用人口最多。从春秋战国时期开始，中原地区方言就属于"雅言"之基础，"五四运动"以后兴起的白话文继承了明清时期形成的书面语传统，对口语发展产生极大影响。普通话因此以北方方言作为基础，并不断充实，最终超越其他方言，形成了中华民族通用语的词汇系统。

3）语法上"以典范的现代白话文著作为语法规范"

所谓"典范的现代白话文著作"，主要是指现当代国家领导人的作品、名家的著作、政府公告以及国家重要的政论文章等，这些文章的语法都经过反复推敲，具有很强的语法规范性。语法规范主要体现在书面语上，其用词造句相对严谨完整，因此普通话的语法规范必须以典范的现代白话文著作为标准。

【普通话语音系统常识】

1）声母

普通话音节开头的辅音音素称为声母。普通话的音节大多数有声母，少数音节没有声母，称为零声母音节。

声母歌

子夜久难明，	z y j n m
喜报东方亮，	x b d f l
此日笙歌颂太平，	c r sh g s t p
众口齐欢唱。	zh k q h ch

汉语拼音方案规定，普通话声母共有21个：

b p m f　　　d t n l
g k h　　　　j q x
zh ch sh r　　z c s

声母全部由辅音音素充当，每个声母都有自己特定的音色，这是由其发音条件决定的。辅音的发音特点，最突出的是发音时气流在发音器官内部一定会受到阻碍，而这种阻碍来自两个角度，一个是阻碍气流的部位；另一个是阻碍气流的方法。例如：发"b、p"音时，上唇与下唇紧紧合拢，阻挡气流，上、下唇就是阻碍气流的部位；发这两个音时，上、下唇先紧闭堵住气流，瞬间再完全放开，让气流或强或弱地从口腔中涌出，这种先堵塞再放开的过程就称为阻碍气流的方法。通过发音部位与发音方法的制约，每个声母都拥有自己的读音。

普通话的21个声母的读音为：

b　 p　 m　 f　　　d　 t　 n　 l
玻　坡　摸　佛　　　得　特　讷　勒
g　 k　 h　　　　　　j　 q　 x
哥　科　喝　　　　　　基　欺　希
zh　ch　sh　r　　　　z　 c　 s
知　蚩　诗　日　　　　资　雌　思

因为普通话声母中绝大部分是"清辅音"，发声时一般听不见其"响度"，这就在教学中出现难题。为此研究者制定了适用于声母发音教学的方式，即采用"呼读音"实现对普通话声母读音的认知与学习。声母"呼读音"规律表现为：

b p m f加元音音素"o"；　　d t n l加元音音素"e"；
g k h 加元音音素"e"；　　　j q x 加元音音素"i"；
z c s 加元音音素"［ɿ］"；　zh ch sh r加元音音素"［ʅ］"。

2）韵母

普通话音节中声母以后的音素组成部分称为韵母。韵母是普通话音节中最为重要的部分，有的音节可以没有声母，也可以没有声调，但一般不可以没有韵母。在零声母音节中，整个音节就是韵母。普通话韵母可由单元音充当，也可由复元音充当，还可由元音加辅音韵尾充当。

韵母诗

en	üan	iang	ong	ie	ang	ua	i	ou	ing
人	远	江	空	夜，	浪	滑	一	舟	轻，
er	iong	ê	o	iao	u	e	ai	a	eng
儿	咏	欸	哟	调，	橹	和	哎	啊	声，
uang	ao	o	in	üe	an	uan	uei	ian	ün
网	罩	波	心	月，	杆	穿	水	面	云，
ü	ia	iou	ueng	ei	uai	uo	-i	-i	uen
鱼	虾	留	瓮	内，	快	活	四	时	春。

普通话中一共有39个韵母，上述诗歌用了40个韵母，其中"io"是方言韵母。

汉语拼音方案规定，普通话韵母有39个，由元音或元音加辅音韵尾构成。韵母简单地分为三类：单元音韵母、复元音韵母、鼻韵母。

a、o、e、i、u、ü、[ɿ]、[ʅ]、ê、er

ai、ei、ao、ou、ia、ie、ua、uo、üe

iao、iou、uai、uei、

an、en、in、ün、ian、uan、üan、uen、

ang、eng、ing、ong、uang、iang、iong、ueng

（1）单元音韵母的发音特点与读音。

只由一个元音构成的韵母称为单元音韵母，简称单韵母，一共10个，分为三小类。

①舌面元音：a、o、e、i、u、ü、ê。

②舌尖元音：i [ɿ]、i [ʅ]。

③卷舌元音：er。

元音音色不同主要靠三个方面来制约：舌位的前后、舌位的高低、口形的圆与否。单元音韵母的发音特点为：在发音过程中舌位和口形自始至终保持不变。

单元音韵母发音如下：

a　o　e　ê

啊　哦　鹅　欸

i　u　ü　er

衣　乌　迂　儿

（2）复元音韵母的发音特点与读音。

由不止一个元音构成的韵母叫作复元音韵母，简称复韵母。复元音韵母的发音特点表现为在发音过程中，口形、舌位都要发生变化，如"ai"这个音，开音时口腔开口度很大，舌位降至最低，在发音过程中，逐渐升高舌位，发音结束时口腔开口度最小，舌位升至最高。复元音在发音过程中，舌位、口形是渐变的，不是跳动突变的；不过渐变的过程极快，中间没有明显能感觉到的音素界限，在听感上它是一个整体。

复元音韵母的发音如下：

ai	ei	ao	ou
哀	诶	熬	欧

ia	ie	iao	iou
呀	耶	腰	优

ua	uo	uai	uei	üe
蛙	窝	歪	威	约

（3）鼻韵母的发音特点与读音。

由元音和鼻辅音韵尾构成的韵母叫作鼻韵母。在普通话中，鼻辅音只有3个——m、n、ng，在韵母中使用两个——n、ng，因为"n"的发音部位靠前，故称为"舌尖鼻音"；"ng"的发音部位靠后，故称为"舌根鼻音"。据此，分别由它们结尾的韵母分成以下两类。

①前鼻韵母：an、en、in、uan、ian、uen、üan、ün，(8个)。

②后鼻韵母：ang、iang、uang、eng、ueng、ong、iong、ing (8个)。

鼻韵母的主要发音特点在于发音过程中，从开音部分的元音"口腔共鸣"，逐渐过渡到归音的"鼻腔共鸣"，整个过程流畅而和谐。鼻韵母的发音如下：

an	en	ian	in	uan	uen	üan	ün
安	恩	烟	音	弯	温	冤	晕

ang	eng	iang	ing	uang	ueng	ong	iong
昂	央	英	汪		翁	庸	

3）声调

（1）声调的作用。

声调是贯穿整个音节高低、升降、曲直、长短的音高变化。声调也是普通话音节的重要组成部分。声调具有区别意义的作用。例如：

lì zhī	lí zhí	lì zhì
荔枝	离职	立志

声调分为四类。

①阴平——春花秋风；

②阳平——人民团结；

③上声——铁柄雨伞；

④去声——见利忘义；

声调是普通话音节的三大组成部分之一。声调的性质主要取决于音高。普通话声调具有辨义作用，如果音节不标声调，就不能表达意义。例如：

bei jing　　huan ying　　wo yao li zhi　　zhe shi qi zi

另外，音节结构中声母、韵母完全相同，只要声调不同，就可以表示不同的意义。例如：

běi jīng	huān yíng	bèi jǐng	huàn yǐng
北京	欢迎	背景	幻影

wǒ yào　　li zhi

我　要　（荔枝　离职　理智　立志）

zhè shì　　qi zi

这　是　（妻子　棋子　起子　弃子）

（2）声调的构成与发音。

声调主要由3个部分构成：调值、调类、调号。普通话的声调主要有4种调值，归纳为4种调类，具有4种调号形式。调值是声调构成中最重要的成分，调类与调号都是以它为基础确定的。声调的发音如下：

mā	má	mǎ	mà
妈	麻	马	骂
55调值	35调值	214调值	51调值
阴平调类	阳平调类	上声调类	去声调类

普通话四声构成的词语如下：

①阴平调，第1声：声东击西、忧心忡忡、卑躬屈膝、休戚相关；
②阳平调，第2声：民族团结、严格执行、儿童文学、亭台楼阁；
③上声调，第3声：铁柄雨伞、冷水洗澡、百里雪野、海景旅馆；
④去声调，第4声：变幻莫测、万籁俱寂、背信弃义、见利忘义。

4）音变

语音在连续发音过程中，音素、音节之间相互影响而产生一定的变化，就构成了所谓的"音变"。普通话的音变主要有以下几类。

（1）变调。

在语流中，有些音节的声调产生了一定的变化，与单读时调值不同，这种变化叫作变调。变调是一种常见的音变现象，四声在语流中都存在不同程度的变调；当两个相同的声调相连时，通常前一个字的声调会发生变化，有的明显，有的不明显。例如：

阴平+阴平	今天	今 55	44	→
阳平+阳平	和平	和 35	34	→
去声+去声	注意	注 51	53	→
上声+上声	舞蹈	舞 214	35	→

①上声变调及类型。

一是上声+上声，前一个调值为35。例如：美好、洗澡、表演、讲解、影响、审美、演讲。

二是上声+非上声，上声变半上，调值为21。例如：

火车、打击、海军——阴平；
果实、总结、理由——阳平；
榜样、改造、坦率——去声。

三是上声+轻声，上声的变调根据轻声音节的情况而定。

轻声音节由上声字构成，变阳平调值为35。例如：等等、讲讲、想起。

四是轻声音节由非上声字构成，变调值为21。例如：

打听、眼睛、比方——阴平；
本钱、老婆、老爷——阳平；
脑袋、寡妇、本事——去声。

五是多个上声。3个或3个以上的上声连续念的时候，可根据词语的含义适当地分成2个上声为1组然后按上述规律处理，或最后一个字读上声，其他字读阳平。例如：展览馆、蒙古马、马组长、女保管、厂长领导、美好理想、打井饮水。

请 往北 走。　　我 很 了解 你。

咱俩 永远 友好。　　给你 两碗 炒米粉。

请你 给我 打点儿 洗脸水。

展览馆 里 有 好 几百种 展览品。

句中和句末作为后字的上声,调值常变为21。例如:野马快跑!小狗快跑!

六是两个以上上声音节相连的人名,第一个音节变阳平,第二个音节不变。例如:孔子、吴伟、柳影。

②去声变调。

一是去声在非去声前,不变调,调值仍为51。例如:问题、告辞、冒险。

二是两个去声相连,第一个去声不是重读音节时,变为半去,调值为53。例如:电话、热烈、试验、现在、上课、促进、事故。

③"一"的变调。

一是"一"+去声,"一"变阳平。例如:一面、一定、一向。

二是"一"+非去声,"一"变去声。例如:一般、一时、一头。

三是"一"嵌在重叠词中间,"一"变轻声。例如:说一说、走一走、想一想。

④"七、八"的变调。

"七、八"在去声前,可变为阳平,也可不变。例如:七岁、七月、七倍、八路、八块、八戒。

⑤"不"的变调。

一是"不"+去声,变阳平。例如:不对、不会、不愿、不见。

二是"不"嵌在动词中间和在动词后的补语中,变为轻声。例如:来不来、看不看、拿不动、不折不扣、不慌不忙、不闻不问。

⑥形容词重叠变调。

一是单音节形容词重叠构成的词语,如"AA儿"式,后A变阴平55。例如:红红儿的、好好儿的、慢慢儿的。

二是双音节的叠音后缀变阴平55。例如:认认真真、老老实实、清清楚楚。

(2) 轻声。

轻声是普通话中一种又轻又短的调子,是一种较常见的音变现象。在某种语言条件下,某些字的声调会失去原来的调值,变读为轻声,其音长变短,音强变弱。例如:东西、黄瓜、西瓜。

①上声后的轻声。其调值变为4度,发音时,可发成一个短促且轻的阴平,若轻声字原来是阴平,则轻声必须轻短一些,否则容易与阴平混淆。例如:讲究、怎么、暖和、免得、稳当、本着。

②阴平、阳平、去声后的轻声。其调值分别为2、3、1度,发音时,可发成一个轻短的去声。例如:阴平,真是、师傅、知道、先生;阳平,裁缝、和尚、便宜、时候;去声,笑话、在乎、态度、护士。

③重叠式的名词和动词。例如:哥哥、星星、看看、坐坐、聊聊。

④词末的虚语素"子、头"及"们"的变调。例如:狮子、孩子、叶子、丫头、枕头。

⑤名词、代词后表方位的语素或词变调。例如:桌上、床上、脸上、书面、这边。

⑥动词、形容词后表趋向的动词变调。例如:拿来、出去、讲出来、跑过来、暗下去。

⑦中间嵌"得""不"的轻声词变调。例如:来得及、对得起、过得去、靠得住;少不了、巴不得、了不得。

轻声词有些有一定规律，有些没有规律。对于没有规律的轻声词，需要记忆，而对有一定规律的轻声词，可以大致归纳如下。

助词"的、地、得、着、了、过"和语气词"啊、吧、呢、嘛"等，例如：白的、高兴得、快乐地、拿着、走了、读过、放心吧、别动啊、你的呢、干嘛。

（3）儿化。

儿化是指带后缀"儿"的词的韵母带上卷舌音色的一种音变现象。"儿"不单独发音，不表示音节，它只是提示在发前一个字时，该音要加上卷舌动作，带上卷舌音色彩。"儿"没有实在的词汇意义，只是起到提示儿化的作用。儿化有区别词义和词性的作用。

儿化在表达词语的语法意义和修辞色彩上都起着积极的作用。儿化可以区别词性，例如：盖（动词）—盖儿（名词），个（量词）—个儿（名词）。儿化可以区别词义，例如：信—信儿，头—头儿，眼—眼儿。儿化可以表示喜爱温婉的感情色彩，例如：小曲儿、小孩儿、脸蛋儿。儿化还可以表示细、小、轻、微的性状，例如：小鱼儿、办事儿、一丁点儿。

特别注意：①韵母或韵母末尾有 a、o、e、u、ia、ua、uo、ie、üe、ao、iao、ou、iou 的，儿化时直接卷舌。例如：刀把儿、山坡儿、唱歌儿、水珠儿、豆芽儿、鲜花儿、铁锅儿、皮鞋儿、名角儿、棉袄儿、山脚儿、小猴儿、打球儿。②韵尾是 i、n 的韵母的（除 in、ün 外），有 ai、uai、ei、uei、an、ian、uan、üan、en、uen 的，儿化时丢掉韵尾 i、n，主要元音卷舌。例如：瓶盖儿、一块儿、手背儿、小柜儿、竹竿儿、牙签儿、小官儿、大院儿、没门儿、作文儿、圆圈儿、糖罐儿、小孩儿、针尖儿、小人儿、没味儿。③韵尾是 in、ün 的，儿化时丢掉韵尾 n，直接加 er。例如：点心儿、围裙儿、脚印儿、彩云儿。④韵母是-i、-i（舌尖韵母）的，儿化时变成 er。例如：眼皮儿、小曲儿、有趣儿、玩意儿。⑤韵母是 i、ü 的，儿化时直接加上 er。例如：瓜子儿、果汁儿、汉字儿、树枝儿。⑥韵尾是-ng（ing、iong 除外），有 ang、iang、uang、eng、ueng、ong 的，儿化时丢掉韵尾，其韵腹鼻化为鼻化音，并卷舌。例如：药方儿、小巷儿、蛋黄儿、信封儿、胡同儿、木桶儿、头绳儿、没空儿、帮忙儿、门缝儿。⑦韵母是 ing、iong 的，儿化时丢掉-ng，直接加鼻化的 er。例如：电影儿、小熊儿、打鸣儿、蝉蛹儿。

（4）"啊"的变音，这取决于其紧临字的韵母。

①变读为"呀"。

a o e i u ü er/　　例如：找你呀、大哥呀、烤火呀。

ia ua uo ie üe ai uai ei uei/　　例如：回家呀、快刷呀、想闯祸呀、树叶呀、大学呀、快写呀、好乖呀、乌龟呀、好黑呀。

②变读为"哇"。

u ao iao ou iu/　　例如：好苦哇、大嫂哇、买药哇、喝酒哇。

③变读为"哪"。

an ian uan üan en uen in ün/　　例如：多蓝哪、老天哪、三万哪、太原哪、好笨哪、快问哪、好人哪、有信哪。

④变读为"nga"。前面音节末尾音素为"ng"。

ang ing eng/　　例如：唱啊、什么样啊、冷啊。

⑤变读为"ra"。前面音节尾音是-i（后）。

zhi shi chi/　　例如：同志啊、怎么回事啊、可耻啊。

⑥变读为"za"。前面音节尾音是-i（前）。

zi ci/　　例如：三次啊、红字啊。

2　普通话语音训练

本部分内容立足于普通话语音系统中声母、韵母以及声调基本常识解析，巩固普通话基础知识，目的在于夯实普通话语音基础，为进一步把握难点音做好准备。

【声母加声调训练】

bō　bó　bǒ　bò　　　pō　pó　pǒ　pò
mō　mó　mǒ　mò　　　fō　fó　fǒ　fò
dē　dé　dě　dè　　　tē　té　tě　tè
nē　né　ně　nè　　　lē　lé　lě　lè
gē　gé　gě　gè　　　kē　ké　kě　kè
hē　hé　hě　hè
jī　jí　jǐ　jì　　　qī　qí　qǐ　qì
xī　xí　xǐ　xì
zhī　zhí　zhǐ　zhì　　chī　chí　chǐ　chì
shī　shí　shǐ　shì　　rī　rí　rǐ　rì
zī　zí　zǐ　zì　　　cī　cí　cǐ　cì
sī　sí　sǐ　sì

【韵母加声调训练】

1）单元音韵母

ā　á　ǎ　à　　　ō　ó　ǒ　ò
ē　é　ě　è　　　ī　í　ǐ　ì
ū　ú　ǔ　ù　　　ǖ　ǘ　ǚ　ǜ
ēr　ér　ěr　èr

2）复元音韵母

āi　ái　ǎi　ài　　　ēi　éi　ěi　èi
āo　áo　ǎo　ào　　　ōu　óu　ǒu　òu
iā　iá　iǎ　ià　　　iē　ié　iě　iè
uā　uá　uǎ　uà　　　uō　uó　uǒ　uò
üē　üé　üě　üè　　　iāo　iáo　iǎo　iào
iōu　ióu　iǒu　iòu　　uāi　uái　uǎi　uài
uēi　uéi　uěi　uèi

3）前鼻韵母

ān　án　ǎn　àn　　　ēn　én　ěn　èn
īn　ín　ǐn　ìn　　　ūn　ún　ǔn　ùn
iān　ián　iǎn　iàn　　uān　uán　uǎn　uàn
uēn　uén　uěn　uèn　　üān　üán　üǎn　üàn

4）后鼻韵母

āng áng ǎng àng　　ēng éng ěng èng
īng íng ǐng ìng　　ōng óng ǒng òng
iāng iáng iǎng iàng　　iōng ióng iǒng iòng
uāng uáng uǎng uàng　　uēng uéng uěng uèng

【音节训练】

爸妈 bà mā	马达 mǎ dá	发达 fā dá	哈达 hǎ dá
薄膜 bó mó	泼墨 pō mò	磨破 mó pò	魔佛 mó fú
隔热 gé rè	各色 gè sè	合格 hé gé	苛刻 kē kè
鄙弃 bǐ qì	提议 tí yì	洗涤 xǐ dí	笔记 bǐ jì
瀑布 pù bù	目睹 mù dǔ	速度 sù dù	侮辱 wǔ rǔ
而且 ér qiě	偶尔 ǒu ěr	耳朵 ěr duo	二胡 èr hú
爱戴 ài dài	拍卖 pāi mài	海带 hǎi dài	抬爱 tái ài
冒号 mào hào	敖包 áo bāo	逃跑 táo pǎo	祷告 dǎo gào
猴头 hóu tóu	斗狗 dòu gǒu	叩头 kòu tóu	佝偻 gōu lǚ
假牙 jiǎ yá	下家 xià jiā	恰恰 qià qià	加价 jiā jià
呱呱 guā guā	画画 huà huà	花袜 huā wà	桂花 guì huā
吊桥 diào qiáo	秒表 miǎo biǎo	小巧 xiǎo qiǎo	窈窕 yǎo tiǎo
优秀 yōu xiù	绣球 xiù qiú	悠久 yōu jiǔ	牛油 niú yóu
怀揣 huái chuāi	摔坏 shuāi huài	外踝 wài huái	甩拐 shuǎi guǎi
归队 guī duì	回味 huí wèi	推诿 tuī wěi	荟萃 huì cuì
人文 rén wén	愤恨 fèn hèn	本人 běn rén	门诊 mén zhěn
近亲 jìn qīn	贫民 pín mín	辛勤 xīn qín	引进 yǐn jìn
军训 jūn xùn	均匀 jūn yún	芸芸 yún yún	运迅 yùn xùn
帮忙 bāng máng	放荡 fàng dàng	刚刚 gāng gāng	厢房 xiāng fáng
洋姜 yáng jiāng	想象 xiǎng xiàng	向阳 xiàng yáng	强将 qiáng jiàng

3　普通话难点音辨析与训练

【声母难点音辨析】

普通话和方言的声母不尽相同，方言区的人学习普通话声母时存在难点，主要表现为以下几个方面。

1）"平舌音 z、c、s"与"翘舌音 zh、ch、sh"

（1）辨音难点。

一些方言区没有舌尖后音 zh、ch、sh、r 四个声母（俗称"翘舌音"），因此，这些方言区的人学习普通话时，分辨"平、翘舌"两套声母比较困难：一是不习惯"翘舌"，甚至不会翘舌；二是分不清普通话中该"翘"哪些字，不该"翘"哪些字。

75

（2）正音方法。

①掌握翘舌定位方法。

学习"翘舌音"时首先要习惯将舌头翘起定位，"翘舌音"的发音部位是"舌尖上举，靠拢硬腭"，学习者应先把舌尖抬高，尽量贴向硬腭（可反复舔硬腭以确定位置），然后逐渐将舌位定型。在定型时也可以将舌尖卷起，接近软腭，体验"卷舌"感觉，再通过"卷舌"逐渐定位"翘舌"。学习者可以朗读赵元任先生的一段趣文，学会翘舌定位。

石室诗士施氏，嗜狮，誓食十狮。施氏时时适市视狮。十时，适十狮适市是时，适施氏适市。施氏视十狮，恃矢势，使是十狮逝世。氏拾是十狮尸，适石室。石室湿，氏使侍拭石室。石室拭，氏始试食是十狮。食时，始识是十狮，实十石狮尸。

②记忆"翘舌字"的技巧。

记忆"翘舌字"是解决难题的关键。记忆"翘舌字"最可靠的办法是"死记硬背"，只要肯花功夫逐字记忆，效果一定很好；当然，如果能够再掌握一些技巧，则能达到事半功倍的效果。记忆平、翘舌字的主要技巧有四个方面。

一是记少不记多。

汉语平、翘舌字数不平衡，"平舌字"比"翘舌字"少得多，约占两组字总和的30%。因此，可以用主要记"平舌字"来辅助记"翘舌字"。例如在平舌声母"c"与"a"相拼的音节中，常用字只有"擦"1个，其余字都读翘舌音；在"c"与"ou"相拼的音节中，常用字只有"凑"1个，其余字都读翘舌音；在"c"与"en"相拼的音节中，常用字只有"岑""涔""参（差）"3个，其余字都读翘舌音等。

二是代表字类推。

记住一个字的"平舌"或"翘舌"之后，以它作为代表字进行类推。例如：

匝—咂、砸、鍀；

子—仔、仔、孜、字、籽、存、孙；

曾—憎、增、赠、蹭、僧；

卒—醉、悴、猝、淬、萃、瘁；

采—彩、踩、睬、菜；

仓—苍、舱、沧；

次—瓷、茨、资、姿、咨；

从—丛、纵、怂、耸；

司—饲、伺、嗣、祠、词；

斯—撕、嘶、厮；

叟—搜、嗖、艘、馊、嗖、嫂；

中—钟、忠、衷、盅、种、肿、仲；

召—招、照、昭、沼、诏、邵、绍、韶；

朱—珠、蛛、株、殊、姝；

占—沾、粘、战、站。

三是利用声母、韵母拼合规律记忆。

平舌音声母决不拼"ua、uai、uang"三个韵母，下列字都读翘舌音：抓、爪、拽、装、妆、庄、状；揣、踹、窗、疮、床、创、闯、怆；刷、耍、衰、摔、甩、帅、率、霜、双、爽。

翘舌音声母"sh"不与韵母"ong"相拼,所以"松""怂""耸""宋""颂"等字一定都读平舌音。

四是注意特殊字例。

在利用上述方法时,尤其利用"代表字类推"方法时,应注意特殊字例。

偏旁作为独体字时读翘舌音,组合成整体字后则读平舌音。例如:速、悚、作、昨、擦、嚓、诉、窜、蛳、暂、惭、脏、赃、钻、塑、溯。

偏旁作为独体字时读平舌音,组合成整体字后则读翘舌音。例如:崇、铡、删、珊、跚、瘦、捉、疮、创、怆、诗。

(3) 翘舌声母词语训练。

扎针 zhā zhēn	招展 zhāo zhǎn	辗转 zhǎn zhuǎn	站长 zhàn zhǎng
战争 zhàn zhēng	周折 zhōu zhé	珍重 zhēn zhòng	珍珠 zhēn zhū
支柱 zhī zhù	支助 zhī zhù	指针 zhǐ zhēn	纸质 zhǐ zhì
叉车 chā chē	查重 chá chóng	超产 chāo chǎn	拆除 chāi chú
长城 cháng chéng	惆怅 chóu chàng	抽搐 chōu chù	冲茶 chōng chá
车床 chē chuáng	彻查 chè chá	撤场 chè chǎng	踟蹰 chí chú
杀伤 shā shāng	烧水 shāo shuǐ	韶山 sháo shān	少数 shǎo shù
山水 shān shuǐ	闪烁 shǎn shuò	上升 shàng shēng	税收 shuì shōu
手术 shǒu shù	手霜 shǒu shuāng	受伤 shòu shāng	设施 shè shī
扰人 rǎo rén	苒苒 rǎn rǎn	嚷嚷 rāng rang	柔软 róu ruǎn
柔韧 róu rèn	揉入 róu rù	柔润 róu rùn	容忍 róng rěn
荣辱 róng rǔ	融入 róng rù	热熔 rè róng	荏苒 rěn rǎn
主持 zhǔ chí	正常 zhèng cháng	战场 zhàn chǎng	真实 zhēn shí
展示 zhǎn shì	正式 zhèng shì	城镇 chéng zhèn	超重 chāo zhòng
产生 chǎn shēng	尝试 cháng shì	仇视 chóu shì	串烧 chuàn shāo

(4) 平翘舌声母混合词语训练。

渣滓 zhā zi	沼泽 zhǎo zé	摘枣 zhāi zǎo	占座 zhàn zuò
种族 zhǒng zú	折子 zhé zi	赈灾 zhèn zāi	振作 zhèn zuò
整租 zhěng zū	正宗 zhèng zōng	知足 zhī zú	指责 zhǐ zé
插槽 chā cáo	差错 chā cuò	长辞 cháng cí	场次 chǎng cì
筹措 chóu cuò	冲刺 chōng cì	虫草 chóng cǎo	陈醋 chén cù
吃醋 chī cù	尺寸 chǐ cùn	出操 chū cāo	初测 chū cè
沙僧 shā sēng	哨所 shào suǒ	上司 shàng si	上诉 shàng sù
收缩 shōu suō	手酸 shǒu suān	神色 shén sè	深思 shēn sī
申诉 shēn sù	生色 shēng sè	深邃 shēn suì	十三 shí sān

(5) 混合词语对比训练。

战时—暂时 zhàn shí—zàn shí　　初步—粗布 chū bù—cū bù
诗人—私人 shī rén—sī rén　　　支柱—资助 zhī zhù—zī zhù
出操—粗糙 chū cāo—cū cāo　　　主力—阻力 zhǔ lì—zǔ lì

实数—食宿 shí shù—shí sù　　札记—杂技 zhá jì—zá jì
终止—宗旨 zhōng zhǐ—zōng zhǐ　　推迟—推辞 tuī chí—tuī cí
组织—主子 zǔ zhī—zhǔ zi　　仓促—仓储 cāng cù—cāng chǔ
守岁—收税 shǒu suì—shōu shuì　　致敬—紫荆 zhì jìng—zǐ jīng
俗人—熟人 sú rén—shú rén　　擅长—散场 shàn cháng—sàn chǎng
质料—籽料 zhì liào—zǐ liào　　总之—种子 zǒng zhī—zhǒng zi
资金—至今 zī jīn—zhì jīn　　阻塞—祖舍 zǔ sāi—zǔ shè

2）"鼻音 n"声母与"边音 l"声母

（1）辨音难点。

在贵州大部分地区，声母中"鼻音 n"与"边音 l"有较明显的混淆。从音色形成上说，这两个音的发音部位完全相同，只是发音方法的某些部分有所区别。

n——舌尖中，浊，鼻音；

l——舌尖中，浊，边音。

对于这两个辅音，一些方言区的语音系统中没有"边音"存在，在一些地区，相当一部分普通话学习者不会发"边音"，更分不清"鼻音""边音"各自包含哪些字。

（2）正音方法。

"鼻、边音"正音困难很大，在学习中首先需要掌握一定的方法与技巧，然后辅以刻苦训练，方能自觉对这两个声母的清晰发音进行纠偏。

①辨听两个声母的音色。

要学会两个声母的发音，首先要学会辨听两个声母的不同音色，能够从听感上区别出它们是不同的音。例如：牛—刘、男—篮、念—恋、女—旅、鲇—鲢。

②掌握发音的方法。

发"鼻音 n"时，软腭垂下，打开鼻腔通道；舌尖抵住上齿龈，使气流从鼻腔流出。此时用手堵住鼻孔，感觉发音有困难，耳膜有鸣声。发"边音 l"时，软腭上抬，堵住鼻腔通道，舌尖抵住上齿龈后部（可靠近硬腭），舌尖滑动，为气流留下舌边通道。此时用手堵住鼻孔，并不感觉发音困难。

③训练要领。

一是裸读"l"声母，反复朗读直到真正读准。练习此音时，舌头不能顶在牙齿前不动，要让舌头后缩进行运动，发音时要能明显察觉舌头在口腔内具有"甩动"或"滑动"的感觉。

二是拼读"a""u"类韵母，反复朗读直到读准。这些韵母开口度较大，容易给舌头留出活动空间。例如：

la—拉、辣；lao—老、捞；lai—来、赖；lang—郎、浪；

lu—卢、路；luo—罗、落；lun—轮、论。

（3）辨音记忆技巧。

学会两类音的辨读之后，最重要的工作是把握两类声母所管辖的汉字。对此，可采用下列方法与技巧。

①记少不记多。

"鼻音字"比"边音字"少得多，因此，可以用主要记"鼻音字"来辅助记"边音字"。常用的鼻音字如下：

ná：拿　　　　　　　ná：哪　　　　　　　nà：那、呐、纳、娜、捺
nǎi：乃、奶　　　　　nài：奈、耐　　　　　nān：囡、囝
nán：男、南、难、喃、楠　　　　　　　　　nǎn：赧、腩、蝻
nāng：囔　　　　　　náng：囊、馕　　　　　nǎng：攮
nāo：孬　　　　　　　náo：挠、蛲　　　　　nǎo：恼、脑、瑙
nào：闹、淖　　　　　nè：讷、呐　　　　　　ne：呢
něi：馁　　　　　　　nèi：内　　　　　　　nèn：恁、嫩
néng：能　　　　　　nī：妮　　　　　　　　ní：尼、呢、郳、泥、怩、霓、鲵
nǐ：拟、你、旎　　　　nì：昵、逆、匿、腻、溺　niān：拈
nián：年、粘、鲇、黏　niǎn：捻、辇、碾、撵　　niàn：廿、念
niáng：娘　　　　　　niàng：酿　　　　　　　niǎo：鸟
niào：尿　　　　　　　niē：捏
niè：聂、涅、啮、镍、嗫、镊、颞、蹑、孽、蘖　　　　níng：您
níng：宁、拧、咛、狞、柠、凝　　　　　　　　　　　nǐng：拧
nìng：宁、佞、拧、泞　niú：牛、妞　　　　　　niǔ：扭、纽、狃
niù：拗　　　　　　　nóng：农、侬、哝、浓、脓、秾
nòng：弄　　　　　　nú：奴、孥、驽　　　　　nǔ：努、弩
nù：怒　　　　　　　nǚ：女　　　　　　　　nuǎn：暖
nüè：虐、疟　　　　　nuó：挪、娜、傩
nuò：诺、喏、搦、懦、糯

此外还可以采取记单类的方式记忆。例如："n"与"uan"相拼的音节中，常用字只有"暖"1个，其余字都读边音；"n"与"ei"相拼的音节中，常用字只有"内""馁"2个，其余字都读边音；"n"与"iang"相拼的音节中，常用字只有"娘""酿""嬢"3个，其余字都读边音。

②代表字类推。

记住一个"鼻音字"或"边音字"后，以它作为代表字进行类推。例如：

利—犁、梨、蜊；　　　　　里—理、鲤、厘、狸；
卢—庐、炉、芦、轳、颅；　列—烈、裂、冽、洌；
留—溜、馏、榴、瘤；　　　罗—萝、逻、箩、锣；
令—拎、龄、伶、蛉、岭、领；龙—笼、聋、珑、陇、拢、垄；
聂—镊、嗫、颞、蹑；　　　农—侬、哝、浓、脓、秾；
仑—抡、伦、沦、轮、论；　宁—拧、柠、咛、拧；
奴—努、怒、驽。

③利用声母、韵母拼合规律。

韵母"ou""ia""uen"只拼"l"，不拼"n"。例如：娄、楼、蝼、篓、漏、陋、露、俩、抡、轮、论。

韵母"en"只拼"n"，不拼"l"。例如：嫩、恁。

(4) 鼻、边音声母词语训练。

方言区与少数民族地区人群在鼻、边音声母的把握上，难点主要是"边音声母"，在学习中需要大量训练并记忆此类汉字。例如：

讷讷 nè nè	泥淖 ní nào	呢喃 ní nán	泥泞 ní nìng
袅袅 niǎo niǎo	袅娜 niǎo nuó	年年 nián nián	妞妞 niū niū
牛奶 niú nǎi	牛腩 niú nǎn	忸怩 niǔ ní	扭捏 niǔ niē
勒令 lè lìng	理论 lǐ lùn	力量 lì liàng	利率 lì lǜ
连连 lián lián	联络 lián luò	榴莲 liú lián	留恋 liú liàn
流浪 liú làng	流利 liú lì	罗列 luó liè	沦落 lún luò
那里 nà lǐ	纳凉 nà liáng	脑力 nǎo lì	奶酪 nǎi lào
耐劳 nài láo	耐力 nài lì	农历 nóng lì	农林 nóng lín
内陆 nèi lù	嫩绿 nèn lǜ	能力 néng lì	尼龙 ní lóng
逆流 nì liú	年龄 nián líng	年轮 nián lún	努力 nǔ lì
奴隶 nú lì	暖帘 nuǎn lián	暖流 nuǎn liú	女流 nǚ liú
老农 lǎo nóng	老年 lǎo nián	老娘 lǎo niáng	老牛 lǎo niú
来年 lái nián	烂泥 làn ní	累年 lěi nián	冷暖 lěng nuǎn
历年 lì nián	理念 lǐ niàn	辽宁 liáo níng	连年 lián nián
两难 liǎng nán	靓女 liàng nǚ	留念 liú niàn	遛鸟 liù niǎo
凌虐 líng nüè	岭南 lǐng nán	颅脑 lú nǎo	落难 luò nàn

3) "唇齿音 f" 与 "舌面后音 h"

(1) 辨听两个声母的音色。

在有些地区，声母中的"唇齿音 f"与"舌面后音 h"有一定混淆。这两个音的发音部位差距很大，但发音方法则完全相同。一定要明白这种发音对应关系，在学普通话时将二者区别开来。在有的方言区，声母"f"与"h"混读主要表现在"h"与韵母"u"相拼时，声母通常改读为"f"。例如：fu—呼、胡、狐、壶、虎、浒、户、互。

如在贵州黔东南地区的岑巩、镇远、三穗、台江、剑河、天柱、锦屏、黎平、榕口、从江等地，"f"与"h"混淆比较严重，在这些地区无论是汉族还是少数民族，"h"声母与"合口呼"韵母相拼的汉字通常变读为"f"，在普通话学习中出现偏误明显，也有极少部分"f"声母的汉字会变读为"h"。例如：fa—花、滑、话；fei—灰回会；fan—欢缓换；fen—昏、魂、混；hui—飞。

上述地区的人要分清"f"与"h"的异同，在理论上弄清两个声母的发音部位，在训练时一边正音，一边记住代表字。例如：

一堆粪，一堆灰，灰混粪，粪混灰；

风吹灰飞，灰飞花上花堆灰；

风吹花灰灰飞去，灰在风里飞又飞。

(2) "f"与"h"声母词语训练。

发货 fā huò	繁华 fán huá	返还 fǎn huán	肥厚 féi hòu
缝合 féng hé	凤凰 fèng huáng	粉红 fěn hóng	烽火 fēng huǒ
孵化 fū huà	符合 fú hé	耗费 hào fèi	盒饭 hé fàn

横幅 héng fú　　海防 hǎi fáng　　海风 hǎi fēng　　花费 huā fèi
荒废 huāng fèi　　活泛 huó fàn　　回访 huí fǎng　　恢复 huī fù
公费—工会 gōng fèi—gōng huì　　船夫—传呼 chuán fū—chuán hū
俯视—虎视 fǔ shì—hǔ shì　　翻阅—欢悦 fān yuè—huān yuè
风干—烘干 fēng gān—hōng gān　　复句—护具 fù jù—hù jù
发誓—花市 fā shì—huā shì　　发凡—花环 fā fán—huā huán
富丽—互利 fù lì—hù lì　　附注—互助 fù zhù—hù zhù

任务二　普通话水平测试与训练

1　普通话水平测试简介

【普通话水平测试的性质】

普通话水平测试是我国普及普通话工作的一项重大举措，在一定范围内对某些岗位的人员进行普通话水平测试，实行普通话等级证书上岗制度，标志着我国普及普通话工作走上了制度化、规范化、科学化的道路。普通话水平测试是国家规定的等级资格测试。普通话水平测试以口头方式进行，主要检测应试人运用国家通用语的标准程度。

【普通话水平测试等级】

普通话水平测试的等级标准共分为三级六等。

1）一级

甲等——朗读和自由表达时，语音标准，词汇、语法正确无误，语调自然，表达流畅。

乙等——朗读和自由交谈时，语音标准，词汇、语法正确无误，语调自然，表达流畅；偶有字音、字调失误。

2）二级

甲等——朗读和自由交谈时，声韵调发音基本标准，语调自然，表达流畅；少数难点音（平翘舌音、前后鼻音、边鼻音等）有时出现失误；词汇、语法极少失误。

乙等——朗读和自由交谈时，个别调值不准，声韵调发音有不到位现象；难点音较多，失误较多；方言语调不明显；有使用方言词汇、方言语法的现象。

3）三级

甲等——朗读和自由交谈时，声韵调发音失误较多，难点音超出常见范围，声调调值多不准；方言语调较明显；词汇、语法失误率在30%以内。

乙等——朗读和自由交谈时，声韵调发音失误多，方音特征突出；方言语调明显；词汇、语法失误较多；外地人听其谈话有听不懂的情况。

【普通话水平测试的内容】

普通话水平测试包括 4 个部分。

1）读单音节字 100 个（10 分）

考查应试人声母、韵母、声调的发音。此项成绩为 10 分。例如：

晨	梆	友	号	表	您	之	莫	景	掏
聂	茶	馁	刷	准	热	董	乡	卬	月
坡	迢	锦	正	馄	掐	令	框	筷	皱
饮	悬	绷	日	葵	垄	范	揩	蕨	坠
徽	碟	崔	匿	捕	钦	流	涮	戈	座
驽	斗	幂	装	怎	卷	豺	偏	女	吊
居	群	崽	瓮	韶	非	脸	润	鹅	擦
略	筹	剐	族	呆	蒋	飒	匹	憨	鲦
谋	丝	类	求	囵	堪	笼	训	黏	盆
抟	峡	帖	欲	平	僧	坊	木	穷	岗

2）读多音节词语 50 个（20 分）

除考查应试人声母、韵母和声调的发音外，还要考查应试人上声变调、儿化韵和轻声的读音。例如：此项成绩为 20 分。

采访	胆怯	狭窄	军装	削弱
预赛	咨询	播送	恒星	针尖儿
徘徊	悬挂	犹如	贫乏	转化
最初	穷人	力争	尺寸	检查
否决	好玩儿	能够	妇女	邻居
供给	身边	尊敬	稍微	球场
声调	表彰	态度	刀把儿	果然
聪明	熊猫	原谅	背后	而且
教训	这样	此外	专业	可以
小孩儿	照片	光荣榜	困难	前仆后继

3）指定材料朗读（30 分）

考查应试人用规定的书面材料进行普通话朗读的水平，重点考查语音、音变、语调以及熟练程度等。此项成绩为30分。例如：

青岩古镇位于贵州省贵阳市花溪区，是贵阳市首个国家5A级旅游景区，是第二批中国历史文化名镇之一，至今已有600多年的历史，人文历史底蕴深厚，地域特色颇具魅力。

青岩古镇始建于明洪武十一年（1378年），因明朝屯兵而建，以青色的岩石而得名，是一座因军事城防演化而来的山地兵城，素有贵阳"南大门"之称。

青岩古镇内设计精巧、工艺精湛的明清古建筑交错密布，寺庙、楼阁雕梁画栋、飞角重檐相间。

青岩古镇人文荟萃，有历史名人周渔璜、清末状元赵以炯。镇内有近代史上震惊中外的青岩教案遗址、赵状元府第、平刚先生故居、红军长征作战指挥部等历史文物。周恩来的父亲、邓颖超的母亲、李克农等革命前辈及其家属均在青岩古镇秘密居住过。青岩古镇还是抗战期间浙江大学的西迁办学点之一。

青岩古镇是有着深厚历史背景的建筑。爬上不算太高的城墙可以鸟瞰青岩古镇的全景：青岩古镇并不是建造在平面上，而是建造在高低不平的坡面上，从高处望去，整个青岩古镇的格局给人一种在别的古镇中难以看到的立体美感。青岩古镇中//除了众多的寺庙，竟然还保留着一座基督教堂和一座天主教堂，多种宗教和谐共处，形成独特的风格。

4）命题单向说话（40分）

考查应试人在不凭借文字的情况下，说普通话的能力和所达到的规范程度。应试人选择试卷上一个确定的话题，连续说话3分钟。此项成绩为40分。例如：

我向往的地方

谈谈个人修养

附录：汉语拼音方案

字母表

字母：	Aa	Bb	Cc	Dd	Ee	Ff	Gg
名称：	ㄚ	ㄅㄝ	ㄘㄝ	ㄉㄝ	ㄜ	ㄝㄈ	ㄍㄝ
	Hh	Ii	Jj	Kk	Ll	Mm	Nn
	ㄏㄚ	ㄧ	ㄐㄧㄝ	ㄎㄝ	ㄝㄌ	ㄝㄇ	ㄋㄝ
	Oo	Pp	Qq	Rr	Ss	Tt	
	ㄛ	ㄆㄝ	ㄑㄧㄡ	ㄚㄦ	ㄝㄙ	ㄊㄝ	
	Uu	Vv	Ww	Xx	Yy	Zz	
	ㄨ	ㄞㄝ	ㄨㄚ	ㄒㄧ	ㄧㄚ	ㄗㄝ	

V 只用来拼写外来语言、少数民族语言和方言。

字母的手写体依照拉丁字母的一般书写习惯。

声母表

b	p	m	f		d	t	n	l
ㄅ玻	ㄆ坡	ㄇ摸	ㄈ佛		ㄉ得	ㄊ特	ㄋ讷	ㄌ勒
g	k	h			j	q	x	
ㄍ哥	ㄎ科	ㄏ喝			ㄐ基	ㄑ欺	ㄒ希	
zh	ch	sh	r		z	c	s	
ㄓ知	ㄔ蚩	ㄕ诗	ㄖ日		ㄗ资	ㄘ雌	ㄙ思	

【普通话水平测试准备】

1）报到

考生携带身份证、准考证在考试当天到达考场。

2）信息验证

考生到达考场后，在老师的指引下进入候测室，采集考生的身份证、照片等信息，照片将用于普通话水平测试等级证书。第一步，考生将身份证贴到终端设备相应的位置进行身份信息验证；第二步，考生坐到指定位置采集照片；第三步，系统抽签，系统随机分配座位号，考生记住座位号。

【普通话水平测试流程】

1）进入考场

考生进入考场，找到座位号，正对摄像头坐好，等待系统进行人脸识别，进行登录。登录界面如图2、图3所示。

图2

模块一 学习积累

图 3

登录完成后,界面显示个人信息,考生进行核对。如果信息正确,则单击"确定"按钮;如果信息错误,请告知老师如图 4 所示。

图 4

2)试音

登录成功后,系统提示"等待试音指令",如果验证失败,请告知老师,如图 5 所示。

图 5

85

根据屏幕提示戴上耳机，将麦克风调至嘴边 2~3 厘米处，等待试音。试音开始后，系统会有提示音，请在"嘟"声后朗读屏幕上的文字，如图 6 所示。

图 6

试音成功后，等待考场指令，同一批次所有考生都试音成功后一起开始正式考试，如图 7 所示。

图 7

3）测试

第一题，读单音节字词。请控制好音量和语速。每个字读一遍，如果确实需要改，可以读第二遍，但不允许读第三遍、第四遍。有第二遍读音的，一律以第二遍读音为准进行判定。多音字只需要读出一种读音，一定不要读出该字的所有读音。不允许读出轻声和儿化音。不要省略某个字的读音，否则以错误对待，扣除该字的全部分数。本题限时 3.5 分钟，超时扣分。超时 1 分钟以内，扣 0.5 分；超时 1 分钟以上（含 1 分钟），扣 1 分。显示的字词读完后，单击"下一题"按钮，如图 8 所示。

图 8

第二题，读多音节字词。请控制好音量和语速。每个词读一遍，如果确实需要改，可以读第二遍，但不允许读第三遍、第四遍。有第二遍读音的，一律以第二遍读音为准进行判定。不要省略某个词的读音，否则以错误对待，扣除该词的全部分数。注意轻声、儿化和变调的读音。注意读词语时的轻重音格式。本题限时 2.5 分钟，超时扣分。超时 1 分钟以内，扣 0.5 分；超时 1 分钟以上（含 1 分钟），扣 1 分。显示字词读完后单击"下一题"按钮，如图 9 所示。

图 9

第三题，朗读短文。请控制好音量和语速。注意朗读准确，尽量避免错字、漏字、增字、换字等现象出现。注意阅读语气的变化。注意朗读流畅，尽量避免回读和不连贯的现象发生。读到文中标注"//"处即可停止，此处为 400 个音节位置，评分一律在 400 个音节以内进行。对于 400 个音节以外的内容即使考生读得有问题，也不再统计和扣分。注意要把末尾句子读完整，可以读到出现第一个标点处停止。本题限时 4 分钟，只要超时，不论长短，一律扣1分。界面如图10所示。

图10

第四题，命题说话。在10秒之内，从给出的两个题目中任选一个题目说话，若未选择，则系统默认选择第一个题目。不允许自行选择其他题目，也不允许中途换题。确认题目后，有30秒的准备时间，在系统提示音"嘟"一声之后，开始答题。答题时，先读出说话题目，如"我说话的题目是我难忘的一件事"。答题完成后，系统自动提交，弹出相应提示框。界面如图11~图14所示。考试完成后，考生摘下耳机，安静地离开考场。

值得注意的是：说话是单向进行的，不是双向交流，朗读时要注意流畅和连贯。同时，说话时长要满足3分钟的要求。若说话时长不足3分钟，会酌情扣分（一般每缺时20秒扣1分）：缺时1分钟以内（含1分钟），扣1分、2分、3分；缺时1分钟以上，扣4分、5分或6分；说话时长不满30秒（含30秒），则本测试项目计0分。说话时长满3分钟时，考生停止说话，但应把最后一句话说完。

图11

图 12

图 13

图 14

2 单音节字词测试训练

【单音节字词测试中常见的失误点】

单音节字词测试中容易出现的失误有以下四种情况。

1) 方音失误

在单音节字词测试中，普通话"难点音"会出现相对高频的失误，集中体现在"平、翘舌音""鼻、边音"以及某些"鼻韵母"等方面。例如：

zhá	zhuō	shì	chóng	chuāng	lì	liàn
铡	捉	侍	崇	疮	力	练

quān	xuān	děng	téng	jīng	xīng	wēng
圈	轩	等	疼	精	星	翁

2) 生僻字失误

在单音节字词测试中，应试人会因为对某些生僻字不熟悉而发生错误。例如：

wèng	niè	yùn	téng	sǔn	juān
蕹	嗫	恽	誊	榫	镌

shì	kēng	chuàng	ráng	qióng	lù
嗜	铿	怆	瓤	茕	戮

3) 习惯性误读

对于某些字的读音，应试人往往下意识地误读。例如：

kuàng	xué	xuè	xuàn	rú	rú	rù
框	穴	血	炫	儒	孺	褥

piē	dài	qí	zhàn	niān	huái	quàn
瞥	殆	祈	绽	拈	踝	券

4) 形近字误读

对于某些形近字的读音，应试人可能因为平时的疏忽，或者因为测试时紧张而出现误读的情况。例如：

xiǎn—xǐ	duān—ruì	chóng—suì	pēi—pī
冼—洗	端—瑞	崇—祟	呸—坏

mǎo—luǎn	shàn—tán	chūn—chōng	āo—tū
卯—卵	擅—檀	春—舂	凹—凸

【单音节字词测试的注意事项】

在单音节字词测试中应试人要特别注意以下几方面问题。

1) 掌握朗读的顺序

在本项测试中必须"横向"朗读，对于给定的字不能漏、加、跳行。

2) 把握难点字音

应试人要提醒自己认真把握难点字音，特别留意容易失误的的字。例如：

瘦 疮 删 力 练 流 等 疼 精 星 翁

模块一 学习积累

3）多音字可选择

在该项测试中有一部分多音字，可以任选其中一种读音朗读，但读者必须是正确的。例如：

藏 舍 厦 血 处 宁 泥 卷 数 闷 差 参

4）上声字的声调

上声字的声调必须读全，读为"半上"会视为缺陷而扣分。例如：

产 首 闪 忍 蕊 左 组 睬 惨 索 嗓 矮

5）生僻字不要跳读

碰到一些不认识或者不熟悉的生僻字，可以猜读或懵着读。

6）纠正读错音

应试人如果感觉读错音，则只能紧随错字后纠正1次。

【测试训练】

样卷一

shěn	wāi	xún	liǎng	hēng	méi	rèn	hào	sè	shí
审	歪	寻	魉	亨	枚	韧	浩	塞	拾
chuāng	tuó	líng	gǒng	nüè	mái	yǎng	bù	xiè	wā
疮	驮	陵	拱	虐	霾	氧	埠	泄	洼
gū	chēng	cǔn	qīng	qǔ	yún	jiā	ruò	ǒu	shuān
估	称	忖	清	娶	芸	夹	弱	呕	闩
chāi	duó	tǎo	huà	kūn	zhì	nǎo	jǐng	lǘ	guān
钗	铎	讨	划	坤	稚	恼	景	驴	倌
cí	qiǎn	lán	tī	péng	fēi	ér	dài	rǎng	dàng
瓷	遣	岚	踢	澎	菲	儿	殆	嚷	凼
zuì	sǎn	féng	huái	ní	mén	qiào	qiě	fú	pǒ
醉	伞	缝	槐	鲵	扪	俏	且	扶	叵
zhǔn	quán	dǔ	xuān	kòu	sī	tǒng	piǎo	yá	lái
准	拳	笃	轩	寇	丝	捅	瞟	崖	莱
duǒ	jiù	juān	suí	kù	é	xiāng	lā	nà	kuǎ
躲	臼	捐	随	绔	讹	襄	啦	钠	垮
chè	huǎng	niān	yuè	bì	biāo	bēi	jǔ	zǐ	liù
撤	谎	蔫	岳	蔽	飙	碑	沮	梓	遛
zhuàng	xióng	shàn	jiǎn	qióng	léng	shǎng	chí	yù	zhà
撞	雄	擅	减	茕	棱	垧	弛	御	榨

样卷二

nì	bó	fá	quàn	lì	yǔ	xiè	liáng	shǔ	shì
腻	博	罚	券	粒	予	械	凉	鼠	室
yuán	tǐng	chǔn	pò	luò	miǎo	zhāng	què	móu	qiū
援	艇	蠢	迫	骆	藐	彰	却	眸	丘

mào	lǔ	píng	guǐ	chuò	zhé	qīng	duǒ	tán	xùn
茂	鲁	屏	鬼	戳	辙	卿	跺	檀	迅
cuǐ	rù	shuài	xué	cōng	pēng	yùn	diàn	yǒng	chān
璀	褥	率	穴	囱	澎	恽	玷	泳	掺
niǎn	zào	huái	huò	sǔn	pín	bá	liǔ	mǎo	lěi
捻	燥	踝	豁	榫	颦	跋	柳	卯	磊
lài	tiǎn	cháo	juān	yuǎn	nín	jí	bàng	hún	chuán
籁	舔	巢	镌	远	您	即	谤	馄	椽
chàng	é	fěng	liàng	xī	qiáng	niè	něi	xiǔ	guī
怅	鹅	讽	晾	吸	蔷	啮	馁	宿	龟
bēi	liáo	wěn	kěn	shā	tóng	chuàn	fèng	sháo	chuí
杯	寥	吻	垦	砂	瞳	钏	凤	勺	槌
yě	qīn	xù	fèn	zǒng	nüè	jiàng	sù	liǎn	zěn
冶	侵	蓄	粪	总	疟	降	溯	脸	怎
yǔn	dēng	kū	lún	zhàn	wǎng	shāng	huái	lù	kōu
允	灯	窟	伦	绽	枉	殇	槐	戮	抠

样卷三

yù	zhāi	yuàn	liǎn	jiāng	téng	ài	biē	xiǔ	bīn
愈	斋	怨	敛	姜	誊	碍	鳖	朽	斌
xùn	gòu	lǎng	jiào	xuē	niàng	jǔ	nèn	qiā	ruì
逊	垢	朗	窖	靴	酿	矩	嫩	掐	睿
pò	fěi	míng	dèng	zhǎo	chuí	dòu	fěng	lùn	xiá
粕	斐	铭	瞪	沼	捶	窦	讽	论	辖
jiā	guī	fàn	cǎi	jué	lǜ	chú	qióng	guǎ	zuàn
浃	硅	贩	睬	珏	虑	躇	穹	剐	攥
guǎng	zhì	qiú	zhèng	chóng	hēng	shè	shì	zào	lǚ
广	滞	裘	症	崇	哼	摄	氏	皂	屡
piāo	shuàn	táo	dìng	gōng	wèng	tiě	lào	tián	zhuō
瓢	涮	淘	锭	恭	瓮	铁	涝	恬	捉
huà	kǎi	chōng	huáng	shuǐ	jūn	rèn	huò	zhuàn	liàn
桦	慨	憧	簧	水	菌	刃	霍	篆	恋
hōng	zhú	shǐ	láng	pēn	cì	tú	jiān	cháng	fǔ
烘	竹	使	榔	喷	伺	荼	肩	偿	甫
zhě	mí	lǒng	ān	xǐng	wāi	xī	kuàng	tuǒ	shù
褶	弥	拢	谙	醒	歪	熙	眶	妥	束
juān	pàn	cì	kè	bǒ	sù	qín	què	lǐng	méi
鹃	畔	刺	恪	跛	速	勤	鹊	领	酶
dí	niè	zhòu	lián	zhǎn	xián	shuǎi	pí	mù	luán
嫡	镍	昼	镰	崭	贤	甩	脾	穆	峦

3 多音节字词测试训练

【多音节字词测试的常见失误与考核提示】

在多音节字词测试中应注意以下问题。

1. 关注词语组合中的方言难点音

应试者要将"平、翘音""鼻、边音"及某些"鼻韵母"词语把握好。例如：

zhēn zhèng 真正　　shēn míng 申明　　qìng xìng 庆幸　　dǐng shèng 鼎盛　　làn màn 烂漫　　qióng kùn 穷困

luó xuán jiǎng 螺旋桨　　jì chéng quán 继承权　　mǎ líng shǔ 马铃薯　　dān dǐng hè 丹顶鹤　　zhǔ rén wēng 主人翁

sì shì ér fēi 似是而非　　zì shǐ zhì zhōng 自始至终　　rú shì zhòng fù 如释重负　　zhèn ěr yù lóng 震耳欲聋

2. 关注生僻字与习惯性误读词语

应试人要关注生僻字与习惯性误读词语。

（1）生僻字。例如：

shén kān 神龛　　shuǐ tǎ 水獭　　biān zuǎn 编纂　　diàn wū 玷污　　náo tóu 挠头　　juàn yǒng 隽永　　juān kè 镌刻　　shē chǐ 奢侈

（2）多音字。例如：

dī fang 提防　　xì jūn 细菌　　kě wù 可恶　　zhái cài 择菜　　hè cǎi 喝彩　　shāng gǔ 商贾　　mán yuàn 埋怨　　cēn cī 参差

（3）习惯性误读词语。例如：

gōu lóu 佝偻　　kōng chéng 空乘　　rú xué 儒学　　pò zhàn 破绽　　xuàn yào 炫耀　　kuàng jià 框架　　qī chá 沏茶

3. 关注上声结尾字发"全调"

上声字结尾的声调应该读全。例如：

ǒu ěr 偶尔　　lǐ xiǎng 理想　　zhěng lǐ 整理　　bèi yǐng 背影　　biān dǎ 鞭打　　cái jiǎn 裁剪　　zhì shǎo 至少　　cǎo běn 草本　　chǎo zuǐ 吵嘴

4. 其他注意事项

应试人须按照横向顺序朗读，不能漏读，不能跳行。读错音时可以纠正，但只能紧随错词后纠正 1 次。朗读语速可以合理偏慢。

【测试训练】

在多音节字词测试训练中，应试人应该关注轻声词语、儿化音词语以及上声结尾词语的练习。

样卷一

shèng diǎn 盛典　　chǔ lǐ 处理　　yī lài 依赖　　chuāng shāng 创伤　　chén liáng 陈粮　　zhèng quàn 证券　　rén kǒu 人口

hǎo wán r	xǐ huan	fù kuǎn	bāo han	jīng cǎi	zuò yè	quǎn mǎ
好玩儿	喜欢	付款	包涵	精彩	作业	犬马

cí zhí	gē zi	pǔ tōng	cǎo chuàng	yuán huá	shuǐ liú	méi pǔ r
辞职	鸽子	普通	草创	圆滑	水流	没谱儿

zǒu guò	tiáo yuē	píng ān	duì wu	sǔn yǎn	zá bàn r	guī lǜ
走过	条约	平安	队伍	榫眼	杂拌儿	规律

xuán zhuǎn	wèng cài	piē kāi	yòng xīn	jiǎn dāo	kùn huò	shā ráng
旋转	蕹菜	撇开	用心	剪刀	困惑	沙瓤

nüè ji	jiǔ zhōng r	xù jiǔ	gài kuò	chèn shān	zǔ gé	tóng shì
疟疾	酒盅儿	酗酒	概括	衬衫	阻隔	同事

lí míng	fāng wèi	xiān huā	huān lè	lǎo shì	yān zhi	lián mián
黎明	方位	鲜花	欢乐	老式	胭脂	连绵

zhuā jiū r	dà duō shù	hǎi shì shèn lóu				
抓阄儿	大多数	海市蜃楼				

样卷二

sōng bǎi	zì zhì	wài tào	fēi tiān	luò mò	gē bo	yì huì r
松柏	自治	外套	飞天	落寞	胳膊	一会儿

shū xiě	lěng yǐn	běn shi	nüè shā	yuán lái	zhēng kāi	jù cān
书写	冷饮	本事	虐杀	原来	睁开	聚餐

lèi zhū r	hóng rì	kǒng huāng	ní sù	jué suàn	guān xi	qún zhòng
泪珠儿	红日	恐慌	泥塑	决算	关系	群众

zhǐ zhāng	chì rè	chén shuì	cái fù	miàn tiáo r	zhěng zhì	chuāng hu
纸张	炽热	沉睡	财富	面条儿	整治	窗户

yīng dāng	shēng chǎn	fàn guǎn	zhòng shāng	guā zǐ r	mó cā	chéng zhì
应当	生产	饭馆	中伤	瓜子儿	摩擦	诚挚

zhuāng jia	biǎo míng	jìng zhòng	míng pái r	chún chǐ	kuā zàn	dòng xué
庄稼	表明	敬重	名牌儿	唇齿	夸赞	洞穴

zhāo dài	qióng kùn	lǐ xiǎng	sào zhou	bīng líng	zhōu zhuǎn	dāng shì rén
招待	穷困	理想	扫帚	冰凌	周转	当事人

qián pū hòu jì						
前仆后继						

样卷三

zhōng děng	gù shi	nán miǎn	fēng sú	zhēn bí r	chéng jì	dōng běi
中等	故事	难免	风俗	针鼻儿	成绩	东北

chì bǎng	còu he	fěi bó	xióng zhuàng	shuǐ pào	tiáo kuǎn	liǎo jié
翅膀	凑合	菲薄	雄壮	水疱	条款	了结

jūn liè	chà diǎn r	líng mǐn	fēng zheng	yìn shuā	wén míng	bīng gùnr
龟裂	差点儿	灵敏	风筝	印刷	文明	冰棍儿

àn lì	yùn shū	zuò fǎ	zhēng bīng	yā zhī	gè xìng	huā fèi
案例	运输	做法	征兵	桠枝	个性	花费

ké sou	zhì huì	lún chuán	bó gěng r	kǎn kě	shōu tān er	shí hou
咳嗽	智慧	轮船	脖颈儿	坎坷	收摊儿	时候

chāo rén	sì nüè	lì lín	chóng xīn	xuàn rǎn	qiān piào	zhěng qí
超人	肆虐	莅临	重新	渲染	签票	整齐

sù xiě	shēng chǎn lì	lín láng mǎn mù
速写	生产力	琳琅满目

4　作品朗读测试训练

【作品朗读测试考核提示】

应试人在本项考核中应着重关注以下五方面的问题。

1）流畅朗读作品

首先要熟悉作品，在测试中做到不增、不漏、不回读1个音节，句段停连恰当，篇章朗读流畅。在朗读中，还要克服停连不当的错误。所谓"停连不当"，主要指语篇中不该停顿的地方停顿，包括"破词"——肢解多音节词语和"断句"——句中不当停顿而造成歧义或句义错位两种情况。

2）咬准难点音

朗读作品主要是针对语篇的考核，由于篇章中文句、文段的语流较长，所以在训练中特别需要具有咬准难点音的意识与行动。

3）重视音变规律

在朗读作品时，能否正确得体地把握变调、轻声、儿化等音变表现，是应试人普通话水平程度的真实反映，也是普通话高档次达标的重要指标。

4）防止语调偏误

所谓"语调"，指的是语流中的"腔调"表现。语调偏误主要涉及音变生硬、出现方音成分以及词语的轻重格式不稳定等。所谓"音变生硬"，是指轻声词语的"轻""短""模糊"程度不够，"儿化韵"化得不够纯正地道。

5）注意朗读节奏

本测试项目的短文一共有400个音节，限时4分钟。按照正常的朗读节奏，应试人3.5分钟可以从容读完。因此，在朗读时一定要注重把握好节奏，注意避免语速过快或过慢。

朗读中1分钟超过270个音节可视为语速过快。快节奏朗读特别容易产生"错读""漏读""吞字"等现象。朗读中，1分钟少于170个音节可视为语速过慢。

【测试训练】

样卷一

高兴，这是一种具体的、被看得到摸得着的事物所唤起的情绪，它是心理的，更是生理的，它容易来也容易去，谁也不应该对它视而不见、失之交臂，谁也不应该总是做那些使自己不高兴也使旁人不高兴的事。让我们说一件最容易做也最令人高兴的事吧,尊重你自己,也尊重别人,这是每个人的权利,我还要说这是每个人的义务。

快乐,这是一种富有概括性的生存状态、工作状态。它几乎是先验的,它来自生命本身的活力,来自宇宙、地球和人间的吸引,它是世界的丰富、绚丽、阔大、悠久的体现。快乐还是一种力量,是埋在地下的根脉,消灭一个人的快乐比挖掉一棵大树的根要难得多。欢欣,这是一种青春的、诗意的情感,它来自面向着未来伸开双臂奔跑的冲力,它来自一种轻松而又神秘、朦胧而又弥漫的隐秘的激动,它是激情即将到来的预兆,又是大雨以后比下雨还要美妙得多也久远得多的回味……

喜悦,这是一种带有形而上色彩的修养和境界。与其说它是一种情绪,不如说它是一种智慧,一种超拔,一种悲天悯人的宽容和理解,一种饱经沧桑的充实和自信,一种光明的理性,一种坚定的//成熟,一种战胜了烦恼和庸俗的清明澄澈。它是一潭清水,它是一抹朝霞,它是无边的平原,它是沉默的地平线。多一点,再多一点喜悦吧,它是翅膀,也是归巢,它是一杯美酒,也是一朵永远开不败的莲花。

节选自王蒙的《喜悦》

样卷二

中国西部我们通常是指黄河与秦岭相连一线以西,包括西北和西南的十二个省、市、自治区。这块广袤的土地面积为五百四十六万平方公里,占国土总面积的百分之五十七;人口二点八亿,占全国总人口的百分之二十三。

西部是华夏文明的源头。华夏祖先的脚步是顺着水边走的:长江上游出土过元谋人牙齿化石,距今约一百七十万年;黄河中游出土过蓝田人头盖骨,距今约七十万年。这两处古人类都比距今约五十万年的北京猿人资格更老。

西部地区是华夏文明的重要发源地,秦皇汉武以后,东西方文化在这里交汇融合,从而有了丝绸之路的驼铃声声,佛院深寺的暮鼓晨钟。敦煌莫高窟是世界文化史上的一个奇迹,它在继承汉晋艺术传统的基础上,形成了自己兼收并蓄的恢宏气度，展现出精美绝伦的艺术形式和博大精深的文化内涵。秦始皇兵马俑、西夏王陵、楼兰古国、布达拉宫、三星堆、大足石刻等历史文化遗产，同样为世界所瞩目，成为中华文化重要的象征。

西部地区又是少数民族及其文化的集萃地，几乎包括了我国所有的少数民族。在一些偏远的少数民族地区，仍保留//了一些久远时代的艺术品种，成为珍贵的"活化石"，如纳西古乐、戏曲、剪纸、刺绣、岩画等民间艺术和宗教艺术。特色鲜明、丰富多彩，犹如一个巨大的民族民间文化艺术宝库。我们要充分重视和利用这些得天独厚的资源优势，建立良好的民族民间文化生态环境，为西部大开发做出贡献。

节选自《中考语文课外阅读试题精选》中《西部文化和西部开发》

样卷三

我为什么非要教书不可？是因为我喜欢当教师的时间安排表和生活节奏。七、八、九三个月给我提供了进行回顾、研究、写作的良机，并将三者有机融合，而善于回顾、研究和总结正是优秀教师素质中不可缺少的成分。干这行给了我多种多样的"甘泉去"品尝，找优秀的书籍去研读，到"象牙塔"和实际世界里去发现。教学工作给我提供了继续学习的时间保证，以及多种途径、机遇和挑战。

然而，我爱这一行的真正原因，是爱我的学生。学生们在我的眼前成长、变化。当教师意味着亲历"创造"过程的发生——恰似亲手赋予一团泥土以生命，没有什么比目睹它开始呼吸更激动人心的了。

权利我也有了：我有权利去启发诱导，去激发智慧的火花，去问费心思考的问题，去赞扬回答的尝试，去推荐书籍，去指点迷津。还有什么别的权利能与之相比呢？

而且，教书还给我金钱和权力之外的东西，那就是爱心。不仅有对学生的爱，对书籍的爱，对知识的爱，还有教师才能感受到的对"特别"学生的爱。这些学生，有如冥顽不灵的泥块，由于接受了老师的炽爱才勃发了生机。

所以，我爱教书，还因为，在那些勃发生机的"特别"学生身上，我有时发现自己和他们呼吸相通，忧乐与共。

节选自（美）彼得·基·贝得勒《我为什么当教师》

5　命题说话测试训练

【命题说话测试训练提示】

1）控制时间

本项测试规定说话时间为 3 分钟，不足 3 分钟按规定严格扣分。时限控制包括说话分量是否充足、停顿是否适当、说话语料是否有效三个方面。

第一，避免因说话分量不够而缺时。应试人在命题说话时，缺时扣分可分为七档。

一档：不足 2 分 40 秒，扣 1 分。

二档：不足 2 分 20 秒，扣 2 分。

三档：不足 2 分钟，扣 3 分。

四档：不足 1 分 20 秒，扣 4 分。

五档：不足 1 分钟，扣 5 分。

六档：不足 40 秒，扣 6 分。

七档：不足 30 秒，本项测试为 0 分。

在时限控制方面，最基本的要素是应试人准备的说话内容必须充足，要保证在正常语速下从容地讲满 3 分钟。

第二，避免因词句之间停顿过长而缺时。有的应试人因说话分量不够或没有准备，故意拉长词句之间的停顿来凑足时间。评分规则有明确规定：说话中因停顿而出现空白，持续 5 秒以上的按缺时累计扣分。

第三，避免因使用无效语料而缺时。所谓"无效语料"，是指或相同或大体相同的语句或字词，或说与话题无关的内容。

2）注意难点音

与前三项测试相比，本项测试的最大的难点一方面是没有文字凭借，一方面是命题说话。很多人将注意力集中在"命题"上，对说话内容过于关注，难以顾及语音的正确性，因此，在训练中仍然需要注重咬准难点音。

3）规范使用词汇、语法

在命题说话中，规范使用词汇、语法也是测试的重要内容，涉及 10 分。规范使用词汇，主要表现为不能使用尚未进入普通话的方言词语和网络流行词语。

4）不要跑题

当应试人在系统所给予的两个话题中选定一个之后，必须扣住话题从一而终。在本项测试中，应试人最容易犯的错误是部分跑题。跑题分为两种情况：其一，不知道需要在两个话题中选择一个，先说一个，再说另外一个，其中一个被判为离题，按缺时扣分；其二，在说话时不知不觉跑题。

5）注意选择话题

首先，尽量不选议论性话题。议论性话题逻辑性比较强，在说话时，一旦对某些句段"失忆"，话语不容易连接，严重的会导致测试终止。其次，对于说话内容，一般不要讲述大喜大悲大怒的事情，因为这对应试人的情绪有较大影响，尤其应尽量避免悲伤的内容。最后，说话内容虽然可以适当引用，但如果大段引用，一般会累计引用语段所用时间比照缺时扣分。

6）注意说话的语体

所谓"语体"，指的是言语的功能体式，是根据交际作用而确定的言语样态或形式。正确的语体是"口语"，需要注意三个方面。

（1）少用华丽的形容词，尽量少用书面词语。

（2）用讲述方式说话。"讲述"表现为使用松散的句式，可引入一些事例来叙述。

（3）忌背稿子。在测试时即使背自己写的稿子，有时也会显得不自然。

7）考前充分准备

普通话水平测试国家教材中有 30 个话题，对话题充分准备是很重要的。

（1）熟悉话题。

普通话水平测试国家教材的 30 个话题如下。

①我的愿望或理想； ②我的学习生活； ③我尊敬的人；
④我喜爱的动物或植物； ⑤童年的记忆； ⑥我喜爱的职业；
⑦难忘的旅行； ⑧我的朋友；
⑨我喜爱的文学或其他艺术形式； ⑩谈谈卫生与健康；
⑪我的业余生活； ⑫我喜欢的季节； ⑬学习普通话的体会；
⑭谈谈服饰； ⑮我的假日生活； ⑯我的成长之路；
⑰我知道的风俗； ⑱谈谈科技发展与社会生活；
⑲我和体育； ⑳谈谈美食； ㉑我的家乡或熟悉的地方；
㉒我喜欢的节日； ㉓我所在的集体； ㉔谈谈社会公德或职业道德；
㉕谈谈个人修养； ㉖我喜爱的书刊；
㉗我喜爱的明星或知名人士； ㉘谈谈对环境保护的认识；
㉙我向往的地方； ㉚购物或消费的感受。

（2）写出说话的提纲。

事先拟出说话的提纲。其模式的基本框架一般是开头点题，中间讲述具体事例，结尾简单总结。

【测试训练】

模板一：我的成长之路

开头：每个人的成长之路也许有相同之处，但更多的还是不同之处，在成长之路上，人人都可以说出自己的故事。

中间：在我的成长之路上，最主要的是读书阶段（工作阶段）。在读书过程中，父母、老师对我各方面都有很直接的影响，例如……（谁教了我什么、谁对我的帮助最大、什么让我最骄傲、什么让我最挫败）；在工作阶段，我对所做的事情，都经历了从不会到会的过程（做什么工作、如何学习、取得哪些成绩、出现哪些失误，举例说明）。

结尾：这就是我的成长之路，它很平常，但装满了我的故事。

模板二：我喜欢的节日

开头：我喜欢的节日比较多，最喜欢的是……（一个或者两个）。

中间：我之所以喜欢这个节日，是因为它具有特殊之处（文化内涵丰富、饮食有特色、玩的地方多、风俗有趣）。记得有一次过这个节日（在哪里过节、和哪些人一起、具体的过程、我接触到什么、什么给我的印象最深刻）

结尾：节日对于每个国家、每个民族来说都是不可缺少的，无论过什么节日，我都觉得很开心。

模板三：谈谈个人修养

开头：注重个人修养是一件很重要的事情，这不仅是个人素质的体现，也是社会和谐的需要。

中间：个人修养可以体现在各个方面，小到人的一举一动，大到治国平天下。我认为个人修养中最需要培养的有几个主要方面，如言谈举止遵守礼节、待人接物宽厚善良、公德意识必须树立等。如今，有的人特别忽视对个人修养的培养（用事例说明身边的某人不讲究个人修养的表现与后果）。

结尾：我认为注重个人修养并不是小节，而是"大节"。

6　普通话水平测试模拟试卷

模拟试卷一

一、读单音节字词（100个音节，共10分，限时3.5分钟）

联	捆	刘	年	槐	智	踹	仰	纺	跨
付	拨	秦	努	颇	静	弱	娟	镁	裆
舔	舌	短	寺	女	篡	童	挤	够	闯
压	挪	邀	克	鳃	乱	闪	肝	饼	捶
韧	选	昌	等	铭	绝	凸	旺	瞟	吓
海	狂	池	扭	巡	伪	砂	歪	抓	啃
霖	朱	深	且	蛰	撮	舱	泵	褪	藕
君	呈	案	伐	鲵	孙	追	涌	确	翁
厚	邹	前	二	标	雌	炯	瑟	摆	饶
稿	居	涮	润	宏	满	阴	暼	襄	谢

二、读多音节字词（100个音节，共20分，限时2.5分钟）

展开	平常	英雄	群体	颁发	学期	小曲儿	
衣服	光荣	恼火	特约	恰好	管理	所有制	
电铃	嘴唇	打拳	软化	聪明	品种	年头儿	
穷苦	奋进	挂帅	日元	心脏	雕塑	锅贴儿	
仍旧	估价	本来	北面	耐烦	云彩	碎步儿	

准则　　索性　　佛门　　考虑　　快乐　　谬论　　粮食
增强　　谎言　　充沛　　回升　　合作社　　轻而易举

三、朗读短文（400个音节，共30分，限时4分钟）

　　三十年代初①，胡适在北京大学任教授。讲课时他常常对白话文大加称赞，引起一些只喜欢文言文而不喜欢白话文的学生的不满。

　　一次，胡适正讲得得意的时候，一位姓魏的学生突然站了起来，生气地问："胡先生，难道说白话文就毫无缺点吗？"胡适微笑着回答说："没有。"那位学生更加激动了："肯定有！白话文废话太多，打电报用字多，花钱多。"胡适的目光顿时变亮了。他轻声地解释说："不一定吧！前几天有位朋友给我打来电报，请我去政府部门工作，我决定不去，就回电拒绝了。复电是用白话文写的，看来也很省字。请同学们根据我这个意思，用文言文写一个回电，看看究竟是白话文省字，还是文言文省字。"胡适刚说完，同学们立刻认真地写了起来。

　　十五分钟过去，胡适让同学举手，报告用字的数目，然后挑了一份用字最少的文言文电报稿，电文是这样写的："才疏学浅，恐难胜任，不堪从命。"白话文的意思是：学问不深，恐怕很难担任这个工作，不能服从安排。胡适说，这份电文写得确实不错，仅用了十二个字，但我的白话电报却只用了五个字："干不了，谢谢！"胡适又解释说："干不了"就有才疏学浅、恐难胜任的意思；"谢谢"既//对朋友的介绍表示感谢，又有拒绝的意思。所以，废话多不多，并不看它是文言文还是白话文，只要注意选用字词，白话文是可以比文言文更省字的。

节选自陈灼主编《实用汉语中级教程》（上）中《胡适的白话电报》

四、命题说话（请在下列话题中任选一个，共40分，限时3分钟）

1. 我和体育
2. 谈谈美食

模拟试卷二

一、读单音节字词（100个音节，共10分，限时3.5分钟）

春　溜　苔　防　碑　苗　促　剜　韧　给
彪　丢　级　衰　冶　响　蛆　永　揉　猴
磕　洒　吭　朗　品　柱　晌　樽　儿　斯
栅　撅　幢　纽　喷　岔　肥　穹　烁　锥
坏　婆　礼　事　疟　樱　茧　掐　灯　悬
塞　蟹　俊　贵　糟　胞　藕　蔫　订　拳
乘　瑟　分　飘　垮　殃　此　薤　团　痣
约　顿　扫　加　怯　率　艇　陨　赡　崔
窝　卦　酿　踹　阀　蹿　酗　弘　偌　播
慢　总　滑　闽　热　广　幕　舔　林　崽

二、读多音节字词（100个音节，共20分，限时2.5分钟）

日常　　草地　　略微　　翻身　　那个　　准确　　面条儿

---

① 指20世纪30年代。

衬衣	迟缓	粉笔	批改	儿童	透彻	避雷针
原则	下达	陪嫁	编辑	强悍	所有	金鱼儿
捐款	风筝	胸膛	窘况	芭蕉	耍弄	邮戳儿
殡葬	铁路	寻求	旅馆	捏合	外孙	打鸣儿
少量	层次	佛教	评估	恐怕	搜刮	洗涤剂
让座	没错	扰民	浮雕	财政	精力充沛

三、朗读短文（400个音节，共30分，限时4分钟）

其实你在很久以前并不喜欢牡丹，因为它总被人作为富贵膜拜。后来你目睹了一次牡丹的落花，你相信所有的人都会为之感动：一阵清风徐来，娇艳鲜嫩的盛期牡丹忽然整朵整朵地坠落，铺撒一地绚丽的花瓣。那花瓣落地时依然鲜艳夺目，如同一只奉上祭坛的大鸟脱落的羽毛，低吟着壮烈的悲歌离去。

牡丹没有花谢花败之时，要么烁于枝头，要么归于泥土，它跨越萎顿和衰老，由青春而死亡，由美丽而消逝。它虽美却不吝惜生命，即使告别也要展示给人最后一次的惊心动魄。

所以在这阴冷的四月里，奇迹不会发生。任凭游人扫兴和诅咒，牡丹依然安之若素。它不苟且、不俯就、不妥协、不媚俗，甘愿自己冷落自己。它遵循自己的花期、自己的规律，它有权利为自己选择每年一度的盛大节日。它为什么不拒绝寒冷？

天南海北的看花人，依然络绎不绝地涌入洛阳城。人们不会因牡丹的拒绝而拒绝它的美。如果它再被贬谪十次，也许它就会繁衍出十个洛阳牡丹城。

于是你在无言的遗憾中感悟到，富贵与高贵只是一字之差。同人一样，花儿也是有灵性的，更有品位之高低。品位这东西为气为魂为//筋骨为神韵，只可意会。你叹服牡丹卓而不群之姿，方知品位是多么容易被世人忽略或漠视的美。

节选自张抗抗《牡丹的拒绝》

四、命题说话（请在下列话题中任选一个，共40分，限时3分钟）

1. 我所在的集体（学校、机关、公司等）
2. 谈谈社会公德（或职业道德）

模拟试卷三

一、读单音节字词（100个音节，共10分，限时3.5分钟）

优	溃	疮	垦	公	饵	拈	琼	丝	叠
亿	嫂	银	许	蜜	峡	闩	溜	喻	俩
褪	帽	濒	矩	廖	霜	号	猛	彪	纯
奶	旺	轴	复	寻	浙	凭	俊	氧	泼
虎	耿	鲜	无	猜	懂	蛮	邹	嫩	扮
雁	爵	仓	耍	斟	抗	权	忑	贼	窜
娘	概	女	肥	拽	熊	槐	捉	池	轩
左	樊	热	庞	挂	灵	却	凳	寄	荧
闰	渴	案	奖	佛	咬	环	得	握	押
日	损	绍	怯	擦	囤	蹶	穿	砸	漏

二、读多音节字词（100个音节，共20分，限时2.5分钟）

包括　堵塞　产品　淳朴　村镇　凳子　聊天儿

比赛	沸腾	盯梢	病菌	篱笆	抚恤	俱乐部
率领	选取	简陋	庄稼	租赁	供奉	人影儿
钻研	似乎	策略	洱海	热爱	踊跃	梨核儿
卡车	难民	畜生	享受	窘迫	业余	干活儿
挖掘	群居	揉搓	药丸	荒谬	老鹰	驯兽员
笼罩	矿藏	谴责	凯旋	芦苇	络绎不绝	

三、朗读短文（400个音节，共30分，限时4分钟）

朋友即将远行。

暮春时节，又邀了几位朋友在家小聚。虽然都是极熟的朋友，却是终年难得一见，偶尔电话里相遇，也无非是几句寻常话。一锅小米稀饭、一碟大头菜、一盘自家酿制的泡菜、一只巷口买回的烤鸭，简简单单，不像请客，倒像家人团聚。

其实，友情也好，爱情也好，久而久之都会转化为亲情。

说也奇怪，和新朋友会谈文学、谈哲学、谈人生道理，等等，和老朋友却只话家常，柴米油盐，细细碎碎，种种琐事。很多时候，心灵的契合已经不需要太多言语来表达。

朋友新烫了个头，不敢回家见母亲，恐怕惊骇了老人家，却欢天喜地来见我们，老朋友颇能以一种趣味性的眼光欣赏这个改变。

年少的时候，我们差不多都在为别人而活，为苦口婆心的父母活，为循循善诱的师长活，为许多观念、许多传统的约束力活。年岁逐增，渐渐挣脱外在的限制与束缚，开始懂得为自己活，照自己的方式做一些自己喜欢的事，不在乎别人的批评意见，不在乎别人的诋毁流言，只在乎那一份随心所欲的舒坦自然。偶尔，也能够纵容自己放浪一下，并且有一种恶作剧的窃喜。

就让生命顺其自然，水到渠成吧，犹如窗前的//乌桕，自生自落之间，自有一份圆融丰满的喜悦。春雨轻轻落着，没有诗，没有酒，有的只是一份相知相属的自在自得。

节选自（中国台湾）杏林子《朋友和其他》

四、命题说话（请在下列话题中任选一个，共40分，限时3分钟）

1. 我尊敬的人
2. 谈谈卫生与健康

模拟试卷四

一、读单音节字词（100个音节，共10分，限时3.5分钟）

折	越	许	滕	缓	昂	翻	容	闻	选
恰	子	撇	我	德	熊	池	械	图	固
皮	和	装	刘	出	款	高	农	波	翁
失	飞	眼	币	咋	低	假	信	辆	豹
藏	吕	您	魂	莫	捧	躺	粉	枪	嚷
招	兵	案	鸥	对	测	娟	瘫	挂	阔
柴	懒	敷	要	住	艘	旗	拔	拖	坑
润	喘	游	美	黑	穷	绞	军	嫩	巢
咬	仍	儿	蠢	帘	懂	所	崔	所	凑

二、读多音节字词语（100个音节，共20分，限时2.5分钟）

人群	亏损	窘迫	纯粹	别扭	其次	状况
伯母	解说	放射	弟子	保存	虽然	恰当
被窝儿	宣布	责怪	展览	天体	程序	快乐
佛经	封锁	军事	作恶	下列	白净	烟卷儿
频率	虐待	未曾	物品	消息	填充	类似
小丑儿	传统	力量	厚道	旁听	从而	转悠
追求	下列	隔壁	存在	特征	主张	纯粹

三、朗读短文（400个音节，共30分，限时4分钟）

一个大问题一直盘旋在我脑袋里：

世界杯怎么会有如此巨大的吸引力？除去足球本身的魅力之外，还有什么超乎其上而更伟大的东西？

近来观看世界杯，忽然从中得到了答案：是由于一种无上崇高的精神情感——国家荣誉感！

地球上的人都会有国家的概念，但未必时时都有国家的感情。往往人到异国，思念家乡，心怀故国，这国家概念就变得有血有肉，爱国之情来得非常具体。而现代社会，科技昌达，信息快捷，事事上网，世界真是太小太小，国家的界限似乎也不那么清晰了。再说足球正在快速世界化，平日里各国球员频繁转会，往来随意，致使越来越多的国家联赛都具有国际的因素。球员们不论国籍，只效力于自己的俱乐部，他们比赛时的激情中完全没有爱国主义的因子。

然而，到了世界杯大赛，天下大变。各国球员都回国效力，穿上与光荣的国旗同样色彩的服装。在每一场比赛前，还高唱国歌以宣誓对自己祖国的挚爱与忠诚。一种血缘情感开始在全身的血管里燃烧起来，而且立刻热血沸腾。

在历史时代，国家间经常发生对抗，好男儿戎装卫国。国家的荣誉往往需要以自己的生命去//换取。但在和平时代，唯有这种国家之间大规模对抗性的大赛，才可以唤起那种遥远而神圣的情感，那就是：为祖国而战！

节选自冯骥才《国家荣誉感》

四、命题说话（请在下列话题中任选一个，共40分，限时3分钟）

1. 我的家乡
2. 谈谈学习生活

模拟试卷五

一、读单音节字词（100个音节，共10分，限时3.5分钟）

写	师	魔	来	悦	攥	豆	糊	伐	田
惨	烘	粗	脊	囊	聚	抠	梢	翡	盾
总	元	淘	鸟	持	菊	靓	强	返	手
谜	闯	瞻	鑫	峰	掠	吴	恩	次	杯
丢	孔	雨	纹	丑	讽	熬	听	荣	沙
距	阔	沟	二	果	栏	带	讽	鬃	指

下　贵　甩　蹭　盆　押　遮　拢　劳　仓

二、读多音节字词（100个音节，共20分，限时2.5分钟）

因而	眉头	千瓦	笼子	感慨	拥有	调和
腿部	规则	从而	色彩	压力	荒谬	灭亡
国民	白色	欧洲	篡改	歌曲	念叨	钢镚儿
承受	走访	僧尼	硫酸	挨个儿	黄昏	通讯
党委	红娘	偶然性	继续	需要	一点儿	重叠
天窗儿	妇女	另外	饼子	公共	定额	传导
烤火	外界	上层	撂下	潮水	栽培	挨个儿

三、朗读短文（400个音节，共30分，限时4分钟）

　　我国的建筑，从古代的宫殿到近代的一般住房，绝大部分是对称的，左边怎么样，右边也怎么样。苏州园林绝不讲究对称，好像故意避免似的，东边有了一个亭子或者一道回廊，西边决不会来同样的亭子或者一道同样的回廊。这是为什么？我想，用图画来比方，对称的建筑是图案画，不是美术画，而园林是美术画，美术画要求自然之趣，是不讲究对称的。

　　苏州园林里都有假山和池沼。

　　假山的堆叠，可以说是一项艺术而不仅是技术。或者是重峦叠嶂，或者是几座小山配合着竹子花木，全在乎设计者和匠师们生平多阅历，胸中有丘壑，才能使游览者攀登的时候忘却苏州城市，只觉得自身在山间。至于池沼，大多引用活水，有些园林池沼宽敞，就把池沼作为全园的中心，其他景物配合着布置。水面假如成河道模样，往往安排桥梁。假如安排两座以上的桥梁，那就一座一个样，决不雷同。池沼或河道的边沿很少砌齐整的石岸，总是高低屈曲任其自然。还在那儿布置几块玲珑的石头，或者种些花草；这也是为了取得从各个角度看都成一幅画的效果。池沼养着金鱼或各色鲤鱼，夏秋季节荷花或睡莲开//放，游览者看"鱼戏莲叶间"，又是入画的一景。

节选自叶圣陶《苏州园林》

四、命题说话（请在下列话题中任选一个，共40分，限时3分钟）

1. 难忘的旅行
2. 我喜欢的季节

模块二　运用训练

任务

1　交谈

美国哈佛大学前校长伊立特曾这样说过:"教育中,想要造就一个有修养的人,其中一种训练必不可少,那就是优美、高雅的谈吐。"交谈,是人们运用有声语言和态势语言相互交流信息、传情达意的社会活动,是思想碰撞和情感交流最直接、最快捷的途径。好的交谈者说话时意图明确,情感真挚,思路清晰,话语如涓涓泉水,令人醍醐灌顶,给人慰藉和满足感。可见,交谈是沟通情感的重要方式。

在现实的人际交往中,人们不注意交谈的语言艺术,经常出现用错词、不注意词语的色彩、选错话题等导致交往失败或影响人际关系的情况。如何才能成为一位好的交谈者呢?

【交谈的原则】

1. 准确原则

生活中,如果在交谈时,词不达意、前言不搭后语,那就很容易被人误解,从而达不到交际的目的。因此,在表达思想感情时,说出的语句应符合规范,避免使用似是而非的语言。不仅要做到发音标准、吐字清晰,还要注意去掉过多的口头语,语句停顿要准确,思路要清晰,谈话要有轻重缓急,这样才能让交流畅通无阻。另外,还要注意在交谈时尽量不过多地使用书面语或专业术语,因为这样会让人感到太过正规和拘束,也不容易让人准确地理解想要表达的意思以及感情。

[小故事] 自作自受

古时候有一位书生突然被蝎子蜇了,他便对妻子喊道:"贤妻,速燃银烛,你夫为虫所袭!"他的妻子没有听明白,书生更着急了:"身如琵琶,尾似钢锥,叫声贤妻,打个亮来,看看是什么东西!"其妻仍然没有领会他的意思。书生疼痛难熬,不得不大声吼道:"快点灯,我被蝎子蜇了!"真乃自作自受。

2. 适度原则

交谈的适度原则包含以下方面。

(1)适时。适时,指的是在交谈时要掌握说话的时机。在社交场合中,最令人反感的就是不分时间、地点、对象,随心所欲地侃侃而谈。该说时犹豫不决、吞吞吐吐,不该说时却喋喋不休、长篇大论,或者在庄重、悲伤的场合玩笑嬉闹,在别人心绪不宁时滔滔不绝,以上这些行为都属于交谈中的禁忌。

（2）适量。适量，指的是在与他人交谈时，要掌握说话量。在社交场合中不要动辄喋喋不休，但也不要闭口不言，更不要语气语调没有起伏变化地念经式交谈。俗话说"言多必失""过犹不及"，在人际交往中，交谈适量的标准以说话达到目的为宜。适量的交谈不仅指说话要适当，还包括声音的大小要适中，声音过大或过小都不利于交谈。应根据交谈时所处的环境来调整声音，在大庭广众之下说话声音宜大一点，在封闭的空间如地铁上、会议室里，交谈音则要适中，如果与密友、恋人交谈，则小声更为适宜，因为小声可以体现亲密无间的特殊关系，给人一种亲切感和舒适感。

（3）适度。适度，指的是与人交流时应把握说话的分寸感。应根据不同的对象把握交谈的深浅度，根据不同的场合把握交谈的得体度，根据不同的身份把握交谈的分寸度。根据交谈需要，适当加上一定的肢体语言可实现更好的交流效果。注意在使用肢体语言时，也要把握好度，切记动作夸张。否则会让交谈失败，甚至导致尴尬的局面。

3. 礼貌原则

在交谈中要注意做到语言文明，礼节、礼仪周到恰当，要特别注意称呼得体、措辞得当、语气柔和、态度亲切。这里所讲的礼貌，一方面要反映表达者的思想和文化道德修养，另一方面要让社交对象感觉舒适，有继续沟通交流下去的意愿。交谈的礼貌原则主要有以下几点。

（1）交谈礼仪必不可少。交谈时，打断对方随意插话、替别人说话，特别是在对方的话还没有说完的时候转身离开、与其他人搭话等，这些都是不礼貌的行为。不仅如此，交谈时不顾他人而自顾自地喋喋不休，最让人厌烦。还要注意，他人交谈的时候不要凑前旁听。

（2）态度亲切，语气和缓。与人交谈时，要注意语气的调节，例如，对没有听清楚的地方可以再次询问，但要注意语气态度，不要使用盘问、怀疑的口吻；居高临下、故意卖弄和咬文嚼字也同样不可取。

（3）尊重对方。贯穿交谈全过程的关键原则就是要尊重听者，这也是尊重话者的体现。不要随意否定和评价对方的言论和想法，即使面对很亲近的朋友，在公众场合也要尊重对方。不要对问题抱有先入为主的态度，心不在焉地答复，这都会给人轻率、蔑视、漫不经心的感觉。

（4）要避免语言粗俗。与人交谈时，应使用文明礼貌用语。在交谈话题上，还要考虑在场人的心理感受和宗教、民族等禁忌，特别要注意不要触及对方的心理"雷区"。

例如：

在20世纪70年代的一次外贸谈判中，中方代表拒绝了一位红头发的西方外商的无理要求，外商恼羞成怒，竟然出口伤人："代表先生，我看你皮肤发黄，大概是营养不良导致你思维紊乱吧！"

中方代表马上反驳道："先生，我既不会因为你的皮肤是白色的，就说你严重失血，导致你思维紊乱，也不会因为你的头发是红色的，就说你吸干了他人的血，导致你头脑发昏。"

正如一位智者曾经说过的一句话："世界上有三样东西是追不回来的——射出的箭、说出的话和失去的机会。"因此，我们在与人沟通的时候，一定要把握好语言的分寸。有时，在你看来一句无心的话、一个无意的举动，很可能成为伤害他人自尊的利剑，轻则引起对方的反感，重则引发激烈的冲突。

4. 求同存异原则

古语说："君子和而不同"。每个人因为生活背景不同而对某些问题持有不同的观点和见解，这是再正常不过的事情，交谈的主要目的就是交流感情、互通有无、取长补短。双方心平气和地交流，求大同，存小异，哪怕存在矛盾冲突，只有能够在不违背原则的前提下适当地妥协，就可能实现双赢。

【交谈的技巧】

交谈是对思维与语言的融合运用，具有一定的方法和技巧，学习这些方法和技巧，不仅能够提高人际交往能力，还可以锻炼和培养口才。具体来说，交谈的技巧包括以下几点。

1. 善于寻找话题

一般来说，交谈总是即兴而发，并无事先拟定的话题。交谈话题的范围十分广泛，可谓无所不包。但是，如果没有合适的话题，交谈就会陷入尴尬的境地。此时，如果有善于寻找话题的人加入，便可打破僵局，使气氛活跃起来。因此，在日常生活中，如果遇到这种情况，就要学会寻找话题。

（1）寻找共同点。找到交谈者身上的共同点，是最能激起大家参与交谈的方法。例如：同学之间，可以聊聊校园轶事；同事之间，可以谈谈兴趣爱好、工作学习；同龄人之间，可以谈谈生活、家庭情况等，这样能够使交谈者话语投机。

（2）就地取材。天气的阴晴，墙上的字画，书架上的书籍，电视、广播的内容等，这些都可以成为交谈时信手拈来的话题。

（3）按照自己的主观思路入题。有时候，在交谈中，可以把自己的想法、经历、见闻、感受与对方分享，并且引导对方发表议论，从而引发谈话的兴致。

无论什么样的交谈，都要有一定的规范。比如，违背原则、搬弄是非、不合道德的话是不能讲的；在场的某个人或某些人忌讳的内容不适合作为交谈的话题。同时，一旦发现话题不合适，就要及时进行适当的调整，或者暗示，或者提问，或者旁引等巧妙地引开话题，因势利导，使交谈回到正轨。

2. 委婉表达

交谈涉及复杂的心理活动过程。人的微妙心理、自尊心往往在交谈中起到不可忽视的控制作用，它们可能使交谈者产生情绪的波动。因此，对一些人们回避禁忌的事情、可能引起对方不愉快的事情，在交谈时都不能直接陈述，若要表述，应用委婉、含蓄、动听的话语实现交流。常见的委婉表达方式有以下几种。

（1）避免使用主观武断的词语，如"只有""一定""唯一""就要"等词语在交谈中要尽量避免，应采用与人商量的口气。

（2）先肯定后否定。学会使用"是的……但是"这个句式，把批评的话语放在表扬的话语之后，会使否定的内容易于被人接受。

（3）用间接的话语提醒他人的错误或者拒绝他人的要求。过于直接的表述会引起对方的反感、不适或者逆反心理。间接的表达会让对方更容易接受，也可以避免不必要的冲突。

3. 幽默风趣

交谈本身就是交流感情、寻求信息交换的过程。在这个过程中常常会出现不和谐的情形,进而产生争论或分歧。这就需要交谈者随机应变,凭借机智和幽默去打破交谈中的障碍。幽默不仅能化解尴尬局面,还能增强交谈者的语言感染力。这需要说话者拥有高尚的情操、丰富的想象力、乐观的态度、超凡的智慧和自信,幽默不是要小聪明或"卖嘴皮子",而是使语言表达既诙谐又入情入理,体现一定的修养和素质。

[小故事]"还没插秧呢!"

有一次,梁实秋的幼女文蔷自美返台探望父亲,他们邀请了几位亲友,到鱼家庄饭店欢宴。在饭店中,酒菜齐全,但白米饭却久等不来。一催二催之后,仍不见白米饭的踪影。梁实秋无奈,待服务小姐入室上菜之际,戏问:"怎么饭还不来?是不是稻子还没收割?"服务小姐眼都没眨一下,答称:"还没插秧呢!"这本是一个不愉快的场面,但经服务小姐的妙答,举座大笑。

4. 赞美对方

托尔斯泰说:"就是在最好的、最友善的、最单纯的人际关系中,称赞和赞许也是必要的,正如润滑油对轮子是必要的,可以使轮子转得快。"赞美,是对对方的语言表达进行鼓励,可以激发对方更深入和全面地阐述自己的观点。适当地赞美对方是礼貌,可以获得良好的沟通效果。当然,赞美必须发自内心。赞美的对象应该是被赞美者具体的行为和成果,而不是笼统地夸对方。

5. 迂回诱导

在交谈中,有时有些内容不便于直说,这时开门见山、直陈胸臆的方法就行不通了,但如果采取迂回诱导的技巧,则能得到曲径通幽、柳暗花明的效果。

据说,鬼谷子有一本兵书秘笈,他想把兵书传给弟子孙膑与庞涓中的一个。一天,鬼谷子把两个弟子召到面前说:"老师要考考你们两个,谁更聪明,老师就把兵书传给谁。考题就是看谁能把我骗出屋子。"庞涓当仁不让,说:"老师,我先来!"他想了种种办法引诱鬼谷子,但老先生始终一笑置之。轮到孙膑了,孙膑皱紧了眉头,说:"老师,我也没有办法把您骗出去。要是您在门外,要我把您骗到屋里,倒可以试试。"鬼谷子说:"那也行,你试试。"然后起身离座到了屋外……

孙膑面对老师的难题没有从正面寻找突破口,而是采用了以退为进、迂回诱导的办法,巧妙地实现了自己的目标。

6. 转移话题

一般来说,在交谈中不应该转移话题,但如果在交际交流中继续同一话题会导致沟通障碍,就需要果断地随机应变,转移话题。

谌容的小说《人到中年》中有一段傅家杰和陆文婷的对话,如下所示。

"你呢,你喜欢诗吗?"他问她。

"我?我不懂诗,也很少念诗。"她微笑着略带嘲讽地说,"我们眼科是手术科,一针一剪都严格得很,不能有半点儿幻想的……"

"不,你的工作就是一首最美的诗。"傅家杰打断她的话,热切地说,"你使千千万万人重见光明……"

傅家杰想以"诗"为话题展开交谈,但偏偏与陆文婷的嘲讽不期而遇。这时,傅家杰巧妙地以"诗"为轴,很自然地由谈论诗转到了对陆文婷工作的赞美,显示了他高超的交际艺术。

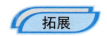

礼貌用语一览见表1。

表1 礼貌用语一览表

序号	类型	举例
1	问候用语	您好/各位好/女士好/先生好/早上好/中午好/下午好/晚安
2	欢迎用语	欢迎/欢迎光临/见到您很高兴
3	送别用语	再见/回头见/慢走/走好/欢迎再来/保重/一路平安/旅途顺利
4	请托用语	请稍候/请让一下/劳驾/拜托/打扰了/请您帮我一个忙/劳驾您替我看一下这件东西/拜托您为这位女士让一个座位
5	致谢用语	××先生,谢谢/谢谢您/十分感谢/多谢/有劳您了/让您费心了/上次给您添了不少麻烦
6	征询用语	您需要帮助吗/我能为您做点什么
7	应答用语	是的,很高兴能为您服务/好的,我明白您的意思/请不必客气,这是我们应该做的/请多多指教/过奖了/不要紧/没关系
8	赞赏用语	太好了/真不错/对极了/相当棒/非常出色/您真有眼光/您的观点非常正确,看来您一定是一位内行/承蒙夸奖,得到您的肯定,我很开心
9	祝贺用语	祝您成功/一帆风顺/心想事成/身体健康/生意兴隆/全家平安/节日快乐/活动顺利/新年好/春节快乐/生日快乐/旗开得胜,马到成功
10	推脱用语	您可以到对面的商场去看一看/我可以为您向其他专卖店询问一下/因为提前安排了其他事情,所以很抱歉不能接受您的邀请
11	道歉用语	抱歉/对不起/请原谅/失礼了/失言了/失陪了/失敬了/失迎了/不好意思,多多包涵/很惭愧/真的过意不去

【交谈中的禁忌】

交谈并不是无话不说,无事不谈,真正有效、有艺术、有水平的交谈是有一定的禁忌的。交谈中的禁忌如下。

1. 忌居高临下

在交谈中,切不可给人以"高高在上"之感,不管身份多高、背景多强、资历多深,都应放下架子,平等地与人交谈。

2. 忌自我炫耀

在交谈中,切忌在别人面前炫耀自己的长处、成绩,以免让人反感。

3. 忌口若悬河

在交谈中,切忌不要只顾自己,口若悬河,侃侃而谈,应该顾及对方的情绪、状态,通过观察及时终止交谈或转移话题。

4. 忌心不在焉

当听别人讲话时，思想要集中，不能左顾右盼，精神恍惚。眼睛可以时不时看向对方，并不时点头微笑示意。切忌面带倦容、神情木然、毫无表情。

5. 忌随意插嘴

与人交谈时，要有耐心地让人把话说完，不要轻易打断别人的话。

6. 忌节外生枝

交谈时，要紧扣话题，不能节外生枝。

7. 忌搔首弄姿

与人交谈时，姿态要自然大方、优雅得体，手势动作要恰如其分。切不可指指点点，挤眉弄眼，更不要挖鼻掏耳，给人轻浮或缺乏教养的印象。

8. 忌挖苦嘲弄

若他人在讲话时出现了错误或不妥，不应嘲笑，特别是在人多的场合尤其不可如此，否则会让对方的自尊心受到伤害。不要对交谈以外的人说长道短，这不仅伤害了他人，也伤害了自己。

9. 忌言不由衷

在交谈中，对不同的观点，不要一味附和，可以根据情况婉转地表达自己的见解。也不要胡乱赞美、随意恭维他人，否则会让人觉得不真诚。

10. 忌故弄玄虚

切勿将人们习以为常的事情有意"加工"得神乎其神，让人捉摸不透，这会让人反感。

11. 忌冷暖不均

当几个人一起交谈时，切忌区别对待不同的人，冷暖不均的交谈会令人不快。

12. 忌短话长谈

切不可在谈话中"没事找事""无事生非"，随意找个话题侃侃而谈，浪费他人的宝贵时间，要做到适可而止，提高谈话的效率。

课堂演练

1. 思考与练习

（1）在课堂上，老师请班里普通话不太标准的小明上台讲故事。小明刚说"我今天给大家讲的故事的名字是'金斧和银斧'。"台下调皮的小亮就接口："什么，鸡骨和鱼骨？"教室里同学们都大笑起来。请问，如果你是小明，你会如何调控现场？如果你是老师你会怎么做？

（2）春游出发之前，大家在讨论带什么点心糖果。一位同学问李辉："你带什么？"李辉默然不语。原来李辉在父母离婚后与母亲生活在一起，母亲下岗在家没钱买点心糖果。如果你是班长或李辉的班主任，此时你会如何与李辉和同学们交谈，以便在保护李辉自尊心的前提下妥善调控现场？

2. 情景模拟训练

有个朋友到你家串门，天很晚了，他还东拉西扯个没完。你很困，又不好意思直接叫他回去。现在请你在不伤害彼此感情的前提下婉转地表达送客之意。

头脑风暴

根据所学知识，对下列案例进行点评。

（1）甲、乙两人初次见面。甲谈起了前几天发生的一件有趣的事情："那天真是刺激，我们在雨中上山，真不得了……"话还没有说完，乙说："你要注意啊，下着雨上山是不行的！"甲一下子就不知道该不该继续讲自己那天的经历了，只好说："你说得有道理。"双方再无话可说了。

（2）每次班会，李特都积极发表自己的见解，但班上有些同学却看不惯他这种积极表现自己的行为，不时对他的言行加以责难和批评。每遇到这种情况，李特并不将此视作同学们与自己过不去，相反却总能控制好自己的情绪，虚心倾听，真诚请教。慢慢地，一些故意找碴的同学反倒过意不去，提的意见也中肯起来，逐渐改变了对李特的看法。

拓展延伸

欣赏下面的小故事，谈谈你的想法。

郑板桥在潍县当县令的时候，曾经查处了一个叫作李卿的恶霸。李卿的父亲李君是当朝的刑部大官，他听说了此事之后，立即找郑板桥说情。

李君来到郑板桥的家里，只见旁边的几案上放着文房四宝，于是他眼珠子一转，心中有了主意，对郑板桥说："郑兄，你我题诗作画助助兴，如何？"郑板桥爽快地说道："李大人请便！"

李君也不客气，当即拿起笔，在纸上画了一片尖尖的竹笋，上面飞着一只乌鸦，郑板桥见了，也不搭话，挥笔画了一丛细长的兰草，中间还有一只黄蜂在飞舞。李君画完后，笑眯眯地对郑板桥说："郑兄，我这画可有名堂，叫作'竹笋似枪，乌鸦真敢尖上立'"。

郑板桥微微一笑，说道："李大人，我这画也有名堂，叫作'兰叶如剑，黄蜂偏向刃中行'！"

李君听了郑板桥之言，知道来硬的不行，于是提笔在纸上写下四字："燮乃才子"。郑板桥一看，知道他是在夸自己，于是笑着提笔在纸上也写下四字："卿本佳人"。李君心中不由欣喜，说道："我这'燮'字可是郑兄的大名，你的'卿'字可是……"郑板桥笑着说："那当然就是贵公子的宝号了！"李君听了眉开眼笑，说道："承蒙郑兄关照，既然说我子是佳人，那就请郑兄手下留情……"

郑板桥笑着说："李大人，你怎么糊涂了？唐代李延寿不是说过'卿本佳人，奈何作贼'吗？"李君一听，变了脸色，气愤地离开了。

2　面试

面试是通过书面、面谈或线上交流（视频、电话）的形式来考查一个人的工作能力与综合素质，是一种经过组织者精心策划的招聘活动。在特定场景下，面试是以面试官对应聘者的言谈举止和行为动作的观察为主要手段,由表及里地测评应聘者的知识、能力、经验、技巧和综合素质等的考试活动。

史上最牛的面试

齐桓公和管仲,一位是春秋霸主,九合诸侯,一匡天下;一位是一代名相,睿智豁达。管仲帮助齐桓公书写了春秋历史上最辉煌的传奇。他们两人一君一臣,如同鱼和水一般密不可分。最初,管仲经历了一场"史上最牛的面试"。齐桓公为求人才对管仲进行了为期三天三夜的"面试",在面试中管仲侃侃而谈、语惊四座,游刃有余地化解了齐桓公精心准备的三道面试题,从而彻底得到了齐桓公的认可,成为齐国的宰相,也成就了齐桓公的霸业。

中国是世界上最早建立考试制度的国家。面试的源头最早可追溯到公元前21世纪,尧把自己的两个女儿都嫁给了舜,对舜的"德"进行了考查,又让自己的儿子辅佐舜,对舜的"才"进行了考查,最后完成了对舜的测试,禅位于舜。汉代的面试称为接问,隋唐的面试称为策问,后来普遍应用于科举。如今,面试已经成为企业选拔人才的最重要的环节。

【面试的种类】

1. 非结构化面试

非结构化面试是对与面试有关的因素不作任何限定的面试,也就是通常没有任何规范的随意性面试,如一些企业以聊的天方式进行提问的面试等。

2. 结构化面试

结构化面试是最常见的面试种类,又叫作流程面试,即按照提前设定好的内容与流程进行面试,其最大的特点就是按照预先设定的面试提纲,对应试者进行面试。面试内容根据各个岗位特点进行设计,一旦标准确定,一般不会轻易变动,应试者针对问题进行回答,然后按照标准对整个环节过程进行评分。

3. 无领导小组讨论

无领导小组讨论就是对应试者进行分组,一般一组5~7个人,所分小组不设领导,提出一个与工作相关的问题,让小组成员在规定时间内进行讨论,最后得出结果。在整个过程中让所有应该者自行排位、自由组织,面试官只是通过观察每个应试者在讨论中的表现对应试者进行评价。

4. 情景模拟面试

情景模拟面试是面试官设定一个情景,如提出一项工程计划,让应试者以某种特定角色,在设定的工作环境中进入工作角色,通过特定角色的表现来测试应试者是否具备岗位胜任能力的一种面试方式。

【面试考查的主要内容】

1. 举止仪表

主要考查体型、外貌、气色、衣着举止、精神状态等。工作态度、责任心强、自律性等往往会通过仪表、衣着、举止等外在形象表现出来。想在面试中给面试官留下一个好印象,首先要在举止仪表上下功夫。

2. 言语表达能力

主要考查面试中应试者是否能够将自己的思想、观点、意见以及建议想法等用语言顺畅、准确地表达出来。考查的具体内容包括：表达的逻辑性、措辞的准确性、语言的感染力、音质、音色、音量、音调等。

3. 求职动机与拟任职位的匹配性

主要考查应试者求职的主观意愿、工作态度，通过问题的巧妙设置以及应试者的回答内容来判断应试者在主、客观方面能否满足拟任职位所需工作要求。

4. 专业能力

面试时面试官还会了解应试者掌握专业知识的深度和广度，这是对笔试的必要补充，从而判断应试者是否具备拟任职位所需的其他专业知识。

5. 计划组织协调能力

主要考查应试者是否具备拟任职位必须具备的基本的计划组织协调等方面的工作能力。

6. 应变能力

主要考查应试者对面试官所提问题的理解是否准确贴切，以及回答是否迅速、准确，在遇到突发情况时，反应是否机智敏捷，对于意外事件的处理是否妥当等。

7. 人际交往的意识与技巧

主要考查应试者的人际交往倾向和与人相处的能力与技巧，从而判断应试者在拟任职位上是否能处理好人际关系以及是否拥有团队协作精神。

8. 自我情绪控制

主要考查应试者面对工作压力时的自我控制、自我协调能力，从而判断应试者在拟任职位上是否能理智、克制地面对工作压力带来的负面情绪以及在面对高压时妥善处理事务的能力。

9. 综合分析能力

主要考查面试中应试者是否能对面试官所提出的问题，通过自己的分析抓住本质，并且能透彻、全面、条理清晰地进行分析。

【面试的准备】

"知己知彼，百战不殆"——成功的面试来自精心、全面的准备。掌握的信息越多，胜算就越大。面试中精心的准备不仅可以表现出有意愿、有能力胜任该项工作，同时也表达出对面试单位的尊重与重视，给对方留下好印象。

1. 信息准备

（1）对自己的基本信息要充分了解，如自身的技能水平、文化水平、特长、优势、劣势、未来的职业发展目标、工作期待等。只有对自己有充分的了解和认识，才能将自己的优势展现给用人单位，从而让用人单位对自己有更全面的了解和认识。

（2）对用人单位的相关信息要充分了解，如主营业务范围、产品型号、服务种类、企业的发展需求、生产经营状况、企业文化、未来前景、员工工作条件、福利待遇、企业对人才的重视程度以及对员工的培养途径等。充分掌握用人单位的信息既可以让用人单位感受到应试者的诚意，又可以帮助应试者更好地了解企业，从而做好自己的职业规划。

（3）对大环境要充分了解，如目前的就业情况、相关行业整体背景、上下游行业发展现状等。

2. 材料准备

参加面试不仅要准备好个人简历、自荐信、成绩单，还要准备好相关证书及证明材料，如外语、计算机、职业技能等级证书以及各类获奖证书等。

3. 心态准备

在面试时要充满信心，保持良好的心态。

4. 礼仪准备

礼仪准备既包括面试时应遵守的礼仪规范的准备，也包括仪态、仪表的准备。在面试前要保证充分的睡眠和愉快的心情，以保持良好的精神状态，还应注意修饰自己的仪表，穿着打扮要与拟任职位匹配。

【技巧及策略】

面试中踩过的"坑"

中国青年报社社会调查中心联合问卷网，对1 336名受访者进行的一项调查显示，93.8%的受访者在面试中踩过"坑"，55.2%的受访者表示自己容易"过度紧张，说话结巴、没条理"，47.6%的受访者表示"不够了解行业/企业信息，答不上题"。在贵州从事互联网招聘工作的李加兴表示，简历过度"包装"让他十分反感，"简历跟实际情况完全不一样，很'败'好感"。他还表示，迟到、仪容仪表不符合规范等也让人难以容忍，"一个人是否真诚往往从这些细节体现出来"。

另外，长篇大论，没有逻辑和重点（32.9%）；过度准备消耗精力，导致面试状态不佳（27.40%）；精准"踩雷"，忽视企业的招聘要求（27.2%）；口无遮拦，该说的不该说的都说（26.2%）和过度美化简历，在面试中被戳穿（24.0%）等也是受访者在面试中踩过的"坑"。

［案例导入］在北京从事市场调研的左悦敏最近正在寻找新工作。她表示面试中过度紧张是最困扰自己的问题："每次面试时都非常紧张，说话结巴，前后语句也不连贯。"左悦敏坦言，在过度紧张的状态下，往往没有办法很好地展现自己的能力，"有时大脑是懵的，长篇大论，但中心思想没有表达出来，会让人误解"。另一位求职者黄玲玲也感觉，沟通能力在面试中比较重要，如果求职者使用了一定的沟通技巧，面试成功率会高一点，"专业知识扎实，但沟通表达不到位，有可能使面试结果不理想"。在上述案例中，可以发现语言表达、沟通能力在面试中具有非常重要的作用。那么除了语言表达、沟通技巧，还有什么小技巧可以帮助我们成功完成面试呢？

1. 用心倾听

倾听是一种重要的交流信息的技巧。面试的实质就是通过信息交流对应试者进行全面评价的过程，在形式上充分体现为"说"和"听"。应试者用心倾听，不仅显示对面试官的尊重，还能够抓住问题的实质，否则可能不得要领，答非所问。

因此，在面试中应注意以下几点。

（1）目光要专注。要有礼貌地注视面试官，并且要不时地与面试官进行眼神交流，不要东张西望，也不要低头忽视与面试官的眼神交流。

（2）尽量微笑。微笑可令气氛活跃，缓解紧张情绪，但决不可态度不端正地篾笑、嘲笑，也不可开怀大笑。

（3）用点头的形式对面试官的话语作出回应，并适时回答面试官的问题，对面试官的评价要虚心接受并且给予回应。

（4）身体要稍向前倾斜，不要有太多的姿势或者动作。

2. 答题思维

思维科学认为，思维是人接收信息、存储信息、加工信息以及输出信息的活动过程，是概括地反映客观现实的过程。要在面试中脱颖而出，就要学会用正确的思维方式去思考问题。

（1）阳光思维。要善于发现事物积极的一面，在遇到困难的时候多着眼于有利、有益的方向和趋势。阳光思维使人向前看，使人始终乐观自信、进取向上。

（2）辩证思维。在面试的过程中，答题的时间是有限的，面面俱到、透彻分析是不可能的，这就要求重点突出，围绕自身情况、社会现实等重点去分析问题，同时，在分析问题和解决问题的过程中也要单刀直入，直接抓住问题的本质，用全面的、联系的、发展的观点看问题。

（3）逻辑思维。有逻辑地表达是一个很重要的技能。有逻辑、有条理地表达观点和想法，不仅能把事情讲得更清楚，别人也能听得更明白。尤其在面试时，面试官在短短的几分钟之内对应试者作出评价，这就更需要应试者能够运用逻辑思维能力，有条理地把事情说清楚。

3. 语言艺术

语言表达既要清楚准确、通俗易懂，又要富有美感和吸引力。这就要求应试者做到以下几点。

（1）简明扼要。面试中的交谈受时间和内容范围的限制，一定要用最简明扼要的话语传递尽可能多的信息。通常要注意三个问题：一要紧扣题意回答；二要避免啰唆重复；三要去掉口头禅。

（2）通俗易懂。这是对应试者的语言风格的要求，即应试者的语言要通俗朴实。在进行语言表达时，首先要通俗化、口语化，避免使用过于书面化的语言。片面追求语言的新奇华丽，会给人以炫耀之嫌，必定使人反感。

（3）语速适中。说话的节奏会影响语言表达的质量和效果，这就是应试者不可忽视的语速问题。说话时要注意语句的停顿，表现出思路清晰、沉着冷静。另外，在面谈时还应注意语气要平和，语调要恰当，音量要适中。

4. 实事求是

在大多数面试中，面试官通常会提出几个预先设计好的问题，留下70%或80%的时间聆听面试者的回答并对其进行全方位的观察，从答案中考查应试者是否具有招聘岗位匹配的经验和技能，进而预测应试者的品行、专业水平以及人际交往能力等。在面试中，个人的诚信度也是一项考核指标，因此，在80%的自我陈述的时间里，最重要的一个原则就是实事求是，要从本人的实际情况出发，正确回答面试官的提问。若遇到无法回答的问题，要在坦诚自己存在知识盲区的同时，积极请教面试官，并表示自己会在面试之后对相关知识进行学习。

5. 形象举止得体

第一印象往往对面试结果有较大的影响，因此，为了在面试中给面试官留下良好的第一印象，要从穿着打扮和精神面貌两方面入手。个人形象不仅代表个人，未来将代表用人单位。为此，多数用人单位都力求找到能够提升组织形象的应试者，他们不仅要能胜任工作，还要有良好的外形、仪态以及得体的行为谈吐。

6. 应对面试怯场的办法

（1）面试前做几次深呼吸，以使心态平和，增加勇气。

（2）与面试官见面时，要主动与对方进行亲切有礼的目光交流，消除紧张情绪。尽量建立与面试官平等交流的心理暗示。

（3）在回答问题时最好放慢语速，加重语尾发音，以缓解紧张情绪。

课堂演练

（1）会计专业的李丽收到知名企业发来的面试通知时，心里既高兴又紧张。考官对她的综合素质很满意。在面试的最后，面试官对她说："根据你的性格特点，我们想把你安排在办公室，这份工作可能与你的专业不对口，但是我们认为你更适合这个岗位。"李丽拿不定主意，小声地说："要不我回去和爸爸妈妈商量一下。"

（2）在招聘会上，法律专业的小郑应聘一家外商投资的外贸公司招商部职员岗位。走进面试场地，她发现居然是老板亲自来面试，她不由自主地紧张起来。老板问："我们招的是专科学历，你是本科，怎么会来应聘这个岗位？"她支支吾吾地回答："我觉得你们公司挺好的，也比较适合我的专业。""我们公司好在哪里？这里工作压力很大，平时要经常加班，你可以适应吗？"几个问题问下来，小郑已经有点迷糊了。

（3）参加招聘会时，国际贸易专业的小金"杀"入了一家国内知名企业的面试现场，据说投简历的就有200多人，最后获得面试资格的只有30多人。在3人一组回答面试官的问题时，小金觉得要脱颖而出必须表现得更积极，所以在回答时，总是在别人前面多说两句。面试官看到他这么"积极"，特意问他："如果你跟同事发生矛盾，怎么办？"小金回答说："最重要的是工作，有矛盾也无所谓。"

（4）"我的首选是出国，其次是上海，再不行待在杭州也可以。"在一家跨国公司的面试现场，当被问到"你打算在哪里开始你的职业生涯"时，社会学专业的小林自信地回答。面试官接着问："我们打算在一些二线城市开拓市场，你有没有兴趣？"小林说："我本来就是从小地方来的，努力学习进入大城市，在校期间我的专业成绩一直名列前茅，我不想回到二线城市，还是大城市更适合我。"

头脑风暴

案例分析一

北方某重点工科大学热门专业的应届毕业生小张，接到国内一所大型企业研发部门应聘系统工程师职位的面试通知。小张大学成绩优秀，并且在国内有影响的学术刊物上发表过论文，动手操作能力较强，很适合从事研发工作。

周日，小张带着一份简历急急忙忙赶到该企业，由于竞争者众多，小张对面试并没有十足的把握。面试开始之后，小张一直低头盯着自己的运动鞋，只有回答问题时才偶尔抬一下头。在面试的过程中他不停嘎吱嘎吱地捏着手中的塑料水杯，双腿不停抖动，好几次碰响了桌子。

两位面试官在了解了一些基本情况后，询问小张愿不愿意先从其他岗位的工作做起，在工作过程中可能经常加班，并且表示工资待遇也会比小张预想的低一些。出身名校且略显孤傲的小张打起了退堂鼓，态度慢慢发生了变化，回答中带着迟疑，神情中流露出些许不满。

随后，小张又参加了商务英语笔试，他看了几分钟试卷后，什么也没有写，便交了试卷，脸色阴沉沉地离开了，也没有和面试官道别。

面试官对小张的面试评价："……有较强的专业研究能力和较大的发展潜力……面对压力心理素质较差，在人际交往方面有较大缺陷，……对公司不够重视……"。

用人单位"求贤若渴"，毕业生"心仪已久"，理应一拍即合，实际却两败俱伤，原因何在？

案例分析二

这是一位女舞蹈家的真实经历。她在十四岁时，舞蹈技能已经非常出色，于是去一家专业剧团应试。考场设在练功房，面试官们整齐地坐成一排。当她进入考场后，主面试官手执一枚大头针对她说："这是什么？"她回答："针。"面试官旋即将针掷向地上（实际上并未掷出），说："请把它捡起来。"她趴在地上认真寻找，一无所获，急得直掉泪。几分钟过去，主面试官说："考试结束，请叫下一名考生。"她急于表白："我会跳小天鹅，会演白毛女！"结果无济于事，还是客气地被"请"出了考场。

几天过后，经过专家的点拨和自己的苦苦努力，她又获得补考的机会。考试的题目是："请你把眼镜找出来，戴好。"她心领神会，立即用自己熟悉的舞蹈"词汇"表现没戴眼镜时的彷徨及找到并戴好眼镜后的喜悦，从此她踏上了舞蹈艺术之路。

请你结合面试技巧，谈谈女舞蹈家为何面试失败，后来又为何补考成功。

拓展延伸

小张是某学校信息系的一名毕业生，下周要参加一场招聘会，招聘单位是北京京东世纪贸易有限公司，小张应聘的岗位是线上工程师，请你模拟小张，从面试前、面试中、面试后三个方面完成下列任务。

（1）面试前小张要做很多准备工作，请帮助小张设计一份简历。

（2）前期的准备必不可少，请帮助小张根据要求完成下列任务单（表2）。

表2 任务单

信息收集	行业信息： 公司信息： 岗位信息： 其他：
资料准备	
心态准备	
礼仪准备	服装： 仪表：

（3）面试在上午9点开始。小张起床以后认真地准备起来，他穿上了自己最喜欢的衣服——上个月才买的T恤、牛仔裤，搭配一双红色的运动鞋。小张8点半出门，到达面试单位的时候已是9点过2分，小张抱怨说："时间都是计算好的，就是怪堵车。"负责招聘的工作人员让小张赶紧坐下填表格，小张向工作人员借来了一支笔，填好表格，突然发现自己忘记带照片了，"昨晚打游戏太入迷，忘记把照片装进包里，不过有电子版，晚一点再去打印一份。"小张心想。好不容易一切办妥，只等着面试，轮到小张时，他带着一张折得皱巴巴的简历走进了考场。考场里坐着5位面试官，面试官接过了他的简历，皱起了眉头。根据对小张面试前的行为，请你分析小张犯了哪些错误，找出错误，并说明应该怎么改正。

（4）面对这么多面试官，小张有点紧张，面试官首先请小张进行自我介绍，请你根据设计好的简历模拟小张进行自我介绍。

（5）做完了自我介绍，面试官开始对小张展开了提问。面试官请小张介绍自己在实习单位中的具体工作。小张平时的工作比较琐碎，面试之前没有做好信息的梳理工作，此时他的脑子里一片空白。突然他想起了实习单位中经常听同事们谈起的一个项目名称，于是他胆怯地说了出来，面试官赞许的眼神似乎给了小张巨大的信心，于是他滔滔不绝地把平时听到的项目情况都说了出来，并且称自己参加了项目建设的相关工作。请大家讨论一下，小张的做法会导致什么样的结果。

（6）面试官接着又问了几个问题，请以小组为单位，3位同学扮演面试者，5位同学扮演面试官，根据下列问题进行情景模拟。模拟面试官为面试者打分（面试打分表见表3）。

①请你谈谈你的优点和缺点。
②你是应届毕业生，缺乏经验，本公司的工作比较繁忙，你如何胜任这项工作？
③你对自己未来的工作有什么计划和安排？
④如果我们录用你，可能会把你分配到基层进行锻炼，工资待遇前期也会相对低一些，你怎么看？

表3 面试打分表

姓名		年龄		毕业院校		专业		拟应聘岗位	
面试评价（评分标准：分数从1、2、3、4、5依次为由差到优）									
仪容仪表		沟通表达		专业知识和技巧		个性品质		态度和礼貌	
对公司的了解		岗位匹配		反应能力		工作热情		自信心	
总分（满分50分）：									
面试官签字					面试时间				

3 辩论

公元前5世纪—公元前4世纪，在古希腊，统治者们为了得到民众们的支持从而获得更大的利益，大量地雇用演说家进行演讲和辩论，从而造成辩士流行的局面，最终产生了一个学派，被称为辩士学派（sophists）。辩士学派还有一个好听的名字，叫作智者学派，也有一个不那么好听的名字，叫作诡辩学派。这些辩士们周游希腊全国，进行演说及辩论，他们虽然也信奉正义、善良和勇敢，但是他们却不追求真理。他们为了利益而辩，为了立场而辩，他们所宣扬的善良、勇敢、正义都是服务于他们所维护的利益集团。

在中国古代，也有一段时期盛行辩论之风，那就是春秋战国时期。那个时候礼崩乐坏，列国纷争，各国君主都在四处谋求人才，希望听到良策以促进国家发展，于是各种思想流派开始不断涌现。有的流派之间相互承袭借鉴，但是更多的是思想上针锋相对。无数场精彩纷呈的辩论在这片大变革的土地上进行着。孟子倡导"仁政"的雄辩、庄子与惠施的"鱼乐与否"之辩、"白马非马"之辩，还有影响深远的"墨辩"，都是当时辩论圈的传奇故事。

在近代的美洲，辩论对政治的影响也十分巨大。美国1787年制宪会议代表中最后一位去世的詹姆斯·麦迪逊先生著有一本《辩论·美国制宪会议记录》，详细记录了在1787年的费城，来自13个州的代表们如何在116天的辩论中艰难地达成最终的妥协和共识。

【辩论】

辩论，也称论辩，从语义上看，"辩"有争辩、辩驳、辩明等含义，侧重于反驳、批判他人观点，是从思想的不同角度进行论述的意思；"论"有讨论、论述、论证等含义，侧重于阐发、论证己方观点的正确性。也就是说，辩论同时包含了两种活动，即"辩"和"论"，它们是破和立的有机统一。因此，辩论不是简单的争执、讨论。辩论者既要陈述己方的正确观点，又要反驳对方的错误观点。

辩论由论题、立论者和驳论者三个要素组成。辩论中的论题也叫作辩题，它既是辩论的题目，也是辩论的主题，双方围绕辩题提出自己的观点，展开辩论。论题可以是一个问题，也可以是一个判断。立论者是在辩论中针对论题提出坚持某观点的一方，驳论者是反驳立论者观点的一方。

因此，辩论就是对立双方围绕同一问题，力求证明自己的观点正确，为了驳斥、说服对方而相互论争的过程，同时，这一过程也是批驳谬误、探求真理的过程。

【辩论的特点】

辩论属于口才的范畴，通过语言的运用实现。与一般的说话相比，辩论的要求更高，是有声语言的最高境界。除了具备各种口语表达的特征之外，辩论还具有以下主要特点。

1. 对立性

辩论之所以能够产生并有效展开，就是因为正、反双方所持的论题是"势不两立"的，由此才会有正、反双方"破人立己"的唇枪舌剑，所以对立性也就成了辩论最重要的一条法则。如法庭辩论中的罪与非罪、重罪与轻罪，决策辩论中的优与劣，学术辩论中的真与伪，无不显示出这种鲜明的对立性。

2. 说理性

辩论是事理之辩、观点之争，与其他语言表达活动相比，辩论的主要任务是说理论证，目的是以理服人。因此，衡量辩论技能的主要标准是事理的辩服度。

3. 严密性

在辩论中，双方针锋相对，在无数次的交锋中厮杀，这就要求辩论者事先应对论题作全面的考虑，构建一个比较严密的理论和论证体系。每一方都必须使己方的观点鲜明集中，论据充足有理，论证无懈可击，否则就有可能破绽百出、顾此失彼，终致溃败。

【辩论的作用】

早在古希腊、古罗马和我国春秋战国时代，就有许多成功的辩论佳话。从古至今，雄辩家们用智慧和口才，为辩论史谱写了一篇篇灿烂辉煌的篇章，将辩论的作用发挥得淋漓尽致。辩论的作用表现为以下四点。

1. 通过辩论可以发现真理

俗话说"理不辩不明"，辩论是一种社会活动，通过辩论，人们在认识自然、认识社会的过程中能够更好地区分正误，明辨是非。因为真理只有在同谬误的斗争中才能被人们所认识，才能得到发展。因此，辩论可以帮助人们发现真理，认识真理，捍卫真理，弘扬真理。辩论是人与人之间相互理解的桥梁，是达成共识、谋求合作的途径。

2. 通过辩论可以收集信息，增长知识

在辩论中，双方要通过各种论据支持己方观点并且找出对方的漏洞，提出质疑，进行驳斥。这就需要围绕论点进行资料的全面收集与整理，对问题进行深入的分析和思考，这就是扩大知识面的过程。双方你来我往的"辩"与"驳"，也是将自己搜集的信息与对方不断进行交换、融合的过程，这样一来，双方都会对问题有新的认知，从而获得新的知识。

3. 辩论有助于锻炼逻辑思维能力及应变能力

辩论要求参与者有良好的逻辑思维能力和应变能力。辩论有助于辩论者智力的开发，有助于培养辩论者思维的逻辑性、准确性和敏捷性，提高应变能力。

4. 辩论有助于培养口才，提高竞争意识

在辩论中，不管哪一方，要想取胜，除了观点正确、材料丰富、辩驳有力外，语言表达能力也非常重要。因此，为了在辩论中取胜，就必须训练口才，提高口才。辩论中你来我往唇枪舌剑，为磨砺口才提供了极好的机会。

辩论的最终目的，就是捍卫己方观点，批驳对方观点，它实质上是一种知识的、智力的、口才的、思辨的综合竞争。要想在辩论中取胜，就必须具有不甘退让、坚持己见、勇于突破的精神。

【论辩能力的构成】

1. 知识能力

辩论作为观点和思想的交锋，是同辩手的知识水准的高低、知识积累的厚薄直接相关的。辩论需要敏捷的思维、优美的句子、优秀的口才，但归根结底主要需要丰富的知识所产生的理性与科学的力量。

"巧妇难为无米之炊"，辩论中的一方即使技巧娴熟，但如果没有较高的知识水准和丰富的知识积累，最终只会陷入窘境。在辩论中，一些辩手想法很好，却找不到合适的词语来表达，这是知识贫乏造成的。知识丰富的人，在辩论中可以引经据典、形象比喻，把抽象的道理说得具体、透彻；而知识贫乏的人，只能就事论事，表达单调、呆板。

那么，如何才能拥有丰富的知识呢？一是要阅读。读万卷书，行万里路，读书决定了一个人的视野、才能和气质。二是在知识结构上，要注重"专"和"博"、"精"和"杂"的

结合。如今是知识大爆炸的时代,每天都有各种信息和知识涌现,我们没有办法以有限的精力通晓所有的知识,所以需要广泛阅读,涉猎各方面的知识与信息。只有把专业知识的优势同广博的知识面结合起来,在辩论中才能应对自如。三是融会贯通。学习必须坚持"博学之,审问之,慎思之,明辨之,笃行之",只有真正把汲取的知识转化为内在动力,才能举一反三,面面俱到。

2. 思维能力

辩论过程是一个充满逻辑推理、演绎论证的过程,在辩论中,对辩题的分析是否透彻、思路是否清晰、反应是否敏捷等,都是以思维为基础的,思维是辩论的灵魂和基础,而语言仅是思维的外在表现。辩论的思维主要表现为敏捷性、求异性、准确性、逻辑性四个方面。

(1) 敏捷性。辩论对于思维的敏捷性要求特别高。辩论既是语言交锋的产物,也是思想碰撞的产物,随时会出现各种各样的论点、论据,也会出现很多意外情况,此时辩手需要快速地进行思索、分析、判断,通过现象看本质,面对对方咄咄逼人的攻势快速反应,予以回答和辩驳。

(2) 求异性。辩论的主要任务包括辩驳和论证两个方面。辩驳,是不断发现对方的错误、漏洞或制造陷阱诱引对方出现破绽,以达到驳斥对方观点的目的;论证,是开拓思维,从不同的角度看问题,通过独特的角度、特别的方式、新颖的素材一步步论证自己的观点。打破思维定式,用怀疑的、批判的、一反常态的态度去思考,以强烈的探索精神去寻求新答案、新认识。求异思维是辩论的基石,如果只是人云亦云,就会在辩论中丧失主动权。

(3) 准确性。辩论的时间紧,知识内容、论据素材涵盖面广,思想跳跃幅度大,所以辩论时要求思维清晰、缜密,表达准确、清楚,忠实于客观事实。

(4) 逻辑性。逻辑性是辩论的基本要求,辩论思维主要集中表现在逻辑思维能力上。无论是论证己方的观点还是驳斥对方的观点,只有概念清楚、判断正确、有理有据、论证严密,才能使辩词具有说服力。

3. 语言能力

辩论通过语言来进行,是一种高智力的语言竞赛游戏。不管是哪一种类型的辩论,双方的立场、透彻的分析以及缜密的推理,都需要通过准确、流畅、优美的语言来传递。因此,对辩论语言有以下五点要求。

(1) 简洁性。辩论大多以比赛的形式进行,对于时间有严格的限制,所以要避免喋喋不休的空谈和啰唆,语言要简明扼要、短促明快,句式结构要简短,力求言简意赅,一击即中。

(2) 艺术性。辩论艺术的目的是通过准确、激昂、灵动的语言,展示深邃的科学思想及其撼人的精神魅力。辩论语言的理性、严谨、简洁、说服力和号召力,使它具有艺术魅力。同时要注意释义的灵活,说话留有余地,准确地把握语言表达的具体性和概括性。

(3) 准确性。辩论语言要严谨而准确,这就要求表达符合语言逻辑,不能词不达意、自相矛盾。

(4) 幽默性。在辩论中,高明的辩论者能够用妙趣横生的语言吸引观众,幽默可以使激烈的比赛充满轻松愉快的格调,可以大大增强辩论语言的感染力,还可给对手造成一定的心理压力,传递出辩论者豁达机敏的处世风度。

(5) 感染性。辩论语言要感情真挚,声情并茂,既要以理服人,又要以情动人,通过语调、停顿的巧妙运用，在抑扬顿挫中从容自如地烘托气氛，增强情感表达，更好地达到牵制对手的目的。

4. 心理素质

古人用兵，注重攻心。所谓善战者，攻心为上。辩论表面上是口舌功夫，但实际上不仅要斗智，还要斗勇。优秀的辩手只有具备良好的心理素质，才能掌控辩论现场，从而在辩论中赢得主动，取得胜利。辩手良好的心理素质主要包括以下几点。

（1）坚强的意志。表现为顽强的斗志、镇定自若的气势和坚忍不拔的耐力，以及不达目的不罢休的信念。辩手要能始终做到处变不惊，临危不惧，哪怕在对方强大的攻势下，或者形势不利于己方的情况下，也不能屈服，不能放弃，要用不屈不挠的坚强意志捍卫自己的理念。

（2）充分的自信。建立和保持自信对于辩手很重要。自信建立在对己方观点的接受、对辩友的信任和对自己的认可与正确估计的基础上。有了自信，才能在气势上压倒对方，才能不会被对方的言辞征服。当然，自信不是盲目自大，真正的自信源于前期大量的积累与精心的准备，来源于团队的合作意识。

（3）镇定自若。在辩论中总是会出现意想不到的情况，情绪的波动往往会对辩手造成极大的影响，如思路被打断，观察力、分析力下降，语言表达不清，最终影响辩手的临场发挥。心理素质好的辩手能够很好地抑制心理波动，或是能够快速地调整心态，保持稳定的情绪，面对任何情况都能做到处变不惊、镇定自若，这样才能冷静地分析和处理问题，充分发挥自己的辩论才能。

【辩论的技巧】

辩论，是一种集知识、思辨、技巧于一体的智力竞技和谋略较量。它对辩手在知识积累、思维反应等方面要求较高，还要求辩手能够灵活运用辩论方法和技巧，在辩论中做到攻守自如，最大限度地发挥辩论艺术的魅力。

1. 进攻技巧

不管是实用性辩论（如法庭辩论），还是表演性辩论（如辩论赛），它们都要求进攻，因为只有进攻才才能取得最终的胜利。

在进攻时，首先要解决的问题是找到进攻的突破口，只有找到最佳的进攻点，才能顺利地实施进攻并取得胜利。进攻时一般会碰到两种情况：一是对方防守比较严密，似乎没有漏洞；二是对方处处都是漏洞。对于这两种不同的情况，要做的只有一点，那就是"攻其要害"。所谓"要害"，就是本质，是双方争论的焦点，一旦抓住要害实施有力打击，就会动摇对方立论的基础，收到事半功倍的效果。进攻的技巧有以下五种。

（1）揭示矛盾法。揭示矛盾法，就是在对方出现失误的时候，直截了当地指出对方的错误所在，这些错误可能是论点与现实相违背，或论证自相矛盾，又或是对方"偷换概念"。揭示矛盾法是最简单却最有效的进攻方法之一。

例如，中国大学生队在一次辩论比赛中与剑桥队对战时，剑桥队的三辩认为法律不是道德，二辩则认为法律是基本的道德。这两种见解显然是互相矛盾的，中国大学生队乘机扩大对方两位辩手之间的观点裂痕，迫使对方陷入窘境。

（2）两难设问法。两难设问法即向对方提出一个问题，这个问题的回答包含正、反两种选择，但无论对方做何种选择，结果均于对方无益。这种方法表面上是让对方享有选择余地，但是却将对方推到一个进退两难的境地。

例如，在泰国流传着这样一个故事：有个叫西特努赛的人在皇宫做官。一天上朝之前，他对每个官员说："我可以洞察你们的内心，你们心里想什么，我全都知道，不信咱们打赌！"官员们虽然知道西特努赛足智多谋，但绝不相信他会聪明到这种地步，他们想让他在皇帝面前出丑，于是一致同意以100两银子为赌注，与他打赌。皇帝也认为西特努赛输定了。打赌开始后，西特努赛不紧不慢地高声说道："在座的诸位大人心里想的什么，我十分清楚，诸位想的是——我的思想十分坚定，我的整个一生都要忠于皇上，永远不会背叛谋反。诸位大人是不是这样想的？哪位不是请立即站出来！"官员们听到这里，面面相觑，张口结舌，没人敢站出来，只好认输。西特努赛取胜的秘诀就在于他预先给官员们设下了一个"两难"之境：如果你认为我猜对了，就得输给我100两银子；如果你认为我猜得不对，就得承认对皇上不忠，就得掉脑袋。因此，你或者输给我100两银子，或者丢掉脑袋。两弊相权取其轻，官员们自然都认输了。

（3）归谬法。归谬法，是指先假设对方的逻辑是正确的，然后举出一个极端的例子，推导出一个荒谬的结论，以此证明对方的错误。在辩论中，归谬法是最有现场效果，也是最深入人心的，这需要辩手有充足的准备、丰富知识的积累和敏锐的反应。

（4）明知故问法。明知故问法，即对答案明确的问题或已知的事实，只因答案对对方不利，便故意将问题提出，置对方于困境。

例如，在辩论"人类和平共处是一个可能实现的理想"时，正方南京大学在辩论中明知故问对方："人类最大的共同利益是什么？"因为该问题的答案众所周知，是"和平发展"。这显然对反方不利，所以正方不仅明知故问，而且不断追问。

（5）引蛇出洞法。在辩论中，常常会出现对方死死守其立论，不管我方如何进攻，对方只用几句话来应付。这时，如果仍采用正面进攻的方法，必然收效甚微。在这种情况下，要尽快调整进攻手段，采取迂回的方法，从看来并不重要的问题入手，诱使对方离开阵地，从而打击对方。

2. 防守技巧

在辩论中，有攻就有守。防守是为抵挡对方进攻，巩固己方阵地而采取的自我保护措施。进攻和防守，既对立又统一。可以以攻为守，也可以以守为攻。高明的防守并非是一味死守。常用的防守技巧有以下五种。

（1）反证法。反证法，就是用证明与原论点矛盾的反论点的虚假，来确定原论点正确的方法。如要为"求神拜佛不能治病"这一论点辩护，可以假设反论点"求神拜佛能治病"为真，证明了这一反论点的虚假，也就证明了"求神拜佛不能治病"这一论点正确。

（2）以退为进法。在辩论中，当己方的观点受到猛烈攻击，阻挡效果并不理想时，采用以退为进的方法可进行有效的防守。

（3）以攻为守法。当对方攻击己方时，如果无法正面防守，则可主动出击，攻击对方的要害，迫使对方转攻为守，自顾不暇，以达到守住己方阵地的目的。

（4）模糊应接法。在辩论中，有时对方会在形势对己方不利的情况下穷追不舍，提出一些棘手的问题。对于这些既不能不回答，又不能明确回答的问题，使用模糊应接法常可摆脱困境。

例如，在复旦大学对悉尼大学辩论"艾滋病是医学问题，还是社会问题"时，正方悉尼大学队指出："对方已经说明，我们应该加强教育，但是我想请问对方，教育是用什么教育？是不是用医学的方法来教育呢？"对这一尖锐的提问，反方复旦大学队采取了模糊应接法："知之为知之，不知为不知。请问对方，你们判断是医学问题还是社会问题的标准是什么？"这样的回答，既回避了对方的话锋，又巧妙地把战场拉到了有利于自己的一方。

（5）闪避答问法。在辩论过程中，当对方的问题难以回答，或不愿回答，或不屑于回答时，可以采用一些巧妙的方法加以回避，这就是闪避答问法。

例如，日本一位著名的电影演员到上海进行艺术活动时，中国朋友十分关心这位30岁还未结婚的电影艺术家。有人问她什么时候结婚，这位演员微笑着说："如果我结婚，就到中国来度蜜月。"这一回答十分巧妙，把"在何时结婚"的问题变成了"在何地结婚度蜜月"的问题，避开了她不想公开回答的问题，使人不好再问下去。

3. 机变技巧

在辩论中，不可能时时处处都想得很周到，一点漏洞也没有。在辩论中，准备不充分、仓促应战，或出现明显失误给对方以把柄的情况常常会发生。要应付这些意外情况，可采用以下机变技巧。

（1）缓兵之计法。在辩论中，如果遇到突发情况，如对方提出一些没有预料或者事先没有准备的问题，可以不露声色地争取思考和组织语言的时间，这就是缓兵之计法。常用的技巧有两种：一是可以故意反问对方"这个问题还要我回答吗？"或"不知您要求我从哪个方面来回答这个问题呢？"；二是假装没有听清楚，请对方重复问题，或做出一些适当的动作，如整理衣帽等。

（2）补错法。在辩论中，有时可能失言或讲错话，这就要及时补错，不然马上就会被对方抓住把柄，使己方陷入被动。可采用以下方法补错。

①移植法，即把错误移植给他人。如可以这样说："这不是我的看法，而是别人的看法，我下面正准备驳斥这个观点。"这样可以变被动为主动。

②补说法，即进一步引申、补充，把不恰当的话变为正确的话。如可以这样说："请等一等，我的话还没有说完呢，我刚才的话还应做如下补充……"这样既挡住了对方的进攻，又修正了自己的话。

③将错就错法，即将错就错，巧妙地改变错话的含义，将错的内容转化为正确的内容来论证。

例如，一位辩手在解释"三纲五常"中的"三纲"的内容时，错说为"臣为君纲，子为父纲，妻为夫纲"。正好把君臣、父子、夫妻的关系弄颠倒了，引来哄堂大笑。这位辩手意识到自己说错话后，立即补充道："请大家注意，我说的是'新三纲'。现在我国人民当家做主，是主人，而领导不管官位多高，都是人民的公仆，岂不是臣为君纲？我国实行计划生育，一对夫妇只生一个孩子，这孩子成了家里的小皇帝，岂不是子为父纲？现在许多家庭中，妻子的权力远远超过丈夫，'妻管严''模范丈夫'比比皆是，岂不是妻为夫纲？"话音刚落，掌声骤起，这自然是对这位辩手巧妙运用将错就错法的肯定。

> **课堂演练**

模拟赛场辩论。以4人为一小组，选择下列辩题中的一个或多个，组织模拟赛场辩论。

（1）大学生打工利（弊）大于弊（利）。

(2) 现代社会是情商重要还是智商重要。

(3) 手机拉近（疏远）人的距离。

(4) 自我肯定重要还是社会肯定重要。

(5) 追求理想与享受生活是否矛盾。

(6) 具有自我意识的人工智能是人类的福祉还是灾难。

(7) 大学生毕业后，先就业还是先择业。

头脑风暴

尝试分析下列案例中运用了哪些辩论技巧。

案例分析一

正方四辩：我想首先请问对方辩友，既然人性本恶，世界上为什么会有善行出现？

反方四辩：我方一辩已经解释了。我倒想请问对方辩友，在评选模范丈夫时，你能告诉我，这个模范丈夫本性是好的，就是经不起美色的诱惑吧？（笑声、掌声）

正方三辩：我想请问对方辩友，请您正面回答我，您喜不喜欢杀人放火？（笑声）

反方二辩：我当然不喜欢，因为我受过教化，但我并不以我的人性本恶为耻辱。我想请问对方，你们的善花是如何结出恶果的？（掌声）

正方一辩：我想先请问对方辩友，您的教育能够使你一辈子不流露本性吗？如果您不小心流露本性，那我们大家可要遭殃了。

反方三辩：所以我要不断地注意修身呀！曾子为什么说"吾日三省吾身"呢？我再次请问对方辩友，如果没有内因，那恶花为什么会从善果里产生呢？

正方四辩：我来告诉大家，这是因为教育跟环境的影响！我倒想请对方辩友直接回答我们的问题，到底人世间为什么会有善行出现，请你告诉大家。

反方一辩：我方明明回答过了，为什么对方辩友就是对此听而不闻呢？到底是没听见，还是没听懂啊？（笑声、掌声）

（节选自1993年国际大专辩论会总决赛，反方上海复旦大学队就"人性本善"辩题与正方台湾大学队之间的辩词实录）

案例分析二

反方三辩：讲了这么久，对方辩友连书本有什么功能都说不清，难怪看不出不会取代的理由了。那我就请问对方辩友，法律上的那本《圣经》你又如何取代呀？

正方三辩：那么对方辩友，你今天讲的书本就是《圣经》吗？

反方一辩：对方辩友连《圣经》的例子都解决不了，还要和我们谈其他！请问对方辩友，那本《圣经》如何取代？

正方一辩：对方辩友，我告诉你，现在已经有电子版《圣经》的出版了，这不是告诉大家电脑的普及化吗？

反方二辩：普及等于取代吗？电子版《圣经》的出版商说过要把所有的纸质版《圣经》一网打尽吗？

正方二辩：对方辩友，今天的命题是"必将"，所以如果现在有这个趋势，已经有电子版《圣经》出现，为什么掌上电脑就不会成为我们明天的书本呢？

反方三辩：可能的趋势就等于必然的结果吗？今天上海交易所的股票要是1 000点，明

天是2 000点,那么后天它会突破10 000点吗?(掌声)

(节选自1999年国际大专辩论会,正方香港大学队和反方新加坡南洋理工大学队之间关于"电脑必将/不会取代书本"的辩词实录)

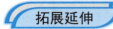

以小组为单位观看一场辩论赛,进行讨论,谈谈你印象最深刻的部分。

4 朗　诵

朗诵的发展历史悠久,早在3 000多年前的周朝,金文就有关于朗诵的"言""歌""咏""诵"等字的记载。汉代郑玄《周礼注》:"倍文曰讽,以声节之曰诵。""倍文",即背书。"诵""以声节之",即在声音上要有节奏、轻重。通过"诵"的节奏与语音轻重来表达作品的语言意义和思想情感。

语言学家徐世荣先生曾说过,"诵读,就是把书面上写的语言变为口头上说的语言,把无声的语言(文字、文章、文学作品)变为有声的语言——更能表情达意的口头活语言"。由此,可以给朗诵下一个简单的定义:"朗诵是体会和表达作品思想情感的一种形式。把文字语言回归到语言的原初形态来感受和理解,从而更全面地体会语言的内涵,感受语言的声音之美。"可以说,朗诵是声音的艺术,其艺术性在于通过声音的高低、节奏、音流所综合构成的语流变化,表达作品的思想、情感、意趣,使听者在接收到声音信息的瞬间获得对作品的理解和感动。

可见,朗诵是口语交际的一种重要形式,同时它又不仅是把文字作品转化为有声语言的艺术,还是一种再创作的过程。

【朗诵】

朗诵是一种口头表达的表演艺术,也是一种交际形式,人们通过朗诵可以增强艺术鉴赏能力、陶冶性情、开阔胸怀、提高修养,还可以有效地培养对语言词汇细致入微的体悟能力和鉴别能力,从而提高阅读能力。

1) 朗诵的准备

孔子曰:"工欲善其事,必先利其器。"朗诵是朗诵者的一次再创作的过程,这种再创作,不是脱离材料的自由发挥,也不是对于材料简单机械的全盘复刻,而是在对朗诵材料充分了解、感悟的基础上内化于自我情感后的再输出。朗诵者通过原作的字句,用有声语言传达作品的主要精神和艺术美感,不仅要让听众领会朗诵的内容,而且要使其在感情上受到感染。为了达到这个目的,朗诵者在朗诵前必须做好一系列准备工作。

(1)选择合适的朗诵作品。朗诵是一种传递思想感情的艺术。朗诵者要表情达意,引发共鸣,选择合适的作品尤为重要。首先,朗诵者要选择那些语言具有形象性而且适合口语表达的文章。一般而言,抒情色彩较浓的文学作品比较适合作为朗诵的文本,因为抒情文章往往具有生动的形象和丰富的情感,较易引发共鸣。其次,要根据朗诵的场合和听众的需要以及朗诵者自己的实际情况选择朗诵作品,如在中秋晚会可朗诵《月是故乡明》,在教师节可朗诵《献给教师的花束》。再次,朗诵者的年龄、性别、兴趣、爱好、文化层次等不同,选择作品时要具体考虑这些因素。最后,应注意朗诵者的嗓音。每个人都有区别于他人的嗓音特点、发音习惯。嗓音是有"色彩"和"性格"的,因此嗓音的特点会对朗诵题材的选择产生影响,朗诵者要仔细揣摩自己嗓音的特点,选择适合自己的朗诵作品。

(2)语音标准,字正腔圆。要使自己的朗诵优美动听,必须做到语音标准、字正腔圆。语音标准是指要使用标准的普通话进行朗诵,因为朗诵作品一般是运用现代汉民族共同语(即普通话)写成的,所以只有用普通话朗诵,才能更好、更准确地传达作品的思想感情。同时,普通话是汉民族共同语,用普通话朗诵便于不同方言区的人理解和接受。

朗诵时,还要做到不掉字、不添字、不颠倒、不重复、不中断、自然流畅、干净利落。字正腔圆,指声母准确,韵母完整,字音清晰圆润、悦耳动听。朗诵时,应做到声音洪亮,气力充沛,富有弹性,以气托声,以声传情。

只有字正腔圆,气足声亮,才能做到朗诵时高低自如、强弱得体,激昂如大江东去,委婉如涓涓流水,具有较强的艺术感染力。

(3)整体理解作品,把握作品的主题。准确地把握作品的主题,透彻地理解其内在含义,是朗诵的重要前提。基础朗诵者要在初步阅读的基础上,对作品进行由局部到整体的理解。局部理解即对作品的词语、句子、层次以及语义的理解。整体理解指正确深入理解作者的整体构思和作品的主题,理解作品的结构和层次安排,全面驾驭作品。在熟读作品后,朗诵者必须认真研读作品,深入体会作者的意图,正确把握作品的主题思想,明确作品的社会意义。

(4)深入体会作者的思想感情,真情实感地朗诵。什么是情感?情感是意识心理的一种表现,也是意识活动的一个重要动力。心理学把人对客观事物的态度、体验及相应的行为方式称为情绪和情感。《毛诗序》说:"诗者,志之所之也,在心为志,发言为诗。情动于中而形于言。言之不足,故嗟叹之;嗟叹之不足,故咏歌之;歌之不足,故不知手之舞之,足之蹈之也。"

在所有的语言艺术中,朗诵艺术与情感的关系是最为密切的。尼斯拉夫斯基认为,艺术语言"是一种困难程度并不亚于歌唱的艺术,要求有很好的修养和高超的技术。"朗诵者要想在朗诵过程中准确地传达作者的心声,就必须认真体验作者的思想感情,深入作者创作时的精神状态。朗诵时,不但要读出声,更要读出情,以情动人。朗诵者必须做到用自己的感情去唤起听众的感情。感情是文学作品的生命。没有丰富的、恰如其分的感情,朗诵就必然是没有生气的、呆板的。朗诵时的感情必须真实,语调必须自然。好的朗诵是真情的自然流露,虚假和装腔作势是朗诵的大忌。

怎样杜绝虚假情感?这还要从"言为心声"说起。朗诵者一定要充分理解作品,烂熟于心,但是朗诵者所记下的不应该是一部由文字符号构成的文学作品,而是一个人对历史、社会、自然、生命、爱情等主题的有条理的切身感受。这种感受在胸臆间翻滚,在脑海中回旋,在血脉中沸腾。它催促朗诵者必须诉说自己的感受、情怀。

2)朗诵的基本技巧

朗诵非常讲究技巧。最常见的朗诵技巧有停顿技巧、重音技巧、音调技巧、语速技巧、态势语技巧等。把握了这些朗诵技巧,才能声情并茂、淋漓尽致地展现朗诵艺术的魅力。

(1)停顿技巧。停顿,指语句或词语之间在声音上的间歇和中断,其一方面是朗诵者在朗诵时生理上的需要,另一方面则是句子结构的需要;还有一方面则是表达思想感情的需要。停顿也可给听者留有领略、思考、理解和接受的余地,帮助听者理解文章,加深印象。

因此，停顿是朗诵艺术中不可或缺的重要手段之一，可以使朗诵达到思想感情的延续和升华的效果。

停顿主要分为三种类型：语法停顿、逻辑停顿、感情停顿。

①语法停顿。语法停顿是指句子间语法关系的停顿，如句子中的主语与谓语之间，修饰、限制词与中心词之间的停顿，还有分句之间、句子之间、段落层次之间的停顿等。例如：

A. 你/爱你的朋友吗？

B. 我/高兴地看着他。（主、谓语之间的停顿）

C. 美丽的/花儿开了。（修饰词与中心词之间的停顿）

D. 盼望着，/盼望着，/东风来了，/春天的脚步近了。（句子之间的停顿）

标点符号是语法停顿的主要表征，不同的标点符号有不同的停顿处理方法。比如句号和逗号相比，停顿时间稍长，声音下降，形成稳定感觉，而逗号停顿时间相对较短，停顿时语句的声音上扬托起，形成一种语句继续行进的感觉，这时朗诵者可借中间停顿位置吸气来补充气息，始终保持气息充足的状态。

语法停顿应与标点、层次、段落一致——顿号<逗号<分号、冒号<句号<句间<层间，但标点符号所代表的停顿时间是相对的，并不是一成不变的，需要结合具体的内容和情感把握语法停顿。

②逻辑停顿。逻辑停顿是指为了准确表达语意、揭示语言的内在关系而形成的语流中声音的顿歇。逻辑停顿是根据表达的内容与语境要求来决定停顿的位置和停顿的时间。停顿的位置不同，意思完全不一样，如何停顿，需要根据上下文而定。如"下雨天留客天留我不留"就有不同的停顿方式：

下雨/天留客/天留/我不留；

下雨天/留客天/留我不/留。

③感情停顿。感情停顿是指为了突出某种感情而进行的停顿，这种停顿通常出现在感情强烈处，诸如悲痛欲绝、恼怒至极、兴奋异常等。在感情停顿处往往配合感情重音、呼吸急促等方法以表现强烈的情感色彩。例如：

A. 在死叶上的希望/又醒了。（表示喜悦）

B. 1994年，钱先生在上海/去世了。（表示哀伤、悲痛）

C. 多么可爱的小生灵啊！对人/无所求，//给人的/却是极好的东西。（表示赞颂）

（2）重音技巧。停顿技巧主要是针对朗诵材料中句和段之间的处理，而重音技术则是指朗诵时为了表情达意的需要，着意强调和突出的词、词组或者音节。这些重要的词、词组或音节必然通过朗诵的声音形式显示它们的重要性，用重音符号"．"表示。合理运用重音，对句子中重要的字词或者含有特殊意义的词组进行处理，会使听者感受到鲜明的色彩。重音一般分为三种类型，即语法重音、逻辑重音和感情重音。

①语法重音。语法重音是根据语法结构的特点表现出来的重音，它是由语法结构本身决定的，一般位置固定。

短句中的谓语动词一般重读，如：太阳出来了。

修饰成分与限制成分一般重读，如：这是一片广阔的草原。

补语成分一般重读，如：坏透了。

疑问代词、指示代词一般重读，如：我全都知道了。这是你的吗？

数量结构一般重读，如：飞流直下三千尺。天上有十个太阳。

并列关系、对比关系、转折关系的语句中，关联词一般重读，如：

古时候有一个人，一手拿着矛，一手拿着盾，在街上叫卖。（并列关系）

我们的战士，对敌人这样狠，而对朝鲜人民却是那么的爱。（对比关系）

他很聪明，但很任性。（转折关系）

拟声词重读，如：山羊多起来了，咩咩地叫。

②逻辑重音。逻辑重音是根据上下文内容的提示或由其他语言环境决定而对一些语词或句子进行重读，又叫作强调重音。逻辑重音的特点是没有固定位置，随说话的环境改变，决定逻辑重音的因素在于句子所要表达的意图和具体语境。

我是16级播音系的学生。（回答"谁是16级播音系的学生？"）

我是16级播音系的学生。（回答"你到底是不是播音系的学生？"）

我是16级播音系的学生。（回答"你是播音系哪一级的学生？"）

我是16级播音系的学生。（回答"你是16级什么系的学生？"）

我是16级播音系的学生。（回答"你是16级播音系的学生还是老师？"）

以上语句所处语境不同，表达目的不同，逻辑重音的位置也不同。

③感情重音。为了表达强烈的感情而着重强调的部分叫作感情重音。感情重音大都出现在情绪激动高昂、表达节奏强烈的地方，如兴奋、激动、愤怒、欣喜等。感情重音的作用在于使语言色彩丰富，语气强烈，听上去真切感人。例如：

你这个人不是东西！（重音处表示愤怒之极，充满厌恶憎恨之情。）

这难道是真的？

感情重音位置不像语法重音和逻辑重音稳定，比较灵活，有时感情重音与语法重音或逻辑重音重合，这种双重重音在朗诵时要特别加强。

对于重音的把握，要结合上下文，要把句子放在文章中考察，不能孤立地看一句话。另外重音的体现不能太多，如果到处都是重音，反而掩盖了重音的作用。在实际表达中，重音的表达方式除了重读，还有其他很多方式，如用加大音量、重音轻读、拖长读音、颤音、破嗓音和沙哑声等读法表示特殊的情感。

（3）语速技巧。语速是指说话或朗诵时每个音节的长短及音节之间连接的松紧。语速把握得当，一方面能让朗诵者收放自如，另一方面能让听者享受朗诵艺术的过程更加舒适。最重要的是，语速是由说话人的感情决定的，朗诵的速度则与文章的思想内容紧密相连。一般说来，热烈、欢快、兴奋、紧张的内容，或在朗诵者高兴、愉悦的情绪下，朗诵的速度要快一些；平静、庄重、悲伤、沉重、追忆的内容，或在朗诵者低落、消沉的情绪下，朗诵的速度会放慢一些。一般的客观性叙述、说明、议论则用中速。朗诵时语速的轻重缓急，也就是常说的节奏。总而言之，语速快慢、节奏变化的根本，是思想感情的运动。把握好语速技巧，要求把握住情感的运动。

（4）音调技巧。在汉语中，通常称字调为声调，它是指音节的高低升降。句调则称为语调，它是指语句的高低升降。句调是贯穿整个句子的，只是在句末音节上表现得更为明显，音调根据表示的语气和感情态度的不同，可分为四种：升调、平调、降调、曲调。

①升调，即前低后高，语势上升。它一般用来表示疑问、反问、惊异、命令等语气，出

现在情绪亢奋、感情激动的时候，也可表示语气未完结等。比如，"这比山还高，比海还深的恩情，我们怎能忘记？"这句话朗诵起来，情绪很浓重，又是反问句，就毫无疑问要使用升调。

②平调，是指语势平稳舒缓，没有明显的升降变化。它用于不带特殊感情的陈述和说明，通常运用于客观阐述；同时平调还可表示庄严、悲痛、冷淡、思索等感情。比如，"其实地上本没有路，走的人多了，也便成了路。"这句话朗诵时就应该使用平调，因为句中透露出深刻的哲学思想，没有太多的感情倾向，但却引人深思。

③降调，与升调相反，即前高后低，语势渐降。它一般用于陈述句、感叹句、祈使句，表示肯定、坚决、赞美、祝福等感情。比如，"醉过方知酒浓，爱过才知情重；你不能做我的诗，正如我不能做你的梦。"这句话感叹意味非常浓厚，有一种肯定、触动的感情在里面，朗诵时就要使用降调，降低语势以体会句中的感情。

④曲调，是指音调带有高低起伏的变化，具体表现为令音节加重、加高、拖长、曲折变化等方面。它一般用于表示夸张、讽刺、特别惊异等语气，也用于双关、暗示、言外之意的表达。比如，"是我的错，你没有错。"这句话用曲调朗诵，就可以明显地体会到讽刺、暗示等言外之意。

（5）态势语技巧。势态语是朗诵艺术表达的辅助手段。千万不能小看这些辅助手段，运用得当，它们能让朗诵效果更好，运用不当，它们又能彻底破坏朗诵效果。把握态势语的运用技巧，应主要做好以下两个方面。

一是眼神的运用。朗诵者与听者之间少不了思想感情的交流，除了借助声音外，最主要的就是运用眼神。朗诵不同于其他艺术形式，身体各部位会受到限制，要想更好地表达感情，只有尽量利用最灵活而且不受限制的眼睛。

二是面部的表情。朗诵是声情并茂的艺术，朗诵到情感突出的地方，必须用面部表情加以模拟凸显出来。面无表情是朗诵的大忌，会给人一种死气沉沉的感觉，很难调动听者的情绪。当然，面部表情也不能过火，矫揉造作则会过犹不及。总而言之，面部表情既要丰富，又要恰当，要与诵材情绪相互呼应。

课堂演练

（1）请根据下面句子想要强调的重点标出句子的重音。
①我非常喜欢杜甫的诗。（喜欢的不是别人的作品，而是杜甫的作品。）
②我非常喜欢杜甫的诗。（喜欢的是诗，而非别的文体。）
③我非常喜欢杜甫的诗。（是我喜欢，而不是别人喜欢。）
④我非常喜欢杜甫的诗。（对于杜甫的诗是"喜欢"情绪。）

（2）请根据下面句子标出的重音，说出句子想要表达的重点。
①小王明天去北京。
②小王明天去北京。
③小王明天去北京。
④小王明天去北京。

（3）请根据下面句子标出的重音，说出句子想要表达的意思。
①我知道你会唱歌。

②我知道你会唱歌。
③我知道你会唱歌。
④我知道你会唱歌。

头脑风暴

李白说:"吟诵有所得,众神卫我形。"——这是说他读道吟经,读得高兴的时候,好像众神都来了一样。

沈德潜说:"诗以声为用者也,其微妙在抑扬抗坠之间。读者静气按节,密咏恬吟,觉前人声中难写、响外别传之妙,一齐俱出。"——诗是声音的艺术。诗一定要吟诵,才能够体会诗中的神妙之处。

朱熹说:"学者读书,须要敛身正坐,缓视微吟,虚心涵泳,切己体察。读得通贯后,义理自出。"——把自己的情绪、心情和古人紧密相连,把自己放进诗文。"读得通贯后,义理自出",读得到位了,理解自然也就到位了。

姚鼐说:"诗、文,各要从声音证入,不知声音,终为门外汉耳。"——如果不诵读诗文,即使把文字都搞清楚了,字句的意思都搞清楚了,仍然是门外汉。

曾国藩说:"君子有三乐。读书声出金石,飘飘意远,一乐也。"——这是曾国藩在日记里说的,说他自己的人生有三大快乐,第一大快乐就是吟诵。曾国藩一生最大的快乐不是建功立业,不是行军打仗,而是吟诵。

课堂思考:请你说说"朗诵"与"朗读"的区别。

拓展延伸

(1) 请以小组为单位,给同学们分享网上的一个朗诵视频,模仿视频中的朗诵技巧。
(2) 选择材料,分小组进行一场朗诵比赛。
①《春》(朱自清)。

盼望着,盼望着,东风来了,春天的脚步近了。

一切都像刚睡醒的样子,欣欣然张开了眼。山朗润起来了,水涨起来了,太阳的脸红起来了。

小草偷偷地从土里钻出来,嫩嫩的,绿绿的。园子里,田野里,瞧去,一大片一大片满是的。坐着,躺着,打两个滚,踢几脚球,赛几趟跑,捉几回迷藏。风轻悄悄的,草软绵绵的。

桃树、杏树、梨树,你不让我,我不让你,都开满了花赶趟儿。红的像火,粉的像霞,白的像雪。花里带着甜味儿;闭了眼,树上仿佛已经满是桃儿、杏儿、梨儿。花下成千成百的蜜蜂嗡嗡地闹着,大小的蝴蝶飞来飞去。野花遍地是:杂样儿,有名字的,没名字的,散在草丛里,像眼睛,像星星,还眨呀眨的。

"吹面不寒杨柳风",不错的,像母亲的手抚摸着你。风里带来些新翻的泥土的气息,混着青草味儿,还有各种花的香,都在微微润湿的空气里酝酿。鸟儿将窠巢安在繁花嫩叶当中,高兴起来了,呼朋引伴地卖弄清脆的喉咙,唱出宛转的曲子,与轻风流水应和着。牛背上牧童的短笛,这时候也成天在嘹亮地响。

雨是最寻常的,一下就是三两天。可别恼。看,像牛毛,像花针,像细丝,密密地斜织着，人家屋顶上全笼着一层薄烟。树叶子却绿得发亮，小草也青得逼你的眼。傍晚时候，上灯了，一点点黄晕的光，烘托出一片安静而和平的夜。乡下去，小路上，石桥边，有撑起伞慢慢走着的人；还有地里工作的农夫，披着蓑，戴着笠的。他们的草屋，稀稀疏疏的，在雨里静默着。

天上风筝渐渐多了，地上孩子也多了。城里乡下，家家户户，老老小小，他们也赶趟儿似的，一个个都出来了。舒活舒活筋骨，抖擞抖擞精神，各做各的一份事去。"一年之计在于春"，刚起头儿，有的是工夫，有的是希望。

春天像刚落地的娃娃，从头到脚都是新的，他生长着。

春天像小姑娘，花枝招展的，笑着，走着。

春天像健壮的青年，有铁一般的胳膊和腰脚，他领着我们上前去。

②《定风波》（苏轼）。

三月七日，沙湖道中遇雨。雨具先去，同行皆狼狈，余独不觉。已而遂晴，故作此词。

莫听穿林打叶声，何妨吟啸且徐行。竹杖芒鞋轻胜马，谁怕？一蓑烟雨任平生。

料峭春风吹酒醒，微冷，山头斜照却相迎。回首向来萧瑟处，归去，也无风雨也无晴。

③《再别康桥》（徐志摩）。

轻轻的我走了，
正如我轻轻的来；
我轻轻的招手，
作别西天的云彩。
那河畔的金柳，
是夕阳中的新娘；
波光里的艳影，
在我的心头荡漾。
软泥上的青荇，
油油的在水底招摇；
在康河的柔波里，
我甘心做一条水草！
那榆荫下的一潭，
不是清泉，是天上虹；
揉碎在浮藻间，
沉淀着彩虹似的梦。
寻梦？撑一支长篙，
向青草更青处漫溯；
满载一船星辉，
在星辉斑斓里放歌。
但我不能放歌，
悄悄是别离的笙箫；
夏虫也为我沉默，

沉默是今晚的康桥！

悄悄的我走了，

正如我悄悄的来；

我挥一挥衣袖，

不带走一片云彩。

5 演 讲

案例导入

  一年一度的毕业季，各高校都要举行本科生毕业典礼。而毕业典礼上的"压轴大戏"——校长演讲，在公众的关注和期待下变得更加"接地气""赶时髦""戳心窝"，成为毕业生享用一生的"心灵鸡汤"。

  校长们的演讲有的以幽默风趣的语言谈及学生最关心的生活问题，如苏州大学校长熊思东用一组数据"调侃"学生：你们每人每年平均消耗了150千克粮食，体重却只增加了0.3千克，这是否是从侧面反映了各位在苏大只长知识而不长肉呢？有的以热播剧、网络用语为例，启发学生要在时代洪流中不忘初心，不断前行，如武汉大学校长李晓红结合电视剧《欢乐颂》寄语学生：谁的青春没有过迷茫？如何找到一条通往成功的路径？这就需要你们在时代洪流中找准人生的坐标与前行的方向，耐心打磨自己，精心雕刻自己，做自己人生的"工匠"。有的以满怀深情的"金句"嘱咐学生牢记使命，用实际行动服务社会，如东南大学校长张广军引用美国电影《肖申克的救赎》中的经典台词"生命可以归结为一种简单的选择：或忙于真正的生活，或一步一步走向死亡"叮嘱毕业生：真正的生活一定是经过反思、有价值的生活，一定是与时代、与国家的命运紧密相关的生活。

  校长们幽默风趣、富有智慧、充满情怀的毕业典礼演讲，为毕业生顺利开启了人生新阶段的"第一课"。他们"段子"中的"大智慧"在朋友圈里也不断刷屏，让人们深受教育和启发。

  在西方国家，演讲口才备受推崇。20世纪40年代，美国人将"口才、金钱、原子弹"当作生存的三大法宝，到了20世纪60年代，三大法宝变成了"口才、金钱、计算机"。不管社会如何变化，在美国人心中，口才的作用一直居首，在美国的教育中，演讲与口才训练是最重要的内容之一，贯穿了整个中小学教育，相关课程也是大学生的必修课。公众演讲能力成为美国人的人生必备技能，上至总统竞选，下至职位升迁，口才都发挥了极其重要的作用。乔布斯堪称口才大师，在每次苹果发布会上，乔布斯在台上的一举手、一投足、每一句话都能引起台下的掌声、欢呼声、喝彩声，其风头与好莱坞影星不相上下。（2016年7月4日《中国青年报》）

【演讲及形式】

  演讲，又称演说或讲演，是指在公众场合，以有声语言为主要手段，以体态语言为辅助手段，针对某个具体问题，鲜明、完整地发表自己的见解和主张，阐明事理或抒发情感，进行宣传鼓动的一种语言交际活动。演讲一般有四种形式：照读式演讲、背诵式演讲、提纲式演讲、即兴式演讲。

1）照读式演讲

照读式演讲又称为读稿式演讲，是演讲者事先准备好演讲稿，在台上向听众宣读。因为事前准备好演讲稿，所以演讲的内容经过慎重考虑，语言经过反复推敲，结构经过精心安排的。这种演讲方式比较适合重要而庄严的场合，如大会报告、领导人讲话、政府声明等。但是，这类演讲给人刻板的感觉，影响演讲者与听众之间思想情感的互动交流。

2）背诵式演讲

背诵式演讲又称为脱稿演讲，是指演讲者事先准备好演讲稿并背诵，上台后进行脱稿演讲。这种演讲方式常出现于比赛和选举活动中，在一定程度上考验了演讲者的演讲能力。其缺点是不便于演讲者临场发挥，当演讲者在演讲过程中忘记演讲内容时，后续的演讲就难以继续。同时，处理不好背诵的方式，会让听众觉得刻板生硬或者矫柔造作。因此，对于这类演讲方式，演讲者必须做好充分的准备。

3）提纲式演讲

提纲式演讲又称为提示式演讲。这类演讲只需要演讲者把演讲的主要内容和层次结构以提纲形式列出来，演讲时提纲仅作为内容展开的提示。这类演讲的特点是既可以事先对演讲内容进行充分准备，又能有相对自由灵活的发挥空间，还能够弥补前两种演讲方式中演讲者与听众缺乏沟通交流的不足。

4）即兴式演讲

即兴式演讲是一种演讲者预先没有准备而临场发挥的演讲。这种演讲难度大、要求高。这种演讲极其考验演讲者临场发挥的水平和随机应变的能力，需要演讲者具备丰富的想象力、敏捷的思维能力、娴熟的语言技巧和丰富的知识储备。

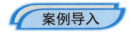

周恩来练演讲

1913年，周恩来在天津南开中学读书，因为他的苏北口音比较重，再加上缺乏实战经验，所以第一次上台演讲的时候非常紧张，演讲效果不好。为了提高自己的演讲水平，周恩来针对初次登台所暴露的弱点，在内容、声音、仪表、姿态等各方面进行了专门的训练。从那以后，不论在多么复杂的情况下，他的演讲都是立论精辟、生动感人，他的气质和形体都给人带来一种美的享受，具备了政治家和外交家的大雅风度。

【演讲的传达】

演讲是人类的一种社会实践活动，具有综合性、直观性、现实性和艺术性，这是它的主要特征。演讲者要想发表自己的见解，陈述自己的观点和主张，从而达到影响、说服、感染他人的目的，就需要表达的手段。演讲的表达手段主要有：有声语言、态势语言和主体形象。

1）有声语言

有声语言就是"讲"，以声音作为载体，凭借语言达到传递信息的目的。它是演讲活动中最主要的一种表达手段，声音和语言承载着思想和情感，直接到达听众，产生效应。有声语言的表达技巧要求吐字清晰标准、语句流畅、语速得当、语气适宜。

吐字清晰是做好演讲的首要条件。如果发音不准、咬字不清，听众就会不知所云。

语句流畅是为了听众能更好地理解演讲者所要表达的意思。如果讲话磕磕巴巴，就会让听众失去聆听的兴趣。如果断句不当，就会引起误会。

语速得当和语气适宜是指在演讲过程中，要控制好语速，语调应该有轻重缓急、抑扬顿挫之分。不同的语速和语调，会让同样一句话产生完全不同的思想感情。一般来说，高兴的感情，就用快速的语调、高亢的语气表达；而沉痛的感情，则用缓慢的语调、压抑的语气表达。

2）态势语言

态势语言即演讲者的动作姿势、手势、表情等的表现。态势语言承载着思想和感情，是有声语言的辅助。态势语言一般存在于一瞬间，转眼即逝，这就要求它准确、鲜明、自然、协调和优美，要有一定的表现力和说服力，这样才能使听众感受形式之美，从而产生共鸣。

动作手势是态势语言表达技巧中的一种重要形式。因为动作和手势能够进一步表现演讲者的意图，如愤怒的时候握拳、高兴的时候挥手。当然，动作手势不能乱用，如果重复、毫无目的地使用动作手势，则会适得其反。特别要指出的是，动作手势并非多多益善，有些动作手势还应尽量避免，如"摸鼻子""抓头皮"等动作手势会给人轻浮、不自信的感觉。

形态站姿不仅是一种表达技巧，还是一种礼仪规范。形态反映了演讲者的精神面貌和心理状态。演讲者从走上台开始，就已经在传达一种情感，如上台宣布悲伤的事情，走路的姿势是沉重缓慢的；上台宣布喜讯，走路的姿势则是轻快的。演讲者不可能在演讲的过程中保持一个姿势不变，因此，要求演讲者随着演讲的进行、情绪的变化，自然地改变形态站姿。不管怎样，任何形态站姿都必须稳健、自信、从容不迫。

态势语言是对演讲的辅助和补充，是演讲成功不可或缺的元素。只有把态势语言和有声的语言巧妙地结合起来，才能更加完美地表达演讲的内容，从而得到出色的演讲效果。

3）主体形象

演讲的主体形象会对演讲效果产生巨大的影响，这是因为演讲主体形象的美丑、好坏不仅会影响情感思想的传达，也直接影响听众的心理情绪和审美感受。演讲的主体形象，包括体形、穿着、发型、举止神态等，它们直接刺激听众的视觉器官。这就要求演讲者在自然美的基础上，要有一定的装饰美。这样的美不同于舞台艺术中被刻意塑造的美，而是朴素、自然、得体、大方、优雅的美，这样的美有利于思想感情的传达，有利于取得良好的演讲效果。

以上手段组成了一个统一而完整的传达系统。在这个综合的传达系统中，缺少任何一个因素都不能形成完整的演讲活动。如果只有"讲"而没有"演"，只作用于听众的听觉器官，而不作用于听众的视觉器官，就会缺少动人的主体形象；如果只有"演"而没有"讲"，则会令人迷惑，难以理解。"讲"与"演"这两个要素是缺一不可的，只有将它们和谐地、有机地统一在一起，才能构成完整的传达系统，并圆满地完成演讲任务。

【优秀演讲的关键】

1. 热情是演讲的生命力

将热情更多地注入演讲，可以感染更多听众。俗话说"言为心声"。在演讲中，如果演讲者的话出自内心、发自肺腑，具有真情实感，那么，听众的情感之弦就更加容易被拨动，演讲者和听众之间的共鸣也会更强烈，听众更加容易接受演讲者所表达的观点。

2. 恰到好处的停顿

一个没有经验的演讲者，其语速总是不受控制，越说越快，没有停顿。其实，适度的停顿也是演讲的一部分，甚至是画龙点睛之笔，会提升演讲的层次。停顿是强调、是省略、是提示，可以让演讲主题更加鲜明、情感更加丰满、态度更加明确。

3. 内容由浅入深

一个好的演讲者最擅长的不是讲道理，而是讲故事。大道理总是让人望而却步，而人们身边的小故事更容易吸引听众的注意力。如美国前总统奥巴马的各类演讲，都是从谈论他的女儿或者一些生活小事开始，这些故事总是可以给予听众启迪。

4. 切忌观点冗杂

演讲失败的原因往往是观点混乱不清。演讲者与听众的区别在于对信息的理解程度不同。听众接受一个新观点，往往有一个消化的过程。所以，最简单的演讲结构就是"观点+论据"，即提出一个观点，一定要有论据支撑它。论据可以是一段故事、一些数据，也可以是一些研究结果。

5. 设计金句

什么样的句子算得上金句？有这样一个公式：金句=内容的总结+有节奏的语言+情绪上的共鸣。它可以是对演讲内容的总结，也可以是对全文的总结，还可以是对部分内容的总结。金句应该是有节奏的，是朗朗上口的，可以激发听众的情绪，引发听众的情感共鸣。如果能让听众牢牢地记住演讲中的一句话，那么这就是一场成功的演讲。

6. 良好的心理素质

美国权威杂志《读者文摘》曾在全美范围内做了一次关于"你最害怕什么"的调查，调查结果显示，排在第一位的是"当众说话"，而"死亡"反而排在了第六位。为什么"当众说话"成为人们的噩梦？这是因为语言表达的成功在很大程度上取决于说话者的心理素质，良好的心理素质可以让说话者在表达过程中镇定自若、游刃有余地面对听众，充分组织语言，运用技巧，从而发挥自己的口才，表达自己的想法。

[小故事] 大胆实践的演讲家

古雅典著名演讲家德摩斯梯尼从小口吃，但他立志演讲，为矫正口吃，使口齿清晰，他将小石子含在嘴里不断地练习。据说他曾把自己关在屋里练习，为锻炼脸皮竟然将头发剃去一半，成了"阴阳头"。经过12年的刻苦磨炼，他终于走上成功之路。

英国戏剧大师、批评家和社会活动家萧伯纳的口才是有口皆碑的。但是，他年轻时却胆小木讷，甚至拜访朋友时不敢敲门，常常"在门口徘徊20分钟"。后来他鼓起勇气参加了一个"辩论学会"，不放过一切机会同对手争辩。他练胆量、练机智、练语言，经过千锤百炼终于成为著名的语言大师。有人问他是怎么练就口才的，他说："我是以自己学溜冰的办法来做的——我固执、一味地让自己出丑，直到我习以为常。"

被誉为"20世纪的演说家"的英国首相丘吉尔，原来讲话结巴、吐字不清晰，他个头又矮，声音也很难听，最尴尬的是在议会下院的最初一次演讲中，他只讲了一半就跑了。他之所以最终拥有举世称赞的雄辩口才，也是刻苦、勤奋、坚持训练的结果。

众所周知，1863年11月19日，林肯在葛底斯堡国家公墓落成典礼上的演讲被尊为英语演讲史上的最高典范。那么，林肯是怎样成功的呢？

林肯准备演讲稿

林肯是在举行典礼前两周才接到通知的。主办者请他在埃弗雷特先生演讲之后"说几句话"。埃弗雷特先生是当时美国最负盛名的演讲家，又是主讲人，而国家纪念委员会出于政治上的考虑才邀请林肯"说几句话"。林肯深谙其中的缘由，所以在演讲前做了充分准备。他先要来了埃弗雷特的演讲稿，该演讲长达两个小时。富有经验的林肯从被邀请"说几句话"的背景及演讲心理学出发，准备做两分钟的演讲。在这两周内，不论在路上，还是在办公室里，一有时间他就思考他的演讲，在内容和艺术上都做了整体的考虑。写出演讲稿之后，他随身携带，有空就思索、推敲。演讲的前一天晚上，他还在葛底斯堡旅馆的小房间里润色演讲稿并高声试讲，请秘书提意见。第二天，在骑马去公墓的路上，面对夹道欢呼的人群，他旁若无人，嘴里仍念念有词，练习演讲。

【演讲稿的写作】

演讲稿是在较隆重的活动和会议上发表的讲话文稿。它是为演讲准备的书面材料，能够梳理演讲者的思路，搭建演讲的结构，提示演讲的内容，消除演讲者的怯场心理，它可以把演讲者的观点、主张与思想感情传达给听众，使他们信服并在思想感情上产生共鸣，引导听众更好地理解演讲内容。

1. 演讲稿的结构技巧

演讲稿通常由开头、主体、结尾三部分构成。

（1）开头要精彩。

演讲稿的开头又叫作"开场白"，虽然只有三言两语，但却具有控制情绪、导入主题、激发情感等作用。因此，一个精彩的开头能在瞬间吸引听众。演讲的开头通常有以下七种方式。

①使用名言警句。使用一些广为人知的俗语、名人名言、警句格言引出演讲的内容，因为它们既有思想深邃和语言优美的特点，又具有广泛的群众基础。

例如，一位领导干部在一次动员大会上的演讲开头引用毛泽东同志的诗句"自信人生二百年，会当水击三千里"。这句经典诗句展示了毛泽东同志自信的豪情，表达了他对生命的渴望、对生活的渴望和对未来如火如荼的斗争岁月的渴望，也引出了下文，即鼓励新时代中国青年要勇作走在时代前列的奋进者、开拓者、奉献者，坚定不移地开创社会主义现代化建设的新局面。深刻的道理通过诗句呈现，一下子便拨动了听众的心弦，为整个演讲拉开了不凡的帷幕。

②故事式。讲述自己难忘的一段往事、一次经历，或一个故事、某个社会新闻、名人轶事，这样的引入轻松自然，还可以通过故事制造悬念，激发听众的兴趣，使听众带着问题期待下面的内容。这样的方式具有很强的吸引力。

③提问式。开篇提出几个问题，以引导听众积极地思考，这样可以立即吸引听众的注意，还可以加强与听众的互动。

例如，朱德同志的《八路军抗战两年来的经验教训》一文的开头如下："八路军抗战两年以来，我们得到了一些什么经验教训呢？"这样的开头，用简洁精练的文字，以提问的形式，直接点明了重点。其新颖生动，引起人们的关注，具有启发性和吸引力。

④提纲挈领式。在开头总提演讲内容，或强调作者的观点，或揭示演讲的主题，为听众提供一把解读的钥匙。

⑤幽默式。以幽默诙谐的方法开场，有助于营造一个和谐轻松的演讲氛围，实现演讲者与听众的无障碍沟通。

例如，"欢迎大家扔鞋，但最好是两只，请记得我的鞋号是 43 号。"这是白岩松在美国耶鲁大学演讲《我的故事以及背后的中国梦》时的开场白。他的幽默赢得了全场师生的掌声和笑声，并向美国学生展现了中国人的豁达与务实。

⑥道具式。其又叫作"实物式"，演讲者开讲之前向听众展示某件实物，给听众以新鲜、形象的感觉，引起他们的注意。实物可以是一幅画、一张照片、一张图表、一件衣服等。

⑦渲染式。创造适宜的环境气氛，引发听众相应的感情，引导听众很快进入演讲。例如，恩格斯《在马克思墓前的讲话》的开头："3 月 14 日下午两点三刻，当代最伟大的思想家停止思想了。让他一个人留在房里还不到两分钟，等我们再进去的时候，便发现他在安乐椅上安静地睡着了——但已经是永远地睡着了。"

这个开头只用了短短的两句话，便把听众带入一个庄严、肃穆、沉痛、对革命导师敬仰的气氛，有利于听众接受演讲的正文。

（2）主体要丰富。

主体部分是演讲稿的重中之重，它起着承上启下的作用，既要内容充实、主旨鲜明、合乎逻辑地逐层展开论述，还要把握好情绪氛围，设置高潮点，以使听众产生心理共鸣。主体部分的特点有以下三个方面。

①结构多样。正文的结构有并列式、正反对比式、层层递进式。

并列式是指围绕演讲中心思想，从不同角度、维度进行论述，而这几个角度、维度之间的关系是并列的。正反对比式中论点、材料之间的关系是对立的，两种截然不同的观点形成鲜明的对比，让听众从对比之中辨清正确的论点。层层递进式要求论点与演讲时的态度和观念是明确的，无论赞成或反对、表扬或批评，都不能含糊其词、模棱两可。对论点的论述是层层递进、由浅至深展开的，重点一般放在最后部分。

②表达方式和修辞手法多样。主体部分就是要对观点展开详细的论述，论据材料不仅是简单罗列，更重要的是根据素材进行巧妙的构思，使用多种表达方式、修辞手法。演讲稿中常使用比喻、排比、反问等多种修辞手法，以强调重点、加强气势、增强感染力。还可以适当插入抒情成分，以渲染感情、烘托气氛。

③升华主题。演讲稿都有一个中心主题，所有材料例证、论述都是围绕中心主题展开的，使用各种方法对材料进行分析、概括、渲染，从而激起听众的心理共鸣。在演讲实践中，可运用四种方法来升华主题，分别是扩展延伸法、深入推进法、由此及彼法、以旧换新法。

A. 扩展延伸法，即由点及面对演讲的主题进行扩展。将对个体事件的论述推及对一类问题的全部或部分事实内涵的概括。

例如，傅缨的演讲《铭记国耻，把握今天》中的一段话：吉鸿昌高挂写有"我是中国人"标语的木牌，走在一片蓝眼睛、黄头发的洋人群中。正是这千百万个赤子，才撑起了我们民族的脊梁，祖国的希望；正是他们，在自己的"今天"，用满腔的热血，冒着敌人的炮火，谱写了无愧于时代的《义勇军进行曲》，才使今天的中华人民共和国国歌响彻神州，那么气势磅礴，那么雄壮嘹亮；正是他们，才使今天的炎黄子孙一次又一次地登上世界最高领奖台，并使那音量越来越大，那旋律越来越强！

吉鸿昌的爱国行为是一个"点"，从这个"点"联想到千千万万个爱国者的精神的"面"，通过层层推进，概括出一代代爱国者的崇高情怀，使单一的事例所体现的思想意义得到扩展、升华。

B. 深入推进法，即由表及里地进行深化，围绕论点，将蕴涵着深层意义的事实材料进行层层推进加深，最后点明中心论点，使听众在层层剖析后留下深刻印象并引发思考。

例如，习近平总书记在纪念红军长征胜利 80 周年大会上回顾了长征时期发生在湖南汝城县的"半床棉被"的感人故事：徐解秀家境贫寒，家里连床御寒的被子都没有，临走时女红军用剪刀把自己仅有的一床被子剪开，将半条被子留给了徐解秀。

习近平总书记为什么要讲述"半床棉被"的故事？这是由表及里的剖析，为了说明"同人民风雨同舟、血脉相通、生死与共，是中国共产党和红军取得长征胜利的根本保证，也是我们战胜一切困难和风险的根本保证"，也为了说明我们党要坚持"一切为了人民、一切依靠人民"。

C. 由此及彼法，即以某一典型事件或自然现象为触发点和媒介来加以引申，联系到另一类相关事物和事理，以此启迪听众的智慧和洞察力，创设充满哲理美的境界和氛围。

以下是一名采购员的精彩演讲。

大家都知道，生活中有"三高"，即高血糖、高血脂和高血压。在我们采购部门也有"三高"，是高压、高质和高糖。第一，高压。作为采购员，有一条高压线是绝对不能踩的，就是损公肥私、拉回扣。第二，高质。要采购高质量的产品、原材料，这是非常重要的。第三，高糖。采购人员要和各方面的供应商沟通、交流，必须要有糖衣炮弹，这样才能让供应商为我们提供更好的服务、更好的产品，给我们更低的价格。

这位采购员通过生活中的"三高"联想到行业中的"三高"，运用了高度概括、数字提炼、由此及彼等方法，使演讲非常精彩。

D. 以旧换新法，即套用一些过去的材料，通过一些特别的阐释和延伸给予老的观点以新的生命力，挖掘出具有现实意义的深刻内涵。

在弘扬爱国主义的主题演讲比赛上，一位演讲者讲述了盼望台湾回归、祖国统一的内容，最后他是这样升华主题的："有一位老知识分子病重期间仍叮嘱自己的子女：'祖国完成统一日，家祭毋忘告乃翁。'"

在这里，演讲者通过陆游的诗句，对演讲的中心主题进行了升华，这句诗被赋予了新的内涵，被赋予了更加深刻的现实意义，把演讲所体现的爱国主义思想感情推向了高潮。

总之，升华主题是演讲艺术的一种重要技巧。用好这种技巧，不仅可以使演讲掀起一波又一波的高潮，而且能够使演讲者与听众和谐呼应、感情共振，增加演讲的感召力、鼓舞性和艺术魅力。

（3）结尾要深刻。

结尾是演讲稿最关键的部分，结尾的点题和思想的归纳影响演讲的效果。一个好的结尾往往可以让听众感到意犹未尽。常见的结尾方法有总结式、号召式和抒情式。

①总结式，即用明确的言辞总结内容，点题升华，给听众留下完整的总体印象。

如毕淑敏在《别给人生留遗憾》中的结尾：如果你有愿望，如果你真的还有力量去实现它，我觉得我一定即刻出发……让我们的理想不要变成化石，让我们现在就行动起来，去实现我们的理想，让我们的人生少些遗憾。

这种结尾照应了开头，概括了内容，提升了主题，使演讲有了灵气。

②号召式，即用富有感召力、鼓舞性的语言去鼓动听众的热情，激发他们采取某种行动的欲望。

例如一场名为"新时代的流行色"的演讲的结尾是这样的：

青年朋友们，我们肩负着历史的重托！是千里马，就应该高声长鸣；是雄鹰，就应该飞腾起舞。当今的世界有着千变万化的流行色，而只有自尊、自信、自强、自立才是我们精神世界的流行色。我们要争当出头鸟，竞做弄潮儿，把我们的青春、热血、大智大勇，自觉投入新时代的大熔炉，为中华的振兴发光发热吧！

这段结尾，以富于鼓动性的语言，号召广大青年投身到民族振兴的洪流中去，有号召力和鼓动力。

③抒情式，即满怀激情，以优美的语言直抒胸臆。这种结尾感情丰富，意境深远，具有强烈的感染力。如《珍惜生命，把握今天》的结尾：

"大江东去，浪淘尽，千古风流人物。"平凡的、不平凡的，他们都曾站在我们脚下的地方生活，他们哭过、笑过、爱过、恨过……朋友，为书写美丽的生命，请把握今天，学会珍惜吧！

这里，演讲者以诗化的语言激励人们珍惜生命，努力拼搏，有很强的感染力。

课堂演练

1. 模拟实训

（1）情境设置：求职演讲。

（2）每组学生想象这次选举情境，组织合适的内容，撰写演讲稿。

（3）设计规则：

①每组选出一篇认为最好的求职演讲稿；

②每组选出一名学生任评委，被推选演讲稿的作者扮演求职者；

③评委根据求职演讲的标准进行打分及点评，演讲时间为5分钟；

④选出最佳的求职演讲稿、求职演讲者和评委。

2. 请分析下列演讲稿开头和结尾的方法。

（1）有一次我们在寝室观看足球比赛，当国家足球队奇迹般地战胜了前世界冠军法国队时，有一位室友激动得一口气砸破了三个暖水瓶，可是他砸的却是别人的。这是爱国热情，还是自私自利？

（2）对今天面临的问题，只要教育在、只要校长们在，老师们、我们就一定能应对好。

教育是一个巨大的机遇,更是一个巨大的责任,我们一起努力。也许对我们的改变不大,但是对孩子们的改变会非常大!对孩子们的改变就是对未来的改变!(马云在第十四届国际校长联盟大会上演讲的结尾)

(3)刚才这首越剧叫作《回十八》,让我非常感慨的是,明年我的儿子就要 18 岁了,我觉得 18 岁真好。坐在上面的,我觉得在 18 岁的时候,你就会这样放肆地尖叫,对吗?叫一声给我听听。没有任何顾忌,未来有无数可能性,18 岁真的太好了,所以 18 岁的时候会有梁山伯与祝英台,18 岁的时候会有罗密欧与朱丽叶,18 岁的时候会有少年维特的烦恼。(杨澜在《你的青春就是精彩》演讲中的开头)

头脑风暴

请从结构的安排、语言的锤炼等角度分析下面演讲稿的巧妙之处。

白岩松在哈尔滨工业大学的即兴演讲实录(节选)

一、迎接平淡

给大家讲个场景:有这么一对儿夫妇,吃完饭就坐那里看电视,看完了,就洗漱一下睡觉,日复一日、年复一年就这么过着。也许有的同学会说:这太枯燥了吧,该离了吧?但真正的生活就是这样,就是这样平常,生活如此,创业如此,大学生们走入社会之后注定要有大部分时间在做平平常常的事。那对夫妻在年老的那一天会彼此含着热泪感谢对方与自己携手相伴一生、彼此温暖一生,而同学们也会在平平常常的生活中终于等来生命中只占百分之五时间的激情与辉煌时刻!(掌声)因此,同学们要做好准备,毕业后准备好迎接平淡。

二、要多做梦

同学们在大学里一定要多做梦,甚至可以梦游,(笑声)比如现在一谈到爱情我脑子里只会闪现我爱人的照片,而你们则可以设想一千位俊男靓女的样子……这就叫作虚位以待。我年少时看了三毛的书也想周游列国,没准还能碰上个女荷西,(笑声)但是所有这些梦想都属于你们这个年龄段,我现在没有资格做这样的梦了,我现在所处的是人生的舍弃阶段,而你们所处的是人生的选择阶段!别放弃做梦!(长时间的掌声)别忘了替这个社会、替这个国家做梦,能全身心地做这种梦,一个人一生中没有几次这样的机会,等你人到中年,上有老、下有小时,想做梦你也力不从心了,因此趁现在抓紧做梦!

三、骑马找马

有人说现在大学生找不到工作,怎么会呢?我有时候就想不通,真的如此,那我国岂不是比美国更发达了,因为我们的大学生都在待业呀!(如雷的掌声)其实大学生不是找不到工作,而是找不到一步到位的最满意的工作!然后心理落差大到可以发电的地步。(笑声)实际上你就是一个骑手,毕业后你就应该先骑上一匹马,只要你优秀,你就能找到更棒的马!(长时间的掌声)

四、精神的骨头

季羡林老先生的一席话我印象很深。我采访他时,他说:"我已经如此老了,但我的道路前方仍有百合花的影子,人生的前方要永远有希望、有温暖才行。"再举个例子,狗赛跑怎么比?怎么让狗跑起来、跑得快?每个狗嘴前边都吊着个骨头,我们每个人也要给自己放个骨头,(笑声)精神的骨头!(热烈的掌声)

> 拓展延伸

(1) 欣赏马丁·路德·金的演讲《我有一个梦想》，结合之前的学习，谈谈你对这篇演讲稿的看法。

我有一个梦想

马丁·路德·金

一百年前，一位伟大的美国人签署了《解放黑奴宣言》，今天我们就是在他的雕像前集会。这一庄严宣言犹如灯塔的光芒，给千百万在那摧残生命的不义之火中受煎熬的黑奴带来了希望。它之到来犹如欢乐的黎明，结束了束缚黑人的漫长之夜。

然而一百年后的今天，我们必须正视黑人还没有得到自由这一悲惨的事实。一百年后的今天，在种族隔离的镣铐和种族歧视的枷锁下，黑人的生活备受压榨；一百年后的今天，黑人仍生活在物质充裕的海洋中一个穷困的孤岛上；一百年后的今天，黑人仍然萎缩在美国社会的角落里，并且，意识到自己是故土家园中的流亡者。今天我们在这里集会，就是要把这种骇人听闻的情况公之于众。

就某种意义而言，今天我们是为了要求兑现诺言而汇集到我们国家的首都来的。我们共和国的缔造者草拟宪法和独立宣言时，曾以气壮山河的词句向每一个美国人许下了诺言，他们承诺给予所有的人以不可剥夺的生存、自由和追求幸福的权利。

就有色公民而论，美国显然没有实践她的诺言。美国没有履行这项神圣的义务，只是给黑人开了一张空头支票，支票上盖上"资金不足"的戳子后便退了回来。但是我们不相信正义的银行已经破产，我们不相信，在这个国家巨大的机会之库里已没有足够的储备。因此，今天我们要求将支票兑现，这张支票——将给予我们宝贵的自由和正义的保障。

我们来到这个圣地也是为了提醒美国，现在是非常急迫的时刻。现在绝非侈谈冷静下来或服用渐进主义的镇静剂的时候。现在是实现民主的诺言的时候。现在是从种族隔离的荒凉阴暗的深谷攀登种族平等的光明大道的时候，现在是向上帝所有的儿女开放机会之门的时候。

如果美国忽视时间的迫切性和低估黑人的决心，那么，这对美国来说，这将是致命伤。自由和平等的爽朗秋天如不到来，黑人义愤填膺的酷暑就不会过去。1963年并不意味着斗争的结束，而是开始。有人希望，黑人只要撒撒气就会满足；如果国家安之若素，毫无反应，这些人必会大失所望的。黑人得不到公民的权利，美国就不可能有安宁或平静；正义的光明的一天不到来，叛乱的旋风就将继续动摇这个国家的基础。

但是对于等候在正义之宫门口的心急如焚的人们，有些话我是必须说的。在争取合法地位的过程中，我们不要采取错误的做法。我们不要为了满足对自由的渴望而抱着敌对和仇恨之杯痛饮。我们斗争时必须永远举止得体，纪律严明。我们不能容许我们的具有崭新内容的抗议蜕变为暴力行动。我们要不断地升华到以精神力量对付物质力量的崇高境界中去。

现在黑人社会充满着了不起的新的战斗精神，但是我们却不能因此而不信任所有的白人。因为我们的许多白人兄弟已经认识到，他们的命运与我们的命运是紧密相连的，他们今天参加游行集会就是明证；他们的自由与我们的自由是息息相关的。我们不能单独行动。

当我们行动时，我们必须保证向前进。我们不能倒退。现在有人问热心民权运动的人：

"你们什么时候才能满足?"

只要黑人仍然遭受警察难以形容的野蛮迫害,我们就绝不会满足。

只要我们在外奔波而疲乏的身躯不能在公路旁的汽车旅馆和城里的旅馆找到住宿之所,我们就绝不会满足。

只要黑人的基本活动范围只是从少数民族聚居的小贫民区转移到大贫民区,我们就绝不会满足。

只要密西西比仍然有一个黑人不能参加选举,只要纽约有一个黑人认为他的投票无济于事,我们就绝不会满足。

不!我们现在并不满足,我们将来也不满足,除非正义和公正犹如江海之波涛,汹涌澎湃,滚滚而来。

我并非没有注意到,参加今天集会的人中,有些受尽苦难和折磨;有些刚刚走出窄小的牢房,有些由于寻求自由,曾在居住地惨遭疯狂迫害的打击,并在警察暴行的旋风中摇摇欲坠。你们是人为痛苦的长期受难者。坚持下去吧,要坚决相信,忍受不应得的痛苦是一种赎罪。

让我们回到密西西比去,回到阿拉巴马去,回到南卡罗来纳去,回到佐治亚去,回到路易斯安那去,回到我们北方城市中的贫民区和少数民族居住区去,要心中有数,这种状况是能够也必将改变的。我们不要陷入绝望而不可自拔。

朋友们,今天我对你们说,在现在和未来,我们虽然遭受种种困难和挫折,我仍然有一个梦想。这个梦想是深深扎根于美国的梦想中的。

我梦想有一天,这个国家会站立起来,真正实现其信条的真谛:"我们认为这些真理是不言而喻的——人人生而平等。"

我梦想有一天,在佐治亚州的红色山岗上,昔日奴隶的儿子将能够和昔日奴隶主的儿子同席而坐,共叙手足情谊。

我梦想有一天,甚至连密西西比州这个正义匿迹、压迫成风的地方,也将变成自由和正义的绿洲。

我梦想有一天,我的四个孩子将在一个不是以他们的肤色,而是以他们的品格优劣来评价他们的国度里生活。

我今天有一个梦想。

我梦想有一天,亚拉巴马州能够有所转变,尽管该州州长现在仍然满口异议,反对联邦法令,但有朝一日,那里的黑人男孩和女孩将能与白人男孩和女孩情同骨肉,携手并进。

我今天有一个梦想。

我梦想有一天,幽谷上升,高山下降,坎坷曲折之路成坦途,圣光披露,满照人间。

这就是我们的希望。我怀着这种信念回到南方。有了这个信念,我们将能从绝望之嶙劈出一块希望之石。有了这个信念,我们将能把这个国家刺耳争吵的声音,变为一支洋溢手足之情的优美交响曲。

有了这个信念,我们将能一起工作,一起祈祷,一起斗争,一起坐牢,一起维护自由,因为我们知道,终有一天,我们是会自由的。

在自由到来的那一天,上帝的所有儿女们将以新的含义高唱这支歌:"我的祖国,美丽的自由之乡,我为您歌唱。您是父辈逝去的地方,您是最初移民的骄傲,让自由之声响彻每个山冈。"

如果美国要成为一个伟大的国家,这个梦想必须实现。让自由之声从新军布什尔州的巍峨峰巅响起来!让自由之声从纽约州的崇山峻岭响起来!让自由之声从宾夕法尼亚州阿勒格尼山的顶峰响起来!

解析:《我有一个梦想》是美国黑人民权运动领袖马丁·路德·金于1963年8月28日在华盛顿林肯纪念堂发表的纪念性演讲。他在美国黑人受种族歧视和迫害由来已久的背景下,为了推动美国国内黑人争取民权的斗争进行了这次演讲。

(2) 演讲能力测试:请回答下列问题,测试自己的演讲能力。

①你喜欢当众发表自己的见解吗?
A. 喜欢(2分)　　　B. 不太喜欢(1分)　　　C. 不喜欢(0分)

②你习惯于当众讲话或在演讲之前做充分准备吗?
A. 是(2分)　　　B. 有时是(1分)　　　C. 从不(0分)

③你能在演讲之前精心设计仪表仪容、手势动作、表情等态势语言吗?
A. 能(2分)　　　B. 有时能(1分)　　　C. 不能(0分)

④你能在演讲一开始就迅速抓住听众的注意力吗?
A. 能(2分)　　　B. 有时能(1分)　　　C. 不能(0分)

⑤你能紧紧围绕演讲主题,寓理于事、情理交融地表达自己的观点,使听众一目了然并心悦诚服吗?
A. 能(2分)　　　B. 有时能(1分)　　　C. 不能(0分)

⑥你能在演讲过程中密切注意听众的反应并及时调整自己的演讲内容与方式吗?
A. 能(2分)　　　B. 有时能(1分)　　　C. 不能(0分)

⑦你能在演讲中出现忘词、停电等意外情形时从容应对吗?
A. 能(2分)　　　B. 有时能(1分)　　　C. 不能(0分)

⑧你能在必要时与听众进行有效互动吗?
A. 能(2分)　　　B. 有时能(1分)　　　C. 不能(0分)

⑨你的普通话标准吗?声音清晰悦耳吗?
A. 是(2分)　　　B. 一般(1分)　　　C. 不(0分)

⑩当众讲话或演讲时,会紧张得语无伦次吗?
A. 从无(2分)　　　B. 有时(1分)　　　C. 经常(0分)

测试结果分析:以上10题满分为20分。如果你的得分在17分以上,说明你的演讲能力很好;如果你的得分为12~16分,说明你的演讲能力一般;如果你的得分在11分以下,说明你的演讲能力较差,必须加强学习和训练。

第三部分　应用写作

学习目标

1. 素养目标

（1）培养学生周密构思、合理布局的写作习惯和规范应用文的写作意识。

（2）培养学生认真、严谨的学习态度和规划意识，树立严谨务实、极具责任心的学习作风。

2. 知识目标

（1）了解应用文的概念、特点、作用及分类。

（2）了解和掌握应用文有关思路和结构方面的基础知识。

（3）了解和掌握应用文语言和表达方式的基础知识。

3. 能力目标

（1）能够认识应用文与文学作品的不同。

（2）培养学生恰当表现主旨、正确选用材料和谋篇布局的能力。

（3）提高学生的语言表达能力和熟练运用规范语言进行应用文写作的能力。

学习储备

在我国，应用文的发展历史悠久，最早可以追溯到殷商晚期，距今已有3 000多年的历史。第一次将"应用文"作为术语使用的是清代学者刘熙载，他在《艺概·文概》中说："辞命体，推之即可为一切应用之文。应用文有上行，有平行，有下行，重其辞乃所以重其实也。"他指出了应用文重实际、讲实效的特点。中华人民共和国成立后，随着应用文的进一步使用，应用文也有了较为规范的表述：国家机关、企事业单位、社会团体和人民群众在日常工作、生活学习中，处理公共事务或私人事务时所使用的具有某种固定格式和直接应用价值的文章。这说明了应用文的功能在于实用，格式约定俗成，语言通俗易懂。

一位哲人说过："一个人一辈子可以不写诗歌，不写散文，不写小说和戏剧，但绝不可以不写应用文。"（引自徐杰《国际汉语写作学术研讨会开幕词》，见邓景滨《全球化视野下的汉语应用文研究》，澳门大学出版社，2010年11月版）的确如此，从小学的请假条，到中学的申请书，再到大学的毕业论文、求职信，到参加工作后的请示、报告、合同等，都属于应用文。

有人概算过，人们日常工作和生活中接触到的文本，有95%是应用文。

应用文与人们的工作生活密不可分，对于治国安邦的大业亦如此。

1 000多年前，曹丕就说过："文章，经国之大业，不朽之盛事。"这里的"文章"，指的就是应用文。

后来的文学理论家刘勰进一步发展了曹丕的思想，指出："章表奏议，经国之枢机。"

再后来，唐太宗也曾感言："文章千古事，社稷一戎衣。"意思是，文章是关系到千秋万代的大事；而金钱权势，不过是戍边将士身上的一件战衣，可瞬间更替。这里的"文章"，指的也是应用文；至于"社稷"，不能按字面意思理解为"江山社稷"，而应取其引申义和比喻义，即"金钱权势"。

应用文是人类在长期的社会实践活动中形成的，在处理公私事务时经常使用的实用性文体，是保证人们日常生活和工作正常运转的重要工具，是人际交往中必不可少的重要文体，是国家机关、政党、社会团体、企业事业单位在日常工作中处理各种事务时经常使用的具有约定成俗的惯用格式的文体，是人们传递信息、处理事务、交流感情的工具。应用文像其他文章一样也是一种传媒，是人们传递信息、处理事务、交流感情的工具，有的应用文还用来作为凭证和依据。随着社会的发展，人们在工作和生活中的交往越来越频繁，处理的事务也越来越复杂，因此应用文的功能也就越来越丰富。所谓应用文，是人们在生活、学习、工作中为处理实际事务而写作，具有实用性特点，并形成惯用格式的文章。

根据不同的使用领域，应用文可以分成不同的类别。本部分对应用文进行分类介绍。

模块一　　学习积累

任务一　公文

　　公文，是党政机关、社会团体、企事业单位在行使管理职权、处理日常工作时使用的、具有直接效用和规范体式的文书。常用的公文有行政机关公文、党的机关公文。行政机关公文是行政机关在行政管理过程中形成的具有法定效力和规范体式的文书，是依法行政和进行公务活动的重要工具。党的机关公文是党的机关实施领导、处理公务的具有特定效力和规范格式的文书，是传达贯彻党的路线、方针、政策，指导、布置和商洽工作，请示和答复问题，报告和交流情况的工具。

1　通　知

　　通知是适用于批转下级机关的公文，转发上级机关和不相隶属机关的公文，传达要求下级机关办理和有关单位需要周知或者执行的事项，任免和聘用干部的一种公文。

　　在行政公文中，通知是使用范围最广、使用频率最高的文种。

【通知的特点】

1）广泛性

　　从使用者看，上自党中央、国务院，下至基层机关、企事业单位、社会团体都可以发布通知。从写作内容看，大到传达上级部门的重要方针政策，小到日常行政工作中的一般事项，都可以使用通知。下行文的主要功能，通知几乎都具备。

2）时效性

　　通知的下达事项一般要求在一定时期内应知或应办，要严格掌握时间，以免过期，延误工作，因此通知具有较强的时效性。

3）执行性

　　通知用于布置和安排工作，发布规章制度，批转或转发有关文件要求下级执行。

4）知照性

　　通知用于沟通情况、交流信息时，只要求受文单位了解情况，而不要求其执行和具体办理。

【通知的种类】

　　根据内容的不同，通知大体可以分为以下几种。

1）指示性通知

指示性通知是用于直接发布行政法规，上级机关对下级机关布置任务、指示和安排工作时使用的一种通知。这种通知带有强制性、指挥性和决策性。

2）颁转性通知

颁转性通知包括转发性通知、批转性通知和发布性通知三个类型。

（1）转发性通知。

转发性通知是上级机关、平行机关、不相隶属机关发布的某些法规，适用于本机关下属单位，需要将其转至本机关或下属单位，要求其贯彻执行时使用的通知。

（2）批转性通知。

批转性通知是将有关公文作为附件下发的通知，可以用于颁发本机关单位制定的规章制度；批准发出下级机关或业务部门的公文；转发、印发上级、平级和不相隶属机关的公文。下级机关的公文一旦被批转就变成批转单位的意见，在其管辖范围内具有约束力。

（3）发布性通知。

发布性通知是一些单位和部门根据工作需要发布有关行政法规和规章、办法、规则、制度、条例、措施但又不具备使用命令时使用的通知。

3）知照性通知

知照性通知是日常事务性通知，即向有关单位告知某件事情、交代有关事项，不需要办理或执行时使用的通知，主要用于沟通情况、交流信息。

4）会议通知

会议通知即以召开某次会议的有关事项为内容的通知。

5）任免通知

上级机关宣布对有关工作人员职务的任免、聘用、解聘的决定，用通知的形式告知下级机关。

【写作知识】

通知一般由标题、主送机关、正文、落款、加印等几部分组成。

（1）标题。

通知的标题有以下几种形式。

①可采用三要素齐全的标题，即由发文机关、事由、文种三部分构成，联合发文必须使用该种标题，如《××大学关于元旦放假的通知》。

②标题可由事由加文种组成，但如果是联合行文，则不可以用此标题方式，如《关于召开招生工作会议的通知》。

③省略多余的"关于"和"通知"字样。颁转性通知的标题由"发文机关+发布（批转、转发）+被发布文件标题+通知"构成。被发布、批转、转发的为法规、规章时，一般应加上书名号。如遇多层转发，可以省掉"中转"单位，使题目简明。

④省略发文机关和事由。如果通知发放范围较小，内容简单，或需要张贴，标题可以只写"通知"。

（2）主送机关。

所有通知都必须有主送机关，即必须指定此通知的承办、执行或应当知晓的主要受文机关。这些机关一般为直属下级机关。通知可以多头主送。

（3）正文。

在所有的公文中，通知是写法最为复杂的。不同的通知，其正文部分的写法有明显的差异。因此，写作通知前，应辨别清楚类型，以便根据各类通知的不同要求进行写作。

①指示性通知的写法。

指示性通知一般由开头、主体和结尾几部分组成。开头部分交代行文的原因、目的或意义，简明扼要地说明通知的针对性和目的性，再阐明通知的意义，以引起下级机关和有关人员的重视。主体部分主要交代工作任务、阐明具体措施、指出工作时应注意的问题，如果内容较多，可以采用条款方式。结尾提出希望或要求。它的目的在于让受文单位了解"做什么""为什么做""怎样做"。

②颁转性通知的写法。

转发、批转性通知先说明转发、批转的目的或陈述转发、批转的理由，然后对受文单位提出贯彻执行的具体要求，最后根据具体情况做出补充规定。这类通知一般用"请贯彻执行""希望照此执行""望遵照办理"等结尾。发布性通知一般先写发文的原因、背景、依据，在事项部分写明发布的行政法规、规章制度、办法、措施等，然后写明执行要求。

该类通知尽管位于正件后的附件位置，但它们仍属于正件。

③知照性通知的写法。

知照性通知并无固定格式，说清楚事项信息即可。写作时大体有三种情况：一种是开头、主体、结尾分别写出发通知的原因、告知的事项和要求；一种只写发文缘由和告知事项；还有一种直接交代要告知的事项。该类通知最后经常用"特此通知"等惯用结束语。写作时要求具体化、细节化。

④会议通知的写法。

会议通知要求写明召开会议的原因、目的，会议的名称、议题、时间、地点、出席对象，需要的材料以及筹办会议的单位名称、联系人、联系地址、电话号码，会议食宿安排，去往会址的路线、接洽标志等，有的通知的后面还要附上入场凭证或请柬等。

⑤任免、聘用通知的写法。

任免、聘用通知一般只写决定任免、聘用的依据，批准的机关和日期，以及任免、聘用人员的姓名、具体职务。常用"经×××（或×××会议）研究决定"这一简明句式表达。

若一份通知中既有任又有免，应按照先免后任的次序排列。

（4）落款。

如果标题中已有发文机关，则只注明发文日期即可。

（5）加印。

【通知的写作注意事项】

1）明确行文目的

首先要明确为什么写通知、通知的主要内容是什么、通知属于哪种类型等，以便确定如何进行写作。其次要确定写作的范围和对象，针对问题，解决问题，依据实际工作需要确定写作范围和对象。

2）事项明确、具体

通知事项所涉及的原则、办法、措施、步骤、要求等要清楚明白，符合实际，切实可行。为利于受文单位操作，要抓住重点部分，讲清楚应执行的具体事项，有关时间、地点、条件等不能出现差错和遗漏，以免贻误工作，造成无法挽回的损失。

3）语言庄重、得体

通知有较强的权威性，语气必须庄重，多使用祈使句式或主谓完全句式增强语势，果断坚决，不留余地，体现发文机关的权威性和严肃性，但也不要乱打官腔、说空话、套话，注意得体。

【写作例文】

国务院关于调整城市规模划分标准的通知

国发（2014）51号

各省、自治区、直辖市人民政府、国务院各部委、各直属机构：

改革开放以来，伴随着工业化进程加速，我国城镇化取得了巨大成就，城市数量和规模都有了明显增长，原有的城市规模划分标准已难以适应城镇化发展等新形势要求。当前，我国城镇化正处于深入发展的关键时期，为更好地实施人口和城市分类管理，满足经济社会发展需要，现将城市规模划分标准调整为：

以城区常住人口为统计口径，将城市划分为五类七档。城区常住人口在50万以下的城市为小城市，其中20万以上50万以下的城市为Ⅰ型小城市，20万以下的城市为Ⅱ型小城市；城区常住人口在50万以上100万以下的城市为中等城市；城区常住人口在100万以上500万以下的城市为大城市，其中300万以上500万以下的城市为Ⅰ型大城市，100万以上300万以下的城市为Ⅱ型大城市；城区常住人口在500万以上1 000万以下的城市为特大城市；城区常住人口在1 000万以上的城市为超大城市。（以上包括本数，以下不包括本数）

城区是指在市辖区和不设区的市，区、市政府驻地的实际建设连接到的居民委员会所辖区域和其他区域。常住人口包括：居住在本乡镇街道，且户口在本乡镇街道或户口待定的人；居住在本乡镇街道，且离开户口登记地所在的乡镇街道半年以上的人；户口在本乡镇街道，且外出不满半年或在境外工作学习的人。

新标准自本通知印发之日起实施。各地区、各部门出台的与城市规模分类相关的政策、标准和规范等要按照新标准进行相应修订。

国务院
2014年10月29日

（资料来源：中华人民共和国中央人民政府网站）

以上是一篇国务院知照下级机关的通知，即向有关单位告知调整城市规模划分标准，不需要办理或执行。标题采用完全式，多个主送机关间依次用顿号和逗号进行标注，正文分别写出发通知的原因、告知的事项和要求，最后署名日期。该通知格式齐全，内容清楚。

模块一 学习积累

课堂演练

（1）通知有哪些特点？

（2）学校总务处通知各班学习委员明天（5月15日）上午课间时间在学校总务处办公室领取《扫黑除恶专项斗争应知应会基础手册》，每班20本。请你代学校总务处写一份通知。

头脑风暴

通知和通告有何区别？

拓展延伸

紧急通知的适用范围

与一般性通知不同的是，紧急通知所发布、传达的事项更为紧急，多为突发性、临时性事项。认真考察紧急通知的应用实践，其适用范围大致有以下几种情形。

1. 贯彻上级重要精神，抓好落实

工作中，上级机关近期召开了某个重要会议，或作出了某项重要安排，一些重要的政策、精神、部署亟须抓紧学习、贯彻和落实，这就需要借助紧急通知来做出安排。

2. 转发上级公文，做好贯彻

上级机关下发文件部署重要工作，需要下级机关立刻落实，或落实、执行的时间短、任务重，为了在规定的时限内完成，常常需要下发紧急通知强力、快速、高效地推进工作。

3. 举行会议活动，推动工作

在工作中，有时需要紧急召开会议，研究决定重要事项，或开展某项工作，为了确保会议活动如期、顺利举行，常常下发紧急通知。

4. 临时改变预定事项，重做安排

这种情况常常是预定安排已采用下发通知等形式广泛告知参与者，但由于主要领导无法出席、另有更为重要的事情需紧急处理、多项重要工作时间冲突难以协调等原因，只能临时改变或者取消事先的安排，对会议、活动重新安排。为了及时告知参与者，便需要以紧急通知的形式快速传递相关信息。

5. 纠正不良现象，维护秩序

当社会上出现了某种不良风气和现象，影响极为恶劣时，为了快速有效地遏制不良现象的蔓延势头，也常常下发紧急通知，对不良现象予以纠正和制止。

6. 预防重大事故，未雨绸缪

为了预防有可能发生的事故、灾难，有时需要提前做好应对，防患于未然。这时的紧急通知发挥着预警的重要作用。

7. 应对突发事件，妥善处理

当某地发生火灾、车祸、爆炸等恶性事故，或者危害严重的自然灾害时，为了做好应急处理，防止事态恶化、类似情况出现或发生次生灾害，有关部门也常常下发紧急通知，做出应急安排。

（李展：《紧急通知适用范围探析》，《秘书之友》2017年第6期，有删改）

2 报　　告

报告是机关单位向上级机关汇报工作，反映情况，提出意见或者建议，以及答复上级机关询问的文件，是一种陈述性的上行公文。报告可以用来向上级机关反映本部门、本单位贯彻各项方针、政策、指示的情况，也可以用来反映实际工作中遇到的问题。

【报告的特点】

1）内容的汇报性

一切报告都是下级向上级机关或业务主管部门汇报工作，让上级机关掌握基本情况并及时对自己的工作进行指导，所以，汇报性是报告的一大特点。

2）语言的陈述性

因为报告具有汇报性，是向上级讲述做了什么工作，或工作是怎样做的，有什么情况、经验、体会，存在什么问题，今后有什么打算，对领导有什么意见、建议，所以行文上一般都使用叙述方法，即陈述其事，而不是像请示那样采用祈使、请求等方法。

3）行文的单向性

报告是下级机关向上级机关行文，是为上级机关进行宏观领导提供依据，一般不需要受文机关的批复，属于单向行文。

4）成文的事后性

多数报告都是在事情做完或发生后，向上级机关做的，是事后或事中行文。

5）双向的沟通性

报告虽不需批复，却是下级机关以此取得上级机关的支持和指导的桥梁，同时上级机关也能通过报告获得信息，了解下情。报告成为上级机关决策指导和协调工作的依据。

【报告的种类】

（1）报告按其行文的目的和作用，一般分为工作报告、情况报告、例行报告、答复报告四种。

凡用于向上级汇报工作情况的报告，通常称作工作报告，它侧重于陈述工作的进展情况及主要做法，有时也附带陈述工作的经验、教训。

情况报告是指用于向上级反映工作中的重大情况、特殊情况和新动态等的报告。这种报告便于上级和机关根据下级情况，及时采取措施，指导工作。情况报告与工作报告相比，突出特点是使用面广、反应迅速、方式灵活，具有较强的信息性，往往是领导决策的依据；而工作报告，从实际执行上看其作用在于决策的信息反馈性，服务于决策的连续性。

例行报告主要指日报、周报、月报、季报和年报等，常见于工作生活中，用于工作直属下级对上级汇报制定时间段的工作安排，报告内容除要反映这段时间的工作完成进度和结果外，还要说明工作中所发生的情况、经验、体会、存在的问题和解决问题的办法，一般采用记叙的方式，要求内容全面而言简意赅。

答复报告是针对上级机关向下级机关提出的询问或要求，经过调查研究后所做的陈述情况或者回答问题的报告。

（2）报告按其表达的形式，可分为专题性报告与综合性报告。

①专题性报告。

不论是汇报、反映情况，还是提出意见、检讨错误，凡只涉及某一个方面、某一个专项的事情，均属于专题性报告。它与综合性报告相比，其特点集中体现为一个"专"字。此类报告在报告中所占的比重相当大。

②综合性报告。

这类报告用来全面反映、汇报一个单位、地区、系统的工作进展情况。

【写作知识】

报告一般由标题、主送机关、正文、落款组成。

1）标题

报告的标题有两种写法：一是"发文机关+主要内容+文种"的写法，如《全国人大常委会执法检查组关于检查〈中华人民共和国水法〉实施情况的报告》；二是"主要内容+文种"的写法，如《关于进一步加强我市公共场所防火工作的报告》。

2）主送机关

行政机关的报告，主送机关可以不止一个。报告应报送自己的直接上级机关，一般情况下不要越级行文。

3）正文

报告的正文写法虽有不同，但一般都是由导语、主体和结语三部分组成。

（1）导语。

导语指报告的开头部分，它起着引导全文的作用，因此称为导语。不同类型的报告，其导语的写法也有较大不同。概括起来，报告的导语有以下几种类型。

背景式导语，就是交代报告产生的现实背景。根据式导语，就是交代报告产生的根据。叙事式导语，就是在开头简略叙述一个事件的概况，一般用于反映情况的报告。目的式导语，就是将发文目的明确阐述出来作为导语。

报告导语的写法不止以上四种，运用时可以举一反三，融会贯通，灵活处理。

（2）主体。

主体是报告内容的关键所在和核心部分。

报告的主体也有多种写法，下面择要介绍几种常见写法。

①总结式写法。这种写法主要用于工作报告。主体部分的内容，以成绩、做法、经验、体会、打算、安排为主，在叙述基本情况的同时，有所分析、归纳，找出规律性认识，类似工作总结。总结式写法最需要注意的是结构的设计安排。按照总结出来的几条规律性认识来组织材料、安排层次，是最常用的结构方式。

②"情况—原因—教训—措施"四步写法。这种写法多用于情况报告。先将情况叙述清楚，然后分析情况产生的原因，接着总结经验教训，最后提出下一步的行动措施。

③指导式写法。这种写法多用于建议报告。希望上级部门采纳建议，批转给有关部门执行、实施，是建议报告的基本写作目的。为此，建议要针对某项工作提出系统完整的方法、措施和要求，对工作实行全面的指导。形式上采用分条列项的方法逐层表达。

（3）结语

报告的结语比较简单，可以重申意义、展望未来，也可以采用模式化的套语收结全文。模式化的写法大致是"特此报告""以上报告，请审阅（议）""以上报告如无不妥，请批转执行"等，结语也可以省略。

4）落款

落款注明发文机关全称或规范化简称并加盖公章，发文时间位于发文单位下方。

【写作要求】

1）明确文种

尤其应当注意不要与请求混用。报告事项不得夹带请示事项，否则会因"报告"不需批复而影响请示事项的处理和解决。

2）材料真实

向上级机关汇报工作应该本着实事求是的态度，如实汇报。无论是成绩还是失误，都应该全面、真实地反映，不能只报喜不报忧，也不能夸大和虚构。上报的公文应该在调查研究、全面掌握本单位情况的基础上撰写。

3）主旨鲜明

报告的内容，一般涉及面宽而且复杂，很容易写得篇幅较长而又重点不够突出，泛泛而谈。这就要求在撰写报告时力求观点鲜明，条理清楚、简洁、深刻。

【写作例文】

万达集团公司2014年工作报告

××××：

2014年转瞬即逝。全体员工在集团公司的领导下，上下一心，团结协作，顺利地完成了全年各项工作指标。展望2015年，相信公司会有更广阔的发展前景。为了更好地开展工作，认真吸取经验教训，找出工作中存在的问题，现将2014年度各项工作情况报告如下。

一、2014年主要工作成绩

2014年面临的形势非常困难，中国经济持续放缓。国际环境也不容乐观，世界经济主要有四台发动机，欧洲陷入泥潭，日本也不行了，美国稍好，但也只是"弱复苏"，中国也在下滑。在这样困难的形势下，经过全体同人的努力，2014年万达依然取得非常优秀的成绩。

（一）全面完成年度目标

2014年万达集团资产为5 341亿元，同比增长34.5%；收入为2 424.8亿元，完成年计划的101%，同比增长30%；企业净利润同比也大幅增长。这是万达连续第9年保持环比30%以上的增速。（略）

（二）主要公司成功上市

商业地产公司2014年12月23日在香港成功上市，募集313亿元港币，是全球历史上最大的房地产IPO，也是香港2014年最大的IPO。商业地产公司上市是我们多年努力的良好结果。特别是通过上市路演交流，得到很多启示，发现了不足之处，这对商业地产长期发

展有重要意义。(略)

(三) 文化产业重大突破

1. 创造中国文化产业历史。(略)

2. 代表文化产业发展方向。(略)

3. 经营效果超出预期。(略)

4. 无锡、广州万达城开工。(略)

二、2014年存在的主要问题

(一) 企业管理仍存漏洞

大歌星出现严重管理漏洞,财务系统三次预警,总经理和分管副总裁仍不改进,集团只好给予纪律处分。领导的问题,影响到去年大歌星几千名员工的收入和奖金。

(二) 工程质量出现问题

武汉积玉桥项目住宅装修质量出现问题,出现问题不怕,但武汉项目公司、商管公司,对业主反映的质量问题不够重视,没有立即返修,最后导致业主上街闹事,给万达集团造成严重的负面影响。

(三) 管理费用偏高

集团总部和各系统都存在管理费用偏高的问题,这是我们聘请权威第三方机构调研得出的结论。特别是一些不挣钱的部门,花钱更是大手大脚,不注意节约。去年下半年丁总裁牵头解决这个问题,并定下一条底线,今后万达管理费用的增长幅度,不得超过企业收入和净利润的增长幅度。

三、2015年主要工作安排

(一) 2015年经营主要目标

全集团资产6 100亿元,收入2 740亿元。商业地产方面开业26个万达广场、14间酒店。收入、租金、利润指标内部下达。

文化集团收入450亿元。(略)

(二) 开始全新转型升级

1. 第四次转型。(略)

2. 万达集团的转型。(略)

3. 商业地产的转型。(略)

(三) 加快发展电子商务

1. 确保成都云计算中心10月之前竣工,支持电商全国联网运行。(略)

2. 搞好技术研发。(略)

3. 做大支付规模。(略)

今年推荐读《万达哲学》,通过读这本书让大家更加深入地了解万达文化。

2015年全国经济形势仍然严峻,经济增长有可能继续放缓,在这种情况下,希望万达全体同人共同努力,坚决完成全年所有目标。

董事长:王健林
2015年1月17日

课堂演练

(1) 报告的"行文的单向性"和"双向的沟通性"的特点是否存在矛盾?

(2) 根据下面提供的材料，请以××市商务局的名义向××省商务厅起草一份报告。

①××××年5月20日上午9点20分，××市××百货商城发生重大火灾事故。

②事故后果：未造成人员伤亡，但烧毁三层楼房一幢及大部分商品，直接经济损失1 792万元。

③施救情况：事故发生后，市消防支队出动15辆消防车，经4个小时扑救，火势才被控制。

④事故原因：直接原因是电焊工李××违章作业，在一楼铁窗架电焊火花溅到易燃货品上引起火灾，但也与××百货商城管理部门及员工安全意识淡薄、商城安全制度未严格落实、许多安全隐患长期得不到解决有关。

⑤善后处理：市商业局副局长带领有关人员赶到现场调查处理；市人民政府召开紧急防火电话会议；市委、市政府对有关人员视情节轻重，做了相应处理。

头脑风暴

请示和报告同属上行文，是下级机关经常采用的文种，但在具体的行文写作中，报告和请示错用的现象也比较常见，请说说请示和报告的区别。

拓展延伸

"编"写的报告

赵海华是个保安。有一天半夜，他下班回家，忽然听到路边有人喊救命。赵海华跑过去一看，发现两个歹徒正在对一个女孩施暴。他毫不犹豫地扑了上去，一场搏斗后，歹徒逃走了，女孩得救了，赵海华却被捅了七八刀，倒在血泊中。

赵海华醒来时，发现自己躺在医院的病床上。赵海华奋不顾身救助女孩的行为引起了轰动，不等他出院，记者们就纷纷来采访他。出院后，赵海华被授予见义勇为英雄称号，得了两万元奖金和一本荣誉证书，他高兴得合不拢嘴。

这天，赵海华正在家里欣赏金光闪闪的证书，宣传部的张股长前来登门拜访。张股长开门见山地说：海华，市里准备开个英模报告会，宣讲你的英雄事迹。你是主讲人，得好好准备一下。

赵海华吓得跳起来："我天生嘴笨，哪会作报告？"

张股长笑着说："我知道你不会，所以才来教你。"

张股长亲自给赵海华起草讲话稿，边问边写。他问得非常详细，不但问当晚救女孩的经过，还问小时候做过什么好事。赵海华皱起眉头说："小时候的事谁还记得？"

张股长引导说："你能冒着生命危险救人，这不是偶然的，你肯定从小就乐于助人。好好想想，有没有扶老人过马路，或者给乞丐钱？"

赵海华皱着眉头，冥思苦想了半天后，说："实在不记得了。"

张股长只好发挥想象力，写赵海华从小乐于助人。上小学二年级的时候，有一天，他看见学校旁边有个乞丐，就把午餐费给了乞丐，自己饿着肚子上课。

赵海华吃惊地问："我都不记得有这回事，你是怎么知道的？"

张股长说："这是合理推测，你小时候很可能做过这类事，只是现在记不起来了。"

说话间，赵海华撩起衣袖，露出手臂上的一块疤痕。张股长如获至宝，立刻写赵海华小时候见义勇为，小学五年级的暑假，他看见一个小同学被一条狗追赶，就勇敢地上去救援，结果被狗咬伤了手臂。

赵海华马上纠正："写错了，我的手臂是偷红枣被树枝划伤的，当年还被我爸打了一顿，这件事我记得清清楚楚，赶紧改过来。"

张股长不但不改，还耐心开导他："大事真实就行了，小事不要计较。做报告最要紧的是感动听众，这个我比你内行，听我的没错。"

讲话稿写成后，赵海华发现大部分内容都是假的，但写得很生动，越生动的地方越假。他难为情地说："满篇都是假话，我怎么好意思讲？"

张股长很有经验地说："你先练着讲十遍，讲多了，自然会慢慢觉得是真的。"

张股长一连几天都来教赵海华做报告，至少练了几十遍，直到赵海华讲得声情并茂，才勉强过关。练好后，就要真刀真枪上阵了。

第一场报告会是在青少年宫举行的，家长带着孩子来听，至少有2 000人。赵海华觉得自己像个演员，按照张股长写的剧本表演。为了不让人看出破绽，他尽可能演得真实些、生动些。结果，那些天真无邪的孩子，听着听着就流下了眼泪。

报告会结束后，张股长称赞赵海华讲得好。赵海华纠正说："不是我讲得好，是你的稿子写得好。"

张股长趁机再给赵海华上一课："做报告就像炒菜，要不断出新，才能持久吸引听众。你已经上路了，回家后自己琢磨，多准备一些感人的事例，争取一场比一场精彩。"

赵海华觉得张股长的话很有道理，再好的菜肴，多吃也会腻味的。他决心做个好"厨师"，回家后就仔细询问母亲，自己小时候做过什么好事。有一成的，他就夸大到十成，更多的是像张股长那样，凭空捏造。赵海华准备了三十多个事例，拿给张股长看，请他帮忙把把关。张股长看后，拍着赵海华的肩膀，兴奋地说："你小子进步可真快啊！这些事例，每一个都感人至深，连我这个老油条都快掉眼泪了。"

功夫不负有心人，赵海华每次做报告效果都非常好，场场催人泪下。他的心态也渐入佳境，不会感到丝毫的不好意思，仿佛自己说的都是百分之百的真事。直到两个月后，他碰到一个小男孩。

那是一个中午，赵海华做完报告后，在街上碰见一对母子和一个乞丐，母亲要带儿子去吃饭，小男孩却要把所有的钱都给乞丐。母亲和蔼地问："你不怕饿肚子？"

小男孩认真地说："英雄叔叔读小学二年级的时候，就把午餐费给乞丐，自己饿着肚子上了一天课，我饿一会儿怕什么？"

母亲摸摸儿子的头说："好，那我们回家再吃饭吧。"她把钱交给儿子，儿子再双手递给乞丐。乞丐连连鞠躬说："谢谢！谢谢！"

乞丐转身又向赵海华乞讨，赵海华也给了乞丐一些钱。母子俩这才发现，刚才做报告的大英雄跟在身后，于是他们边走边聊。

走到一座桥上时，小男孩忽然问："叔叔，您有纸和笔吗？"

赵海华身上正好带着一个崭新的小本子和一支笔，就掏出来，爽快地说："送给你了。"

小男孩把桥栏当桌子，立刻写起来。母亲劝他说："回家再写吧。"

小男孩摇摇头说："我怕回到家就记不清楚了。"

赵海华好奇地问:"什么事这么重要,非要现在写下来?"

小男孩边写边答:"我写完再给您看。"

过了一会儿,小男孩写完了,他恭恭敬敬地把本子递给赵海华。赵海华接过本子,发现小男孩把刚才将吃饭钱全部给乞丐的事,详详细细地记在了本子上。赵海华莫名其妙地问:"你写这个干什么?"

小男孩一脸严肃地说:"不写下来,等我长大后成了英雄,哪里还记得小时候做过的好事?刚才听您做报告,您对小时候做过的好事,每件都记得清清楚楚。我想,您小时候肯定是每做完一件好事,就立刻记到本子上的,对吗?叔叔,改天可以把您的本子给我看看吗?"

赵海华顿时羞愧得无地自容,他真想翻过桥栏跳下去,让河水把自己淹没。

3 请 示

请示是下级机关、单位向上级机关请求指示、答复、审核和批准有关事宜时使用的一种请求性文件,属于上行公文。

【请示的特点】

1)行文内容的请求性

请示是向上级机关请求指示和批准的公文,行文内容是陈请上级对某件事做指示或批复,具有请求性。

2)行文目的的期复性

请示的行文目的是请求上级批准,解决某个具体问题,要求做出明确答复。

3)行文时机的超前性

请示的行文时机具有超前性,必须在事前行文,等上级机关做出答复之后才能付诸实施。

4)请示事项的单一性

请示事项具有单一性,要求一文一事,不拖泥带水。

【请示的种类】

请示分为请求指示的请示、请求批准的请示和请求批转的请示三种。

1)请求指示的请示

这类请示一般是政策性请示,是下级机关需要上级机关对原有政策规定做出明确解释,对变通处理的问题做出审查认定,对如何处理突发事件或新情况、新问题做出明确指示等的请示。

2)请求批准的请示

这类请示是下级机关针对某些具体事宜向上级机关请求批准的请示,主要目的是解决某些实际困难和具体问题。

3）请求批转的请示

下级机关就某一涉及面广的事项提出处理意见和办法，需各有关方面协同办理，但按规定又不能指令平级机关或不相隶属部门办理，需上级机关审定后批转执行，这样的请示就属于请示批转的请示。

【写作知识】

请示一般由标题、主送单位、正文、落款四个部分组成。

1）标题

标题有两种写法：一种只表明请示的事由和文种；另一种在标题的事由和文种之前，还要加上发出请示的单位名称。请示的标题中，事由不能写得含糊其词或笼统抽象，而要明确标明请示批示（批准）的问题是什么。请示不能只使用文种，也很少有"发文机关+文种"的标题；不能将"请示"写成"报告"或"请示报告"；标题中不要出现"申请""请求"之类的词语。

2）主送单位

主送单位指请示报送的主管单位，放在标题之下、正文之前，顶格书写，要写单位全称，或者规范化的简称。

3）正文

正文一般包括请示缘由、请示事项和结语三部分。

（1）请示缘由。请示缘由在正文的开头撰写，它是请示的重要构成部分，是请示能否被批准的关键所在，这一部分是请示写作的着力点。撰写时应做到理由充分、实事求是，使上级了解请示事项的必要性。

（2）请示事项。请示事项是正文的主体，包括办法、措施、主张、看法等。请示事项要符合法规，符合实际，具有可行性和可操作性。因此，请示事项要写得具体、明白。如果请示事项内容比较复杂，要分清主次，一条一条地写出来，条理要清楚，重点要突出。注意：若请示事项简单，它往往和结语合为一句话，如《关于丹霞山风景名胜区列为国家重点风景名胜区的请示》的最后一句话："现申请把丹霞山风景名胜区列为国家重点风景名胜区，请审批。"请示要求写得具体、明确、适度，切忌笼统、含糊或提过分要求，只宜请示一件事情。

（3）结语。结语一般是固定格式的请求语，如"当否，请批示""以上意见是否妥当，请指示"或"以上意见如无不妥，请批转有关单位执行"等。结语是请示必不可少的一项内容，不能遗漏，更不能含糊其词。

4）落款

落款写明请示的单位和时间。如果标题中有发文单位，落款时可以不再写，但必须加盖印章。

【写作要求】

1）一文一事

一份请示只能写一件事，这是《国家行政机关公文处理办法》所规定的，也是实际工作的需要。如果一文多事，可能导致受文机关无法批复。

2）单头请示

请示只能主送一个上级领导机关或者主管部门。如果需要，可以抄送有关机关。这就可以避免出现推诿、扯皮的现象。

3）不越级请示

不越级请示这一点，与其他行政公文是一样的。如果因特殊情况或紧急事项必须越级请示，要同时抄送越过的直接上级机关。除个别领导直接交办的事项外，请示一般不直接送领导个人。

4）不抄送下级

请示是上行公文，行文时不得同时抄送下级以免造成工作混乱，更不能要求下级机关执行上级机关未批准和批复的事项。

5）言辞恳切

请示是上行公文，语气要诚恳谦恭；杜绝明确强烈的主观色彩，如"我们认为""一定要"等，减少施压的嫌疑，行文的主观性若引起上级部门的反感，会使请示的批准、转呈被耽搁，或不予批复而转回；请示应实事求是；可以充分陈述理由，但应避免偏执。

【写作例文】

关于成立跆拳道协会的请示

院团委：

跆拳道是一项以脚踢为主、手脚并用的体育运动，练习跆拳道不仅可以强身健体，而且还有助于锻炼观察能力、判断能力、反应能力，有助于培养坚定的信心、顽强的毅力、勇于吃苦和奋力拼搏的精神，特别是跆拳道"以礼始，以礼终"的练习要求，更有助于青年学生对礼仪文明、道德修养的学习。正因如此，这项起源于朝鲜半岛的体育运动自2000年被列入奥运会正式比赛项目以后，很快在世界各国得到了推广。我国对这个项目也是喜爱有加，全国绝大多数省、市、自治区和高等院校都成立了跆拳道协会，有的高校还开设了跆拳道专业，跆拳道运动项目在我国的发展已成蓬勃之势。近几年来，随着我院体育事业的发展，跆拳道运动也得到了较快的推广，体育教学部开设了跆拳道选修课程，各专业的学生踊跃选修。不少同学都成了跆拳道运动的业余爱好者，仅是我们工程造价专业2014级4个班就有15位同学在练习这个项目，其中×××同学已进入"蓝带"阶段。但同学们由于缺乏统一的管理和必要的技术指导，不仅练习效果欠佳，进步缓慢，而且由于盲目练习，往往导致一些本可避免的伤害。

为有效进行跆拳道训练，推动我院体育事业的发展，进一步提高广大同学的身体素质，增强学生的防范能力、适应能力和承受能力，培养青年学生敢于吃苦、勇于拼搏的精神，磨炼坚韧不拔的意志，全面贯彻落实德、智、体、美全面发展的教育方针，丰富学生的课余文化生活，活跃校园气氛，我们工程造价专业2014级4个班部分同学经过充分准备，拟在全院范围内发起成立跆拳道协会，挂靠工程分院团总支。如能批准，我们将严格遵守国家的法律法规和学院的各项规章制度，按照本会章程积极开展活动，努力把本社团办成我院具有积极影响的重要社团，为我院体育事业的发展做出应有的贡献。

特此请示，恳请审批。

附件：××学院跆拳道协会章程

××学院跆拳道协会筹备组

2015 年 6 月 10 日

课堂演练

（1）为什么请示事项只可以写一件事情？

（2）根据下面提供的材料，拟写一份请示。

近年来，华海小学学生人数不断增加，班级数量也随之增加，目前的教室已不能满足教学需求。为了让学生能够有一个安全舒适的学习环境，学校向××区教务体育局提出拨款新建教学楼的要求。

头脑风暴

"孔夫子"买菜的"请示"

老孔是个读书人，说话斯斯文文的，走路慢慢悠悠的，办事循规蹈矩的，肚子里墨水满满当当的，就是书呆子气太重，人送外号"孔夫子"。

老孔是个有福之人，娶了个顶呱呱的贤惠媳妇，所以老孔这一辈子敢这样吹牛："我这一辈子不上菜场，不进厨房，照样吃香的喝辣的。"他这话确实不假，甭说上菜场，就连菜篮子他都没摸过一下。

可是前两天，老孔的老伴买菜时跌了一跤，医生再三叮嘱，一定要躺在床上静养一段时间。老伴和老孔在一起生活了 30 多年，这还是第一次动弹不了，要老孔来伺候她。

一连三天，老孔都是在门口大排档叫餐，让人家做好送到家里来。但这总不是长久之计。于是，第四天，老孔"大姑娘坐轿"——头一遭，提着篮子到菜场去买菜了。临走前，老伴一再嘱咐："买菜要货比三家，不要进门就买；要还价，别被小贩子骗了……"

老孔终于出发了，老伴的一颗心也提到了嗓子眼儿。

过了大约 15 分钟，家里的电话响了，是老孔从菜场打来的："喂，那个莴苣怎么还有两种呀，一种是普通的，一种是香莴苣，究竟买哪种好呀？"老伴回答："买哪种都行，味道差不多。"老孔连连答应："哦，知道了，知道了。"

还没过 1 分钟，老孔的电话又来了："喂，那个莴苣有带叶子的，有不带叶子的，究竟买哪种好呀？"老伴回答："买不带叶子的，咱家不喜欢吃莴苣叶子。"老孔忙不迭地回答："哦，知道了。"

老伴刚放下电话，铃声又响了："喂，那个莴苣是让卖菜的削皮，还是拿回来自己削皮呀？"老伴听了哭笑不得，有点不耐烦地回答："你看着办吧。"说完就把电话挂断了。挂了电话，老伴心想：光买个莴苣就打了三个电话，等把菜买齐了，怕十个电话也拿不住吧？于是，她把话筒拿下来，搁在一边了。

约莫过了 20 分钟，老孔回来了，菜篮子里空荡荡的，什么也没有。老孔进门就问老伴："那莴苣一块八一斤，贵不贵呀？"

请大家思考一下上面这段笑话，说说请示最忌什么。

拓展延伸

请示是使用频率很高的上行文种，应用广泛，凡需要经上级领导机关审定或批准的事项，必须发文请求上级机关批准；在工作中遇到重大或疑难问题，或出现无法可依、无章可循的新情况、新问题，或部门之间存在意见分歧而难以统一，或遇到人、财、物方面的困难，自己无权、无法、无力解决时，都需要发文向上级机关请示、请求帮助协调解决。因此，请示的写作非常重要，现附上请示写作口诀如下。

请示主送一上级，公文不报领导人。

不可抄送下一级，不以个人报公文。

请示一文就一事，请示原文不转报。

报告不可夹请示，上行公文签发人。

特殊越级要抄送，附注电话联系人。

（苏武荣：《请示写作中常见错情例析》，《秘书之友》2017年第2期，第25页、26页，有删改）

任务二　日常生活应用文

日常生活应用文主要指个人用来处理日常生活事务和礼仪的应用文，如书信、电报、启事、请柬、日记、读书笔记等。日常生活应用文与个人的日常生活、人际交往活动关系密切，使用范围很广。日常生活应用文虽然也有一定的格式，但不十分严格，写作也相对灵活自由。

1　条　据

人们在工作和生活中，常常为办理涉及钱财和物品的手续而留下存根，或者为说明某种情况和理由而留下字据，这种作为依据的字条叫作条据。它是日常生活中常见而又比较简便的应用文。

【条据的特点】

条据的特点有：一文一事，简洁明快；时间性强，不得含混；朴实无华，反对虚夸；强调手续，一清二楚；请求办事，交代明白。

【条据的种类】

条据是便条和单据的合称。

1）便条

便条属于书信类应用文体，也叫作函件式条据或说明性条据。在日常生活中，如果有什么事情要告诉另一方，或委托他人办什么事，在不能面谈的时候，可使用便条这种形式进行联系。其实质是一种简单的书信，其优点在于内容简短，无须邮寄。常用的便条有请假条、留言条和托事条等。

（1）请假条，是请求领导、老师或其他人，准许请假人不参加某项工作、学习、活动等的文书。根据请假的原因，请假条一般分为病假条和事假条两种。

（2）留言条，是走访别人而没有遇见或者给暂时没在家中的家人留下的说明情况的便条。留言条方便灵活，在日常生活中应用非常广泛。

（3）托事条，即委托他人帮忙办理某事时所写的条据。由于有求于人，所以在撰写托事条时务必委婉用语、礼貌用语。

2）单据

单据是一种用作凭据的条子，也叫作凭据式条据或凭证性条据。单据有财务部门专门的发票、条据等表格式凭证，也有日常临时书写的便条式字据。常用的有借条、领条、收条、欠条等。

（1）借条，即向个人或单位借钱、借物时留给别人作凭据的条子。

（2）领条，即到仓库或其他有关部门领东西时所用的条子。领条要写明领取的时间、处所、物件及数量等。

（3）收条，即收到东西时给对方开的凭条。收条要写明什么时间、收到何人什么东西、数量多少。

（4）欠条，即欠了别人的钱物而留下的作为凭据的条子，一般要对原因略加说明。

【写作知识】

1）便条的写法

便条由标题、称谓、正文、致敬语、落款五部分组成。

（1）标题。

直接以"请假条""留言条"（或"留言"）"托事条"为标题，留言条和托事条也可以不写标题。

（2）称谓。

若对方为长辈或上级，通常以"姓+称呼"或"姓+职务"作称谓，如"李老师""王经理"；若对方为朋友，则用平时的称呼即可。

（3）正文。

正文中，以简洁明了的语言说明留条原因、需要对方知晓或办理的事项。请假条正文以简洁明了的语言说明请假原因、请假时间等事项，最后用"敬请批准""请予批准""恳请予以批准"等结尾。如有证明请假原因的材料，可一并附后，并在文中注明。

（4）致敬语。

请假条通常写"此致敬礼"，也可根据对象写其他敬语。留言条和托事条一般不写敬语。

（5）落款。

署名应尽量写全名，使对方能够清楚地知道你是谁；日期以阿拉伯数字标明年、月、日。

2）单据的写法

单据由标题、正文、落款三部分组成。

（1）标题。

标题写明条据的名称，如"收条""借条""代收条"等。

（2）正文。

正文包括三方面内容：条据的性质、关系语，主体和尾语。

凭证式条据一般不写称谓。在标题下第一行空两格直接写明条据的性质、关系语，如"今收到""现收到""代领到""今借到""兹欠"等，以领起全文。

　　紧接条据的性质、关系语，写明对方的姓名或单位名称、物品名称、钱物数量等。借条和欠条还应写清归还日期。

　　凭证式条据的尾语可在正文的下一行写明"此据"或"特立此据"，亦可不写。

　　（3）落款。

　　写明当事人的姓名、日期。署名是指个人姓名或单位名称；署名是单位的，还要写上经办人姓名。日期写在署名之下，用阿拉伯数字写明年、月、日。最后还要加盖印章或按手印。

【写作要求】

　　（1）文字要简明。

　　（2）数字要大写。

　　用汉字壹、贰、叁、肆、伍、陆、柒、捌、玖、拾、佰、仟、万，一般不用阿拉伯数字或汉字一、二、三、四、五、六、七、八、九、十。数字后面要用"整"字表示到此为止，以防篡改或添加。用"此据"作为结语，以防添加内容。

　　（3）用纸要求整洁、耐折、耐存；用笔要求是钢笔、毛笔、签字笔，笔迹清晰。

　　（4）署名应是亲笔签的真实姓名。

　　为了慎重起见，姓名前要写单位或地址，签名之后还要盖章或按手印，以示负责。

　　（5）要写明日期，包括年、月、日。

【写作例文】

　　认真阅读以下范文，讨论并思考各类条据的格式及写法。

例文一　请假条

请 假 条

刘老师：

　　我今天腹泻，四肢无力，经医生诊断为急性肠炎，需要休息三天（星期二、星期三、星期四）。特此请假，恳请批准！

　　附医生证明一张。

　　此致

敬礼

六二班：王雨
2021 年 5 月 10 日

例文二　留言条

留 言 条

建平：

　　今天上午，我来约你一起去明明家，适逢你外出。明天下午三点，再来找你，望等候。

浮萍
2021 年 5 月 18 日

例文三　托事条

托 事 条

曾蓉：

　　我因突发急事不能按时前往××审计事务所领取审计报告，麻烦您今天帮我去取。谢谢！

长丰医疗器械公司：陈晓东
2020 年 3 月 6 日

例文四　借条

借 条

　　今借到双星砖瓦厂铁牛牌双轮手推车贰拾辆，其中，拾辆是新车，拾辆是旧车。借期一周，于本月二十日归还。

　　此据。

经手人：××× 中学张力
2022 年 8 月 2 日

例文五　领条

领 条

　　今领到办公用品签字笔拾肆支、笔记本柒个、打印纸壹箱。

　　此据。

领取人：李华
2023 年 6 月 26 日

例文六　收条

收 条

　　今收到××市旅游局"博爱一日捐"活动善款伍万元整。

　　此据。

××省红十字会
经手人：王青山
2021 年 9 月 5 日

例文七　欠条

欠 条

　　借张××人民币伍佰元整，今日已还叁佰元整，尚欠贰佰元整，定于即日起壹个月内还清。

　　此据。

赵玮
2021 年 2 月 16 日

课堂演练

（1）举例说明日常生活和工作中常用的条据有哪些。

（2）根据下面提供的材料，列出陈小刚需要写作的条据并代他拟写。写作时，材料中的××内容可以虚拟。

2021年3月6日（星期一），长丰医疗器械公司财务部助理陈小刚于早上8:30准时到公司上班。他先到行政部领取了10本十八栏明细账本和2个印台。刚回到财务部接收完下属营业部的年度财务报表，他就接到妈妈的电话：爸爸突然中风入院了，妈妈正在医院等他拿钱去办入院手续。

于是，陈小刚把去审计师事务所取审计报告的事委托给同事曾蓉，然后经领导同意向公司出纳借了1万元，并写了请假条给财务部张经理，到银行取出了自己仅有的1.5万元存款就直奔省人民医院。到了医院才知道要交3万元，于是他想到了住在医院附近的表哥。等他赶到表哥家时已经11点了，不巧的是表哥已经外出了。他匆匆写下一张请表哥帮忙筹钱的纸条后又回到医院。陈小刚在城里没有什么亲戚，表哥又一时联系不上，他急出了一身汗。这时他突然想起该医院主管财务的陈敏副院长曾经和他开过一次研讨会，而且与他是同乡。在陈副院长的帮助下，陈小刚终于为父亲办理好了入院手续，不足的那1.5万元则由陈副院长担保，由陈小刚向医院签下字据。

头脑风暴

条据中借条和欠条的区别是什么？

拓展延伸

从练习"条据"写作中感悟严谨

结构是文章的"骨架"，是作者谋篇布局的手段，是运用已有材料反映主旨的方法。文字写作本非小事，更何况是关乎财物的敏感问题，必须谨小慎微。

下面这则改错练习题，是根据中央电视台《今日说法》的一次节目内容编写的。

今还欠款10万元。此据。

李晓华
2018年6月8日

在现实生活中，常发生了类似一份条据引起双方争吵，甚至不惜诉诸法律的案件。比如，李某借给孙某30万元，孙某陆续归还部分借款后，写下"今还欠款10万元"，究竟是"今还（huán）欠款10万元"，还是"今还（hái）欠款10万元"？如果是"还（huán）"说明还款10万元，尚欠借款人20万元。如果是还（hái），说明尚欠借款人10万元。仅一个字的发音不同，就有如此大的区别。

这则练习题，结构上的缺失是很多的。首先缺少标题。标题常被比作人的"眼睛"，就应用文而言，标题是文体的性质或主旨的简要说明。就此题而言，能够判定读huán还是读hái的依据之一就是标题。如果标题是"收据"，就要读huán；如果标题是"欠条"，就要读hái。

麻雀虽小，五脏俱全，小小的条据，也要有标题、正文、落款各项结构，缺一不可。结构必须严谨，就好比一个正常的人必有健全的身体器官一样。

（盛荣娟：《从练习"条据"写作中感悟严谨》，《作家天地》2020年第2期，有删改）

2 启　　事

　　启事是单位或个人将自己的要求提请公众注意或希望协办而公开张贴，或在报刊刊登，或通过电视台、广播电台播出的一种应用文体。

　　启事的适用范围十分广泛，如果有事希望大家知道，吁请大家帮助、参与，就可以用启事。

【启事的特点】

1. 公开性

　　启事是向社会公开告知有关事项，需要在电视台、广播电台、报刊等传媒播放、播送、刊登，或在公共场所张贴，使全社会广泛知晓，具有明显的广告特色。

2. 事务性

　　启事通常为解决某个实际问题所用，本身不具备法规性和约束力，属于事务文书中的一次性使用文书。

3. 多样性

　　启事用途广泛，发文者可以是行政机关、企事业单位、社会团体，也可以是个人；从社会效用来看，启事可以是大型的商业性广告，也可以是琐碎的纯事务性告知。

【启事的种类】

1. 寻访类

　　如寻物启事、寻人启事等。

2. 招领类

　　拾遗者发启事寻找物品的失主。

3. 征求类

　　如征稿启事、征物事、征求某种人才的启事、征婚启事等。

4. 征询类

　　征询对某物的产权、对某件事情的结论有无异议。

5. 通知类

　　邀集亲友、校友、会友、社会同人举行某种活动，由于被告知者所处位置分散或不明，往往发启事广泛告知。

6. 声明类

　　遗失证件、支票时，往往发启事告知社会有关方面，声明作废。

7. 道歉类

　　在社会活动中发生侵权行为，经有关方面调解，有时以公开道歉为和解条件，可用启事公开道歉。

8. 鸣谢类

　　受别人祝贺、援助、恩惠之后，往往要表示谢意，用启事公开道谢，也兼有表彰之意。

9. 辞行类

多用于个人或团体离开某地时向社会各界或亲友公开道别。

10. 陈情类

对某件事情或某一方针政策有异议时，可用启事形式向社会公开陈述意见以征求支持者，或请求主持公道。

11. 喜庆类

生活中遇有喜庆之事（如订婚、结婚、寿诞、获奖、开幕、奠基等）时，公开告知亲友参加庆祝活动，均可以启事形式告知。

12. 丧祭类

在操办丧事，举行追悼、祭奠活动时，除用丧帖告知亲友外，往往同时发启事，以便广泛告知亲友。

13. 迁移类

厂家、店铺、机关团体的办公室地址或个人住址等迁至新址时，认为有必要向社会公开告知的，也常采用发布启事的方式。

14. 更改类

对已公布的事项或文字错误进行更改通知或勘误说明。

15. 其他类

书刊出版发行的预告、公开的警告或悬赏、公开推荐人才、出租或出售物品、开业或停业通知等，都可用启事形式告知大众。

上述诸类启事，除少数属于商业活动或日常事务外，多数与文化礼仪活动及社会交际有关。

【写作知识】

启事由标题、正文、落款三部分组成。

1. 标题

启事的标题通常有以下几种写法。

（1）以文体为题，如"启事"。

（2）以事由为题，如"失物招领""招工"。

（3）以"事由+文种名"为题，如"征文启事""招聘启事"。

（4）以"发布者+事由+文种名"为题，如"学生会文艺部招聘干事启事"。

（5）以"发布者+事由"为题，如"校刊征稿"。

（6）新闻式标题，如引题为"诚招八方英才共创一代伟业"，正题为"××园区管理委员会招聘启事"。

2. 正文

不同种类启事的启事项不同，其写法亦有别，但一般包括事由和事项两部分。

（1）事由。说明发布启事的主要目的，必要时需简要介绍告启者自身的情况。要写得简要明确，使人迅速明白启事的主要意图。

（2）事项。承接事由，进一步讲清楚所提请公众注意或参与的具体内容和方式。

正文结束以后，常另起一行，用"特此启事""此启"等作为结束语，也可不写。通常还会在正文之下注明地址、邮政编码、联系人、电话等信息。

3. 落款

一般在正文右下方署上发布者（单位或个人）的名称和发布启事的日期。落款有时可以省略，如标题中已写明发布者名称，可不必署名。

以机关、团体、单位名义张贴的启事，一般应加盖公章。

【启事的写作要求】

1. 写作要领

（1）寻物启事的写法。一般要写明丢失物品的时间和地点，丢失物品的名称、特征、数量及联系方式等，行文中要有感激之意，甚至可以写明酬金数额之类的内容。

（2）招领启事的写法。招领启事只需写明拾到何种物品、到何处认领即可，至于物品的特征、数量等不必写，而是由失主在认领时自己说明，以便核实。

（3）招聘启事和招工启事的写法。一般要写明招聘人员的职别和工种、应具备的条件、报名事项、考场及录用办法，有的还需说明待遇。

（4）遗失声明启事的写法。遗失了重要的票据、证件，为了避免他人捡拾后利用其行骗，一定要及时在报刊上登出遗失声明启事。遗失声明启事要写明失物的名称、数量、号码等，最后一定要写"声明作废"。

2. 写作注意事项

（1）内容要真实。

（2）标题要能揭示事由，简短醒目，吸引公众。

（3）内容单一，一事一启，便于公众迅速理解和记忆。

（4）文字通俗、简洁、集中，态度庄重、平和，而又不失热情、文明，给公众以信任感。

【写作例文】

例文一　寻访类启事

寻人启事

张××，女，1987年1月出生，河南省郑州市人。身高1.65米左右，体形偏瘦，椭圆脸，眉毛细长，双眼皮，高鼻梁，厚嘴唇，笑时露出上牙床，牙齿不太整齐，肤色正常，头顶左侧有开颅手术留下的15厘米左右的刀疤；说话带郑州口音，会说普通话；性格较内向，脾气倔强、个性较强；喜欢田震的歌曲；不爱说话，不愿与陌生人交流；因在车祸中受伤，所以有轻度智力障碍，但生活能自理。其于2021年6月24日，在河南省郑州市×××区阿卡迪亚门前走失，去向不明。家人推测其可能被他人收留。失踪时，其上身穿粉红色与咖啡色相间T恤衫，下身穿蓝色牛仔裤，脚穿绿色皮凉鞋，挎乳白色布包。现家人在焦急寻找中，恳请各地公安、民政机关及好心朋友留心此则寻人启事，如有知情者，请与下列联系人联系，家人感激不尽，并愿意重金酬谢通知准确信息的好心朋友。

联系人：沈先生，联系电话：×××××××××。

启事人：沈××
2021年6月25日

例文二　招领类启事

招领启事

本商场拾到手提包一个，内装人民币若干元，还有手机、信用卡等物，望失主前来认领。

地点：本市××商场三楼办公室。

电话：×××××××××××。

××商场办公室
2021年12月25日

例文三　征求类启事

"喜迎二十大青春著华章"主题征文启事

为学习贯彻党的二十大精神，结合庆祝建团100周年，在大学生群体中厚植爱党、爱国、爱社会主义情感，实现第二个百年奋斗目标、实现中华民族伟大复兴的中国梦，增强青年学生建功新时代的历史使命感和社会责任感，我校学工处举办"喜迎二十大青春著华章"主题征文活动，现将相关事项通知如下。

一、征文主题：喜迎二十大青春著华章。

二、征文对象：全体学生。

三、征文时间：即日起至2022年12月30日。

四、征文要求。

1. 征文主题鲜明，昂扬向上，条理清晰，具有较强的思想性、教育性、文学性，弘扬主旋律，传播正能量。

2. 文章体裁不限，散文、随笔、小说、诗歌等文体均可。字数要求为600～2 000字。

3. 文章必须为原创，不得抄袭、套改。

五、投稿方式：以书面形式投稿，以班级为单位交给团委张勇老师。

六、奖项设置：本次征文采用各年级评奖方式，分别评选出一等奖1名、二等奖3名、三等奖5名。

××校学工处
2022年11月1日

例文四　迁移类启事

××商场财务科迁址启事

本商场财务科自××××年××月××日起，迁至本市××路××号新址办公，电话：×××××××××××。如有联系财务结算等事宜，请至新址为盼。

××商场
××××年××月××日

课堂演练

（1）启事的写作有哪些注意事项？

（2）下面是一则庆典启事。请指出其问题，并写出修改稿。

××大学百年校庆启事

今年10月2日，是中国近代名校即我校的百年诞生日。

为迎接百年校庆，百年校庆筹备委员会，恭请全世界凡在A大学、B大学学习和工作过的师生员工回母校活动。同时学校拟编《校史资料集》《优秀论文集》，请各界校友踊跃支持。

热烈欢迎海内外校友为母校的发展做出贡献。

邮政编码：（略）

联系电话：（略）

电子信箱：（略）

头脑风暴

启事与启示都是向公告说明或宣布事件，请思考它们的区别。

拓展延伸

启事和启示的含义及区别

"启事"和"启示"，是人们日常生活中用得较频繁但又容易混淆的两个词。遗失了东西，写一张"寻物启事"；某单位要招工，贴一份"招聘启事"。但是，上述"启事"却常被人写成"启示"，这类错误甚至见诸报刊上的广告用词，可见对这两个词的构成和它们各自的含义大有辨析的必要。

"启"是个多义字。"启"的甲骨文形象是用手开门，所以它的本义是打开。例如《左传·襄公二十五年》"门启而入"，"启"指打开，后来"启"由打开的意义引申为开启、启发、让人有所领悟等意思。双音词"启发""启迪"均用此义。开导蒙昧叫作"启蒙"。例如宋朝朱熹所著的《易学启蒙》，其书名就表明该书乃是示人学习易学的门径。教导初学者也叫作"启蒙"，现在称幼儿教育为启蒙教育，即用此义。再引申之，"启"还有陈述、表白的意思。古诗《孔雀东南飞》中有"堂上启阿母"，此处"启"的意思就是告诉、表白。旧式书信在正文开头称"某启"或"敬启者"，"启"均表写信的人向对方表白启告。"启"的这个意义构成的双音词，有"启白""启告""启报"等。

在合成词"启事"和"启示"中，"启"表示的意义并不相同。"启示"的"启"意为开导启发，"示"也表示同样的意义。"示"本指把东西给人看。在"示威""示弱""示众"等词语中，"示"皆表此义。由让人看的意义再引申，"示"又有指示、开导、让人明白某种道理的意思。例如："老师，这个问题怎样解答，请您给我一些启示。"因此，在合成词"启示"中，"启"与"示"是同义并用。"启示"的意思是启发指示、使人有所领悟的意思。至于"启事"的"启"，则为陈述表白的意思。"启事"即公开声明某事而刊登在报刊上或张贴在墙壁上的文字。

因此，为寻找失物、招聘职工或其他事情写个文告，都应当称"启事"才对。如果自称"启示"，那不仅与文意有悖，而且似乎摆出一副居高临下、自以为给别人启发的架势，这就闹出了笑话。

3 感谢信

感谢信是某个单位或个人向帮助、关心和支持过自己的集体（党政机关、企事业单位、社会团体等）或个人表示感谢的专用书信，有感谢和表扬的双重意思。

它可以直接送给对方或对方所在的单位，也可以张贴在对方单位内或与对方单位有关的公共场所，还可以通过报纸、广播电台、电视台等大众传播媒介予以宣传，以表谢意。写感谢信要表达出真切的谢意，又要起到表扬先进、弘扬正气的作用。

【感谢信的特点】

1. 感谢对象要确指

感谢信都有确切的感谢对象，以便让读者清楚是在感谢谁。

2. 表述事实要具体

感谢别人要有具体的事由，否则就会显得抽象空洞。

3. 感情色彩要鲜明

感动和致谢的色彩要鲜明，言语里充满感激之情。

【感谢信的种类】

1. 按感谢对象的特点分类

（1）写给集体的感谢信。

这类感谢信，一般是个人处于困境时，得到了集体的帮助，并在集体的关心和支持下，最终克服了困难，渡过了难关，摆脱了困境，所以要用感谢信的方式表达自己的感激之情，如《给支教团队的感谢信》《给派出所的感谢信》。

（2）写给个人的感谢信。

这类感谢信，可以是个人、单位或集体为了感谢某个人曾经给予的帮助或照顾而写的，如《给王强医生的感谢信》《给舍己救人者李丽的感谢信》。

2. 按感谢信的存在形式分类

（1）公开张贴的感谢信。

这种感谢信包括可登报、广播或播放的感谢信，是一种可以公开张贴的感谢信，如捐款捐物的感谢信、拾金不昧的感谢信。

（2）寄给单位、集体或个人的感谢信。

这种感谢信直接寄给单位、集体或个人，如给某企业的感谢信、给赞助商的感谢信等。

【写作知识】

感谢信包括标题、被感谢对象、正文、结尾、落款五个部分。

1. 标题

感谢信标题的写法有以下几种。

"感谢信"——单独由文种名称组成。

"致×××的感谢信"——由感谢对象和文种名称共同组成。

"××街道致××剧院的感谢信"——由感谢双方和文种名称组成。

2. 被感谢对象

开头顶格写被感谢的机关、单位、团体或个人的名称或姓名，并在个人姓名后面附上"同志"等称呼，然后加冒号。

3. 正文

感谢信的正文从称呼下面一行空两格开始写，要求写上感谢的内容和感谢的心情。应分段写出以下几个方面内容。

（1）感谢的事由。

概括叙述感谢的理由，表达谢意。

（2）对方的事迹。

具体叙述对方的先进事迹。叙述时务必交代清楚人物、事件、时间、地点、原因和结果，尤其要重点叙述关键时刻对方给予的关心和支持。

（3）揭示意义。

在叙述事实的基础上指出对方的支持和帮助对整个事情成功的重要性及体现出的可贵精神，同时表示向对方学习的态度和决心。

4. 结尾

结尾一般不应写祝颂语，而应写表示敬意和感激的话。如"此致敬礼"或"致以最诚挚的谢意"等。在正文之后，另起一行空两格写"此致"，转行顶格写"敬礼"。

5. 落款

落款处要写上单位名称或个人姓名、日期。前者在上，后者在下。

【写作要求】

1. 内容要真实，评价要恰当

感谢信的内容必须真实，确有其事，不可夸大溢美。感谢信以感谢为主，兼有表扬，所以表达谢意时要真诚，说到做到。评价对方时要恰当，不能过于拔高，以免给人失真的印象。

2. 用语要适度，叙事要精练

感谢信的内容以主要事迹为主，详略得当，篇幅不能太长，所谓话不在多，点到为止。感谢信的用语要求精练、简洁，遣词造句要把握好度，不可过分雕饰，否则会给人不真实、虚伪的感觉。

【写作例文】

献给再生母亲的爱

亲爱的奶奶：

今天您吃药了吧？输液了吗？在医院的病榻上站起来了吗？

一个星期前，当我在电话里听母亲说您病重要我回家见上一面时，我的眼泪哗哗地流了下来，我赶忙请好假，买好票，火速往家赶。在5个多小时的车程中，尽管同学给我买好了香蕉、面包，但我吃不下、咽不下，思绪像公路两边的风景，一幕一幕出现在眼前……

我出生不到一个月，因为母亲多病，姐姐从家里把我背到您的门前："奶奶，小妹妹来了，快开门！"从此，我留在了您和爷爷的身边。我没有喝过母乳，常常有病，人瘦得像根柴火棒。二伯父对您说："您要先跟她爸说，万一带死了咋办？"您却说："我怎么会把她带死？我肯定会好好带她，让她长大成人！"为了把我养大成人，您没有去照料伯父他们的孩子，却唯独照料我；为了把我养大成人，您到处求神拜佛，希望我能得到神灵的庇佑；为了把我养大成人，您把姑姑买给您的"十全大补"和在牛奶里让我喝……奶奶，您是伟大的、坚强的，您给了我一个生存的家。您是我的再生母亲！

我的童年是在您家度过的。您总会做好吃的东西给我吃，哄我入睡；爷爷接我上学、下学，教我编手写报、写毛笔字，给我买一些很新奇的文具和玩具……我回家后会给您说今天学了什么，会给您背诗，给您唱歌。您说您不懂，但看到我开心的样子您就高兴。我们享受着同堂的乐趣，满屋子充满着笑声……

长大了，家境渐渐好了，父母把我接回身边，但我不愿回家。因为想你们，我常常哭闹着要回到你们身边；因为想你们，我总趁着父母不在家的时候偷偷给您打电话；因为想你们，我晚上总要抱着从你们家带来的枕头……

进了大学，我每次放假，第一脚总是先踏进你们的家。看到您和爷爷吃着我带回去的赣州特产——豆角酥，听着我汇报学习成绩，观赏我的获奖证书，我心里甜丝丝的——总算有了报答再生母亲的东西！

奶奶，您真是我的再生母亲。您的坚强、您的慈祥、您的宽容、您的厚德，将永远激励我好好学习，为家争光，为国争光。

如今，您躺在医院的病床上，我好想好想您。我多想插上翅膀飞到您的身边，给您倒水，给您喂药，给您洗脚，扶您散步……历史上有"二十四孝"，我纵使不能像舜帝那样"孝感动天"，不能像曾参那样"啮指痛心"，也不必像王祥那样"卧冰求鲤"，但我能像陆绩那样"怀橘遗母"，像黄香那样"扇枕温衾"。如果有人生当铺，我愿用我的生命典当您的健康。

衷心祝愿奶奶早日康复，福寿双全。

您的孙女：×××
2012年4月10日

课堂演练

（1）请你将感谢信的写作格式用图例表示出来。

（2）下文是一篇病文，请指出其毛病，并进行修改。

感 谢 信

市出租汽车公司：

　　5月3日下午，我公司经理张大山乘坐贵公司"31265"号出租车时，不慎将皮包丢失，内有人民币8万余元、身份证一个、护照一本、空白支票三张及各种票据若干张。在我们焦急万分之时，贵公司司机孙海先生主动将捡到的皮包送至我公司，使我公司避免了一次重大损失。为此，我们再三表示感谢并拿出1万元作为酬谢，孙海先生却说"这是我应当做的"，表示不能接受。在此特致函贵公司，深表谢意。

头脑风暴

谈谈感谢信与表扬信的区别。

拓展延伸

感谢信写作的"八项注意"

　　感谢信应用范围广、类型多样，格式相对固定，在写作中容易陷入误区。感谢信写作需要注意以下事项。

　　一、注意区分类型，不千篇一律

　　不同类型的感谢信具有不同的特征，在格式、结构与写法上往往有所不同，例如，得到帮助支持的感谢信的一般格式为：交代事由，陈述事迹，做出评价，表示谢意；收到捐赠的感谢信的格式一般为：确认收到捐赠，做出评价，表示感谢。在起草感谢信时要确定感谢信的类型，然后根据感谢信的类型特征和相对固定的模式起草。

　　二、注意有的放矢，不泛泛而谈

　　在感谢信写作过程中，不应写成通用的模板，不宜把普发性感谢信在开头称呼位置上"切换"为不同称呼后作为专指性感谢信发送。即使在同一事件或活动中有多个单位或帮助者，每个帮助者或帮助单位所做的事情是不同的，应该有所侧重。

　　三、注意表达得体，不脱离情境

　　感谢信的写作要紧密贴合情境、语体，在对己方和对方的身份、地位、关系和特征了解清楚的基础上，再用恰当的语言、恰当的方式向对方表示谢意。

　　一是注重礼貌用语，讲究语言得体，根据已经发生的事实，巧用语言的艺术，全面准确客观地叙述事实、表达谢意，不宜过分夸大、铺张渲染。二是要采用恰当的表达方式，适当地表达感情，以记叙说明为主，抒情议论不宜过多，表达感情要真诚、真挚、真切。三是篇幅适中，内容简明扼要，不宜长篇大论。

　　四、注意公关意识，不忽视公关

　　感谢信是具有很强公关性的专用文书，可以起到增进感情、提升形象、拓展业务等方面的公关作用，在一些感谢信的起草中要增强公关意识，要考虑一些衡量标准，如有利于增进感情、推动业务开展，有利于维护社会关系，有利于提升自身或品牌的良好形象。

　　五、注意一文一事，不夹杂其他

　　感谢信发出后对方一般不予以答复，提出的要求请求也不一定会得到对方的支持，在感谢之后又提出新的要求和请求，可能让对方反感。

六、注意区分对象，不公事私办

起草感谢信时要注意区分因公和因私。"公对公"的感谢信不要越过应感谢的单位而直接发给应感谢单位的一部分人或某个人，因为应感谢单位的安排是单位集体行为，少数人或个人是受单位安排而进行帮助支持的，收到的感谢信属于单位集体。感谢信的发文单位可以直接把感谢信发给对方单位，然后在信中对部分人或个人表示感谢。

七、注意切合主题，不借题发挥

对象不同、事件不同，感谢信表达的主题和内容也不相同。感谢信的主题不能偏离"感谢"，在起草时，更不能借题发挥、在感谢信中表达一些不相关的内容，否则对方收到感谢信后会觉得动机不纯、感情不真挚、态度不诚恳，就失去了感谢信应有的作用。

八、注意保护隐私，不泄露信息

感谢信在公开张贴或发表时一定要事先征求被感谢对象同意，因为公开发表的文字可能泄露对方的隐私，侵犯其权益，对其产生不良影响。在起草感谢信的过程中，一定要注意使用场合、传播媒介和传播载体等方面，在进行大众传播或公开发表时一定要事先征得对方同意，否则容易背离初衷、造成侵权。

（张智帅：《感谢信写作的"八项注意"》，《应用写作》2019年第10期，有删改）

4　简　报

简报是党政机关、社会团体、企事业单位为反映情况、沟通信息、交流经验、揭露问题、促进了解而编发的一种内部文件。简报有一定的发送范围，起着"报告"的作用。

【简报的功能】

1. 向上级汇报工作、反映情况

简报上行，可以迅速及时地向上级反映本单位、本系统的日常工作、业务活动、思想状况等，便于上级及时了解情况、分析问题、做出决策、有效地指导工作。

2. 平级机关之间交流经验、沟通情况

简报用于平级部门之间交流经验、沟通情况，以便于相互学习借鉴，促进工作。

3. 向下级通报情况，传达上级意图

简报下行，用来向下级通报有关情况，推广先进经验，传达上级机关的意图。

【简报的种类】

简报的形式多样，内容繁多，根据不同标准，分类结果也不尽相同。如果按内容分类，常见的简报有以下三种。

1. 工作简报

工作简报主要用来反映本单位、本部门和本地区的工作与生产情况。

工作简报一般有两种常用形式：一是综合性简报。它是在明确的主题下，综合反映编写部门工作、生产的进展情况或问题的简报。二是专题简报。它主要是向上级或主管部门反映某阶段专项工作或中心工作的动态、问题，或通报有关部门，用以推动工作的简报。

2. 动态简报

动态简报以简报编写部门迅速反映新近发生的事情和动态为目的。这种简报内容新、时效性强。动态简报一般也有两种：一是工作动态简报，主要反映简报编写部门正、反两方面的新情况和新动向；二是思想动态简报，主要反映所属单位群众对党和政府重大方针政策的反应和认识、对社会上的某种思潮或思想倾向的认识等。动态简报的时效性、机密性较强，要求迅速编发，发送范围有一定限制，有一定的保密要求。

3. 会议简报

会议简报是一种临时性的简报，目的是及时报道会议的概况，一般包括会议进程、报告、讲话、讨论的问题及发言摘编，会议的决议事项等。会议简报既可以综合报道会议各个阶段的进展情况，也可以摘登大会发言或小组讨论发言。要求如实反映发言人的基本观点和思想倾向，并且应先送会议发言人或大会秘书处有关负责人审阅后再编发。小型会议多为一会一期，大型会议可连续编发多期。

【简报的特点】

1. 真实准确

真实是简报的生命之本，简报中反映的材料必须真实、可靠。无论是反映成绩，还是反映问题，或是对事物的分析解释，都必须实事求是。

2. 及时

简报类似新闻报道，有很强的时效性。因此，重要的情况要一日一报，甚至一日数报。只有信息畅通，工作才能主动。

3. 新鲜

简报报道的新情况、新经验、新动向具有较强的参考价值。

4. 简明

简报贵在篇幅短小，内容简练。除综合性的简报外，一般简报均为一事一报，字数以1 000字左右为宜，最多不超过2 000字。如果内容较多，可以分期编发。

5. 灵活

简报出刊灵活，分定期和不定期两种，可依据现实情况随时出刊。

6. 连续性

简报具有一定的连续性，除定期简报按期出刊外，即便临时出刊的简报，也往往不只出一期，有时会对某事做连续的跟踪报道。

【写作知识】

简报一般由报头、正文、版记（报尾）组成。

1. 报头

报头包括空白区、简报标志、期号、编发单位、印发日期、密级、缓急时限和红色反线，其位置应位于简报首页上方。具体标志与写法如下。

（1）空白区。位置距离上页边距 37 mm（上白边区）-25 mm（图文上空白区）处。

（2）简报标志。简报标志的字体号级为 28 mm×25 mm，位置居中，可以红色套印，也可以不套红色。文字常用印刷体或书写体，一般不用美术字体。

（3）期号。位置在简报标志下，空两行居中用 3 号仿宋字标写。结构为"第+阿拉伯数字+期"。

（4）编发单位。位置在期号下、红色反线上，空 4 mm，用 3 号仿宋字，左空一字空标写编发单位的名称。

（5）印发日期。位置在期号之下、红色反线上，空 4 mm，用 3 号仿宋字，右空一字空标写印发日期。

（6）红色反线。长度与图文区等长（156 mm），宽度约为 4 mm，位于编发单位和印发日期正下方 4 mm 处，居中，用来醒目分隔眉首与正文。

（7）密级。简报如需注明密级，应距红色反线下空 4 mm，用 3 号黑体字，左空一字空标写"秘密""机密"或"绝密"。

（8）缓急程度。简报如需注明缓急程度，应在密级字体正下方用 3 号黑体字标写"急件"或"特急件"。

2）正文

正文也称报核，简报的正文由标题、导语、主体和结尾四部分组成。

（1）标题。简报的标题要写得简短、贴切、精练。如有按语，则先写按语，后写标题。

（2）导语。导语应简要概括全篇内容，给人以总体印象。导语的写法多种多样，有提问式、结论式、描写式、叙述式等。导语一般要交代清楚人物（某人或某单位）、时间、事件、结果等内容。

（3）主体。专题简报的内容单一集中，综合简报的内容应具有一定的深度和广度。综合简报可以按问题分别叙述，必要时可给每个问题加上小标题。有些简报还可以用条目式，列出信息内容，一段为一条信息。主要方法是用典型性和有说服力的材料将导语内容具体化。

（4）结尾。正文的结尾要简洁，可以是全文的结论或概括，也可以是希望、意见或建议，有时可以自然结尾。

3）版记

版记也称报尾，版记在简报尾页下方，用黑色反线与正文隔开，包括两个基本内容：一是发送范围，在黑色反线下空 4 mm，左空一字空，用 3 号仿宋字体标写发送范围；二是印发份数，与发送范围平行，用 3 号仿宋字体右空一字空标写印发份数。

【写作要求】

1. 抓住关键，有的放矢

只有抓住人们关心或亟待解决的关键问题，而非细枝末节，才能体现简报的价值。

2. 恰当

反映有争议的问题时，不得带有主观倾向。

3. 讲究时效，反应迅速

快，就是及时，及时才能新鲜，才能有较高的参考价值。要做到快，则采访必须勤快，掌握材料后，动笔出文也要快。

4. 简明扼要，一目了然

简报文字要简短明了，避免废话、套话、冗语。

【写作例文】

简　报

第6期

××学院党委办公室 2017年11月26日

我校举行"学习贯彻十九大文件精神专题研讨班"开班仪式

11月25日上午，由我校学工、团委举办的"学习贯彻十九大文件精神专题研讨班"开班仪式在学术交流中心会议室举行。党委副书记刘××与各系（部）学工组长、辅导员共60余人参加开班仪式，学工处处长、团委书记贾××主持仪式。

开班仪式上，刘××副书记做了关于学习贯彻十九大文件的专题辅导报告。他在报告中介绍了文件制定和出台的背景，并结合我校实际情况，提出构建全员育人体系、大学生思想政治工作与师德建设体系、课堂教学与课外实践结合体系、课程设置体系及学校社会家庭互动体系。武××处长介绍了本次专题研讨班的意义及具体安排，并对参与培训的人员提出了学习要求。

此次研讨班为期五周，分为辅导报告、经验介绍、专题研讨、自学四个部分，将针对新时期如何加强和改进我校学生工作、加强大学生心理健康教育及咨询工作、做好家庭经济困难学生助学工作、加强学风建设及第二课堂校园文化建设等问题开展形式多样的研讨活动。

（校团委）

责编：××　审核：××　签发：××

报：教育厅、直属办、发展规划处、人事处、高教处、科技处、××市委教育工委、××市教育局办公室、宣教处

送：校领导

发：校直属二级单位、教辅部门、后勤集团

　　E-mail：××@××.edu.cn

　　Fax：87××××××（共印120份）

　　Tel：87××××××

课堂演练

（1）简报的特点有哪些？

（2）为了积极响应"三全育人"教育理念，培养德、智、体、美全面发展的高质量人才，××职业院校基础部各教研室主任和任课教师于本学年开学第二周前往轨道系进行教学调研与交流。轨道系老师介绍了本专业培养方案中的课程标准并就专业知识技能更新的实际情况和各位老师展开研讨，同时，针对各专业学生的特点和需求，提出了相应的教学要求。请你为本次调研写一份简报。

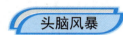

头脑风暴

请思考简报与简讯的区别。

拓展延伸

简报的选稿要求

选稿是机关文字工作中经常涉及的问题,其中简报选稿最有代表性。必须围绕简报所在机关的职能来确定主要选稿原则,有的放矢地选稿。简报编辑要从大量来稿中挑出好的稿子,需要注意四个问题。

(1) 思想要敏感。

简报编辑的思想敏感表现在三点上:一是对中央的方针政策,对上级机关的工作部署和本单位领导的工作安排,头脑要敏感。既要能够迅速理解其精神实质,又要能够清醒而敏捷地意识到简报在贯彻落实这些部署中应起的作用。二是对周围的事物、对各方面工作的变化和发展、对各式各样的信息,反应要敏感。既能够条理清楚地把这些情况输入自己的脑海,又能够迅速地反映简报工作应采取的对策。三是对来稿中反映的动向、火花、事物萌芽反应要敏感,既能意识、鉴别,又能牢牢抓住不放,不让白白放过好的线索。

(2) 看问题要有预见性。

工作不是一成不变的,而是在不断发展的。作为单位"机关报"的简报,要对工作起到指导作用,就必须对工作的进程有预见性。也就是说,简报的编辑看问题、审稿子,不能只想到今天,只看到眼前,还要看到明天,还要想到工作的下一步发展,这样才能真正抓住符合事物发展方向的先进经验,抓住阻碍事物发展的不良倾向,抓住事物发展过程中即将遇到的实际问题,选择出有指导意义的简报。

(3) 判断要准确。

简报编辑的水平,在很大程度上体现在对稿子的判断能力上。具体地讲,做好稿子的选择工作,应从三个方面搞好判断。一是搞好稿件的真伪和准确程度的判断。也就是通过看稿,要对稿件的真实程度心中有数,对稿件在政治上、政策上、理论上以及工作上的指导意义正确与否心中有数。二是搞好稿件实际价值的判断。有的来稿所反映的问题抓得很准,写得也很清新,也有的来稿反映问题不突出,缺乏指导意义,简报编辑对这两类稿子是容易鉴别的,是能够迅速做出选择的。但有的稿子拉拉杂杂,往往把有价值的内容淹没在一大堆材料中,对这种稿子,编辑要慧眼识货,能从璞玉中剖露出"和氏璧"来。三是搞好稿件刊发"利与弊"的判断。有些来稿,事情是真实的,观点也是对的,但怎样刊发,什么时候刊发,应该掌握一定的火候。特别是一些反映问题的、对工作提出批评的稿子,在刊发时机上,是早发还是晚发"情况简报",让大家都知道,还是发"情况反映",只供领导参阅,不扩大宣传范围;在提法和措辞上,掌握什么样的分寸、用什么样的口径,这些都需要简报编辑动一番脑筋,积极而稳妥地做出判断。

(4) 要灵活掌握稿件的写作质量。

有些来稿虽然写作质量差一些,但反映的问题很重要,材料也是翔实的,这时就应该考虑编发。必要时,简报编辑还可以亲自动手重写,决不要仅因为文字逊色,就把一些有价值的文稿抛弃。

(资料来源:百度文库)

模块二 写作训练

任务一 一般事务类应用文

一般事务类应用文,是指上述国家法定公文以外的文书,如申请、计划、总结、调查报告、规章制度、介绍信、证明等用来处理单位内部日常事务,与具体部门进行工作联系的应用文。它们的行文格式不像公文那样严格,制订也比较自由。一般事务应用文通常不具有法定的权威,如有必要,需另行备文按法定公文处理,否则只能作为参考材料。

1 申 请 书

申请书是个人或集体向组织、机关、企事业单位或社会团体表述愿望、提出请求时使用的一种文书。

【申请书的特点】

1. 请求性

从写作动机看,申请书的写作常带有明显的请求目的。

2. 单一性

申请书要求一事一书,内容单一明确,一份申请书只表达一个愿望,只提出一个请求,不能把不同的愿望和请求写在一份申请书中。

3. 上行性

这是由申请书的性质决定的。个人对党团组织和其他群众团体表述志愿、理想和希望,要使用申请书;下级在工作、生产、学习、生活等方面对上级有所请求时,也可使用申请书。正因为申请书把个人或单位的愿望、要求向组织或上级领导表达,争取组织和领导的帮助与批准,所以在语言、措辞方面需符合这种下对上的行文标准。

【申请书的种类】

1. 按作者分类

(1) 个人申请书,如复学申请书、工作调动申请书等。
(2) 单位、集体公务申请书,如公务用车申请书、先进集体申请书等。

2. 按申请解决的内容分类

(1) 参加某种组织的申请书,如入团申请书、入党申请书、入会申请书等。

(2) 要求解决问题的申请书，如转正申请书、贷款申请书、补助申请书等。

(3) 要求某种权利的申请书，如专利申请书、领养子女申请书、贫困补助申请书等。

【申请书的写作知识】

申请书一般由标题、称谓、正文、结尾和落款五部分组成。

1. 标题

标题有两种写法，一种是直接写"申请书"，另一种是根据申请的内容在"申请书"前标明具体名称，如"入党申请书""调换工作申请书"等，一般采用第二种写法。

2. 称谓

称谓，即顶格写明接受申请书的单位、组织、机关、团体名称或有关负责同志的姓名，后加冒号。

3. 正文

正文部分是申请书的主体，应该写清以下三个问题。

一是要写清所申请的事情是什么，即直截了当地提出申请的具体内容。

二是要写清提出申请的理由。理由要写得客观、充分，事项要写得清楚、简洁、有条理。

三是要写清申请的态度。申请书一般要表明自己的申请被批准后的态度和决心，内容可以简约一些。

4. 结尾

申请书可以有结尾，也可以没有结尾。结尾一般要写表示祈请的用语，如"以上申请，请批准"，或写明惯用语"特此申请""恳请领导帮助解决""希望领导研究批准"等，也可用"此致""敬礼"等礼貌用语。

5. 落款

落款，即要署上申请人的姓名和成文日期。单位申请要写明单位名称并加盖公章，注明日期。

【写作要求】

1. 写作的必要性

写申请书之前，要慎重考虑申请的事情有无必要，自己或单位是否符合申请的条件、有无得到批准的可能性，不要盲目地、随意地写申请书。

2. 写作的清楚性

要把申请的事项、理由、目的和意义写清楚，开门见山、直截了当，不得弄虚作假，也不要含糊其词。特别是申请原因、理由，要突出申请理由的合理性，申请理由要写得充分、实在，要有说服力乃至感染力。这样接受申请的单位或领导能够透彻地了解申请人或申请单位的意愿、要求和具体情况，以便研究处理。

3. 写作的对象

申请书就是要让接受申请书的组织或领导阅看的，因此，要从这一特点出发确定申请书的内容：哪些话该写，哪些话不该写；哪些应该这样说，哪些应该那样说，都要认真斟酌。

接受申请书的人已经了解的事情，可以少写或干脆不写；对方不甚了解而又有必要说明的内容，要写清楚。如果所申请的内容已经申请过一次而未获批准或没有回音，再次写申请书时，就不要重复，只应在原有申请书的基础上，或者强调，或者补充，或者修正，写得具体、明白、诚恳而有分寸，希望得到组织和领导的重视，进行研究解决。

4. 写作的语言

申请书是应用文体，主要用叙述的方法，语言要通俗易懂，文字要朴实准确，表达要简洁明了，态度要诚恳端正。只要把自己的意愿表达清楚、准确、明白、流畅即可，切忌浮泛冗长、东拉西扯、故弄玄虚、有意渲染。字迹要工整，正确使用标点符号。不使用生僻深奥的语言文字，否则会给有关组织、单位或领导造成阅读、理解和研究解决的困难，同时也给人以不严肃、不礼貌的印象，影响申请事项的顺畅解决。

5. 一事一申请

一份申请书一般只申请一件事情，不要同时提出多项申请，否则有可能会耽误问题的解决。

6. 符合实际情况

无论是个人申请书还是单位申请书，都必须符合"这个"人、"这个"单位的实际情况，特别是入党申请书之类的申请书，对党组织的认识和个人的决心、态度一定要符合本人的经历、工作、生活、思想变化的实际，绝不应照抄照搬，套写范文，毫无个性可言，否则将影响组织对自己的了解和评价。

【写作例文】

调动工作申请书

尊敬的院领导：

我是水利系水工建筑教研室主任。因家庭生活有实际困难，我特向组织提出调动工作申请。

我的父亲已是70岁高龄的老人，还患有冠心病、高血压。我母亲也已68岁了，患痛风病多年。长期以来，我因不能照顾年迈多病的父母而深感内疚。我与妻子分居5年，5年来，她身负照看父母的重任。特别是今年我的孩子出生后，我们负担重，请不起保姆，她一个人更是忙得不可开交，上有父母、下有婴儿，还要上班，十分辛苦。我每星期来回奔波，已力不从心，疲劳难言。花费许多车旅费不说，对工作也造成了较大影响。

再者，我们教研室人员超编，教学任务吃不饱，已出现有人无课可代、人浮于事的现象。我负责的工作，自有年富力强的同志来承担，这样更有利于学校的发展。一年前，我曾要求组织将我的妻子调入我院图书馆工作，但由于编制有限，最终未能解决问题。现在，距我家不远的××水利科学研究所急需科研人员，且与我专业对口。经联系，已同意我调入该研究所工作。这样，我既可以更好地发挥自己的专长，又能尽孝尽责，照顾好父母、孩子。

根据党的有关解决知识分子夫妻分居问题的政策，鉴于我家的具体困难，我恳切地请求院领导能理解我的要求，批准我调入××水利科学研究所工作。我一定加倍努力工作，报答党的关怀。

此致

敬礼

水利系×××
××××年×月×日

课堂演练

（1）为了更好地达到申请的目的，在写申请书时应注意什么问题？
（2）根据自己的实际情况，写一份入党申请书。

头脑风暴

请思考请示与申请的区别。

拓展延伸

有趣的申请书

有趣的申请书是一种新颖有趣的申请文书，它在传统申请书中融入了许多富有幽默感和创意的元素，使申请人的形象更加鲜活灵动、更加令人印象深刻。这种申请书在应聘求职、升学等方面都具有相当高的实用价值，下面详细阐述有趣的申请书的特点和制作方法。

（1）有趣的申请书的特点是它非常具有创意。在写申请书的过程中，申请人可以将自己经历或思想以幽默的方法叙述，以吸引眼球。例如，某位申请人在某次参加志愿者活动中给人留下了深刻的印象，那么他可以使用幽默的文字或者有趣的图片来展示自己志愿者经历的特别之处，这样会给人留下很深的印象。

（2）有趣的申请书的特点是它的风格极具个性化。相比于传统申请书，有趣的申请书更能展现申请人的个性化特点，从而让申请人给人的印象更加深刻。一份有趣的申请书的主人公其实是申请人自己，他可以用自己的方式来表达自己的想法和感受，加入适合自己的元素来打造更具个性的风格。

（3）有趣的申请书的特点是它可以增强申请人的竞争力。在现代生活中，人才市场竞争激烈，选择最佳人选并非易事。有趣的申请书往往比其他申请书有更强的"可看性"，一方面可以让招聘者感到更加舒适和轻松，而另一方面则可以让招聘者对申请人产生深刻的优秀印象，从而提升申请人的竞争力。

（4）有趣的申请书的特点是它可以关注读者的经验感受。在现代生活中，越来越多的人通过网络搜索相关职位来寻找合适的工作。一份有趣的申请书往往可以增加读者的阅读体验，使他们更愿意了解申请人，使申请人更容易获取关注和好评。

那么有趣的申请书应该如何制作呢？下面是一些关于制作有趣的申请书的方法：

（1）收集素材。在制作有趣的申请书时，应收集尽可能多的与申请人有关的素材，包括申请人的照片、作品、荣誉、业绩等。这些素材可以穿插使用，以表现申请人的特点和亮点。

（2）寻找灵感。有趣的申请书不应该过于死板，应该注重创意。申请人可以寻找一些灵感和素材，比如电影、图书、网络文章等都能够带来很多灵感。

（3）编写初稿。完成素材的收集和灵感的寻找后，申请人即可以开始着手编写初稿。在编写初稿时，不要过于关注文字的吸引力，而应该注重表达的内容，了解哪些点是要突出的，哪些点是要强调的。

（4）添加幽默元素。在初稿编写完成后，申请人需要将文字结合幽默元素以增加趣味，从而达到吸引读者注意力的效果。

（5）突出重点。在有趣的申请书中，要突出申请人最闪亮的优点和特点，突显出申请人最擅长的领域。这样可以让读者对申请人有更深刻的认识和印象。

2 计 划

计划是党政机关、社会团体、企事业单位或个人，根据党和国家的有关方针、政策以及上级的指示要求，结合本部门或个人的实际情况，对未来一定时期内的工作、生产、科研和学习等拟定目标、内容、步骤、措施和完成期限等内容的一种事务文书。

【计划的名称】

计划按照目标的远近、时间长短、内容详略等差异，还可使用以下名称。

1. 规划

规划适用于时间较长、范围较广、内容较全面的情况。

2. 要点

要点往往是上级机关向下级机关布置一定时期的工作、交代政策界限、提供工作办法的文件。

3. 设想

设想是一种初步的、不成熟的提供参考的计划。

4. 打算

打算适用于时间较短、范围较小、内容比较具体的情况。

5. 方案

方案是就某项任务的具体实施，从目的、要求、工作的方法、方式到工作步骤都做出全面部署与详细安排的计划。

【计划的内容】

计划的内容可以概括为六个方面：做什么、为什么做、何时做、何地做、谁去做、怎么做，简称5W1H。

1. 做什么（What）

做什么，指的是目标和内容。这是要明确计划工作的具体任务和要求，明确每个时期的任务和工作重点。

2. 为什么做（Why）

为什么做，指的是明确计划工作的宗旨、目标和战略，并论证其可行性。计划工作人员对组织和企业的宗旨、目标和战略了解得越清楚、认识得越深刻，越有助于他们在计划工作中发挥主动性和创造性。

3. 何时做（When）

何时做，指的是规定计划中各项工作的开始和完成的进度，以便进行有效的控制和对能力及资源进行平衡。

4. 何地做（Where）

何地做，指的是规定计划的实施地点和场所，了解计划实施的环境条件和限制，以便合理安排计划实施的空间组织和布局。

5. 谁去做（Who）

计划不仅要明确规定目标、任务、地点和进度，还要规定由哪个主管部门负责，这样才能把责任落实，做到分工明确。

6. 怎么做（How）

怎么做包括规定实施计划的措施，以及相应的政策和规则，对资源进行合理分配和集中使用，对人力、生产能力进行平衡，对各种派生计划进行综合平衡。实际上，一个完整的计划还应包括控制标准和考核指标的制订，也就是告诉实施计划的部门或人员，做到什么程度，达到什么标准才算完成了计划。

【计划的特点】

1. 预测性

计划的预测性就是预定实现的目标、预测可能的情况、预示工作的进程。写计划前必须对活动中诸方面成功与否的因素进行分析与估计，对发展趋势和所能达到的目标、可能出现的问题等做出科学的预见，提出切实有效的措施和方案，以保证计划的科学性和成功率。

2. 可行性

计划是用来实现的，因此计划的制订必须建立在必要而且可能的前提下。制订计划，需要事先做好调查研究，如果客观条件根本不具备，计划的可行性就没有任何依据，计划就成为脱离实际的空想。计划必须切合实际情况，指标要恰当、任务要明确、措施要得力、步骤要具体。

3. 明确性

计划中的目标、任务、步骤、方法，必须十分明确、毫无含混。计划一经订立、公布，如无意外情况，必须按计划办事，不能随意更改，更不能任意而为。明确的计划可以使人们行有所依，查有所据。

4. 程式性

计划的内容不同，可以有不同的写法，但它们必须具备计划的基本要素，包括任务、措施和完成的时间，即做什么、怎么做、何时做等。这就构成了计划比较固定的写作程式和规范。

【计划的种类】

计划多种多样，按照不同的标准，有不同的分类方法。

1. 按照内容

计划按照内容可分为综合性计划、单项计划（专项计划）。

2. 按照性质

计划按照性质可分为工作计划、生产计划、科研计划、学习计划及各种会议、活动计划。

3. 按照范围

计划按照范围可分为国家计划、部门计划、单位计划、科室计划、班组计划、个人计划。

4. 按照期限

计划按照期限可分为长远计划（例如，"十四五"规划、三年规划、五年规划等）、年度计划、季度计划、月份计划、周计划。

5. 按照形式

计划按照形式可分为条文式计划、表格式计划。

【计划的作用】

1. 计划是工作的先导

计划在整个工作过程中是起始的环节。做任何工作都应该事先定出目标、确定步骤、想好措施等，这样才有利于一步一个脚印地完成任务，达到目的，否则就会使工作陷入盲目被动的状态，不能达到预期的目标。因此，在开始一项工作之前，制订计划是非常有必要的。

2. 计划是工作过程的设计

计划不仅要提出实现的目标，还必须明确为实现目标而采取的有效措施。从工作过程来说，计划是一种总体设计。它包括人员的组织、财力与物力的调配、时间与场地的安排以及各个方面的协调。因此，计划是一项全面的设计。

3. 计划是工作效果的检验凭证

工作效果检验是在工作过程的最后阶段进行的。耗时较长的复杂工作，也可以在工作过程中进行效果检验。效果检验以计划为依据。因此，计划是工作效果检验的有效凭证。

【写作知识】

计划一般包括标题、正文、落款三部分。

1. 标题

标题即计划的名称，标题的写作有如下两种情况。

一是格式完整，由单位名称、适用时间、内容范围和文种构成；二是只写明内容和期限。

如果计划未经正式讨论通过，可以在名称后面注明"（供讨论稿）""（草案）""（征求意见）"等字样，待征求有关方面的意见后，再做修订。

2. 正文

计划的正文一般有如下几种写法。

（1）图表式。

图表式通常用于时间较短、内容比较单一或者量化指标比较多的情况。

(2) 条文式。

条文式即将一项计划的内容分为几个加小标题的部分，主要用文字阐述。这一形式的正文一般包括以下三部分。

①前言。该部分要对前一阶段的基本情况做简要分析，交代上级总的要求，阐明制订计划的背景和基本情况，以及落实此项计划的重要性。

②主体。对于任务比较单一、各项任务间有共同的基本措施的计划，要采用"做什么—怎么做—达到何种目标"的分列式结构；对于任务较多且相互之间独立的计划，采取每个任务一段、在每一段内说明一个任务的综合式结构，即围绕计划目标展开说明，说明各个方面工作的任务、要求、具体项目、措施、步骤、负责人和完成时间等。具体来讲，说明达到目标，完成任务分几步走，先做什么，后做什么；主抓什么，次抓什么，每步需要时间，达到何种程度；一般把计划的整个过程分为几个阶段，说明每个阶段从何时到何时，达到什么目标，做到什么程度，人力、物力如何变化、调配，各个阶段如何配合衔接等。安排必须切实、合理，环环相扣，步步落实。该部分通常在划分工作方面列出次标题来写。

③结语。可根据计划的发展情况，或写明要求下级如何具体执行；或将工作事项中属于思想性、政策性、倾向性的问题集中加以论述；或照应目标提出切实的号召结束全文，也有以效益预测或对前景的展望来收尾的；或表达完成此项计划的决心。

(3) 表格文字综合式。

表格文字综合式适用于一般生产、经营计划，通常由计划表格和计划的编制说明组成。编制说明部分要对计划的背景、依据、目标、具体安排等做出相应的介绍和解释。

在结尾处，往往要提出执行计划需要注意的事项和修订、检查的办法。如果计划还有别的材料作为附件，要在正文结束后予以说明。

3. 落款

这一部分要交代制订计划的单位名称或个人姓名，交代制订计划的日期。如标题中已有单位名称，这里只写制订计划的日期即可。

【写作要求】

1. 制订计划的要求

（1）写作前做好"三准备"——认真学习党的方针政策、全面分析基本情况、充分听取群众意见。

（2）写作中把握"三内容"——有目标、有步骤、有措施。

（3）制订计划"三原则"——实事求是、服从整体、开拓创新。

2. 编写计划的要求

编写计划要注意以下几方面的问题。

（1）深入调查，实事求是。

不论哪种计划，都应是在认真分析客观情况的基础上做出的判定，而要了解实际情况，就要在制订计划之前深入调查。不经调查，闭门造车制订的计划会脱离实际，没有可行性。任务和指标应是经过各方面的努力可以达到的理想指标，既要有前瞻性，又要留有余地，既

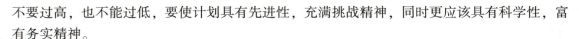

不要过高，也不能过低，要使计划具有先进性，充满挑战精神，同时更应该具有科学性，富有务实精神。

（2）顾全大局，统筹兼顾。

制订计划时，必须从整体利益出发，正确处理好全局和局部、长远和目前的关系，处理好国家、集体和个人三者之间的利益关系，处理好社会效益和经济效益的关系，使计划发挥积极作用。事关全局性的计划，还应该把方方面面的问题考虑周全，将计划分解到部门。要处理好大计划与小计划之间的关系、整体与局部的关系，做到统筹兼顾。

（3）科学预见，及时完善。

为了完成任务而采取的措施要写得具体，切实可行。如果要求不明确，措施不具体，计划就有很大的伸缩性，直接影响计划的执行。制订计划时，要依靠群众。因为制订者水平再高，能力再强，对本单位的情况再了解，也难免有局限性，而群众直接参加各项活动，对情况最熟悉，也最有发言权，要善于听取群众的合理化建议，收集群众提出的改革措施，研究它们的可行性，以此作为编写计划的依据，这样可以使计划更完善。

（4）突出重点，兼顾其他。

一个部门或一个单位的计划必须从内容上反映本部门或本单位的实际情况，必须从时间上表明是这个阶段而不是其他任何一个阶段的计划。制订计划时要把握一定时期内工作目标的重心，突出重点，合理安排主次。计划一定要反映当前需要解决的主要矛盾，对工作中至关重要的环节要着重说明，还要兼顾一般工作。要分清轻重缓急，抓住主要矛盾，解决主要问题，突出重点，以点带面，点面结合，有条不紊，这样才有利于工作的全面开展，达到事半功倍的效果。

（5）简明平实，表述准确。

语言要准确简明，要注意区分词语的意义和使用范围，选用恰当的词语准确表达内容，如"增加了"和"增加到"，"绝大多数"和"多数"，"少数"和"极少数"，"杜绝"和"防止"等，这些词语使用时稍有不慎，就会使人对计划的内容和要求等有不同的理解，自然就会影响计划的施行。此外，语言应简明扼要，计划的语言一定要符合实用文体语言方面的要求，要明确清楚，让人一看便懂，不会产生歧义，并且要有高度的概括性。

【写作例文】

滨海市民政局 2015 年工作计划

2015 年，我局将继续学习和实践科学发展观，紧紧围绕市委市政府中心工作，以解放思想为先导，以改革创新为动力，突出"改善民生，推进民主，构建和谐，服务社会"这一主线，抢抓机遇，狠抓落实，努力推动民政事业科学发展。

一、突出一项活动

突出深入开展学习和实践科学发展观活动。（略）

二、强化三项管理

1. 强化社会组织管理

加强社会团体和民办非企业单位的年检工作，全面开展社会组织清理整顿工作；规范执法行为，加大对非法社会组织和社会组织违法活动行为的查处力度和境外非政府组织活动管理工作。

2. 强化殡葬管理

做好清明节祭祀活动管理，加强安全保障，提高殡仪服务水平；推动生态公墓建设，今年要完成23个公益性生态墓地建设任务；继续强化殡葬管理，抓好火化率的巩固和提高；积极开展创建等级殡仪馆工作。

3. 强化区划地名管理

加快完善地名公共服务体系，尽快建立地名查询问路系统，在今年5月底前完成全市地面数据库建设，推动市县区地名编制工作和县、乡镇地名标志设置工作，完成市、县新建街道的命名和维护工作。

三、巩固三项成果

1. 巩固城乡社会救助工作成果，做好社会救助工作。（略）

2. 巩固双拥优抚安置工作成果，全面落实各项优抚安置政策。（略）

3. 巩固基层政权和社区建设成果，继续搞好"六好"社区创建工作。（略）

四、加大三个力度

1. 加大福利彩票发行工作力度。今年全市福彩的销售任务是6 500万元，销售目标是6 900万元。加大工作力度，创新工作方法，全面完成今年福利彩票销售任务。

2. 加大社会福利服务工作力度。加快市儿童福利院建设进度；抓好市流浪未成年人保护中心的筹建工作；继续实施"星光计划"；加强对"星光老年之家"的日常管理。

3. 加大慈善事业发展力度。加大慈善宣传力度，加大捐赠款物管理，提高全社会的慈善意识；积极打造"蔬善一日打"品牌，开展经常性的社会捐助活动，使社会捐助工作经常化、制度化、规范化、社会化。

滨海市民政局

2014年12月1日

（资料来源：百度文库）

课堂演练

（1）制订计划有何重要意义？

（2）"凡事预则立，不预则废"，做成任何一件事情，都要事先做准备、有安排，要确定具体目标，提出相应步骤、措施。有了明确的奋斗目标和实施方案，才能克服盲目性，提高自觉性，出色地完成任务。正如古人所说："计者，所以定事也。"制订计划对我们的工作、学习、生活都具有重要意义。而要制订切实可行的计划，不仅要紧密结合实际情况，还需要掌握计划的写作方法和要求。

新学期，新气象。某大学商务英语专业一班的班长张红同学，在正式开学之前，提前三天返回学校，和班委们一起着手制订本班新学期的工作计划，确保开学后班级各项工作顺利开展，以更好地为同学们服务。

请你帮助张红，根据班级的实际情况，拟写一份新学期班级工作计划。

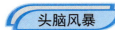

请思考工作计划与工作安排有何区别。

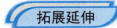

大学生职业生涯规划的重要意义

大学生职业生涯规划主要是指大学生在校时间内，对自身进行全方位、客观的评价，结合当前社会新形势，依据自身的专业特点、知识体系，对今后将要从事的工作进行相应的规划、设计，以期做到人岗对应，促进大学生自我价值的实现。在实践中，引导大学生做好职业生涯规划具有十分重要的意义。

第一，防范大学生盲目就业。

在诸多主观、客观因素的影响下，有很多大学生对自身的职业发展定位不清楚，当看到自己身边的同学纷纷就业后，会产生一种紧迫心理，并没有综合考虑自身的实际情况，便盲目地进行就业。在高校人才培养中，职业生涯规划是促进大学生综合发展的重要手段，做好职业生涯规划，可以帮助大学生更好地了解专业情况，指引大学生客观、全面地分析影响自身专业发展的因素，找到更加切合自身实际的岗位，确保人岗匹配。此外，做好大学生职业生涯规划，还可以让大学生结合市场动态、行业岗位需求，挖掘自身的潜力，从而更加有目标、针对性地进行专业知识学习。

第二，具备良好的双赢性。

随着高校招生人数的逐渐增多，大学生毕业人数也越来越多，这也使大学生的就业形势越发严峻，职业生涯规划可以指引大学生更好地把握当前的就业形势，从长远的视角进行学习、发展，提高大学生的市场就业竞争水平，有助于大学生就业水平的提升。同时，对高校而言，引导大学生做好职业生涯规划，能指引大学生在校企合作中全面了解自身，不断完善自身。高校可以借助大学生职业生涯规划情况，充分掌握市场动态，结合市场状况对专业进行调整，促进专业教学水平的提升，实现学生发展与高校发展的双赢。

第三，提高大学生的各项能力。

做好大学生职业生涯规划，可以促使大学生更加具有针对地参与各项实践训练活动，指引大学生在实践中提升自身的专业水平，使大学生在激烈的人才竞争中处于良好的竞争地位，有助于大学生职业理想的实现。同时，职业生涯规划还能引导大学生更加理性地把握岗位对自身综合能力的要求，这样大学生就会根据职业客观要求，认真地学习专业知识，掌握扎实的实践能力，实现全面发展。

（费红霞：《大学生职业生涯规划影响因素探究》，《就业与保障》2020年第12期，第139页、140页，有删改）

3 总　　结

总结是人们对前一阶段或某项工作进行回顾和反思，并做出客观评价和指导性结论的书面文书。总结的目的，主要是通过概括性的分析和评价，检查以往的工作、学习、生活等各方面情况，认识和掌握事物发展的规律，积累经验，扬长避短，以促进各种实践活动的顺利进行。

【总结的特点】

1. 概括性

总结往往是针对一段较长时间或一项特定的任务所做的，因此总结的内容繁杂，事例众多。尤其是综合性总结，有时千头万绪，难以归纳。这就需要从繁杂的内容中捕捉重要的信息，从众多的事例中选择典型的事例，从千头万绪中梳理出清晰的条目。归根结底，总结需要进行概括，有时甚至需要高度概括。从这个意义上说，总结的写作，关键在于概括能力要强。

2. 客观性

总结的依据是客观存在的工作情况。在理论研究中作者可以阐述自己的主观推断，而总结则必须严格遵循以事实为依据的原则。总结只能是客观存在的反映，绝不能是主观臆测的表述。离开了客观事实进行工作总结，就脱离了实际。总结必须做到事必有据，真实可靠，否则，它就失去了价值和意义。

3. 理论性

总结的过程就是由感性认识上升为理性认识的过程，就是由实践到理论的过程。总结在回顾已发生的事件时不能只就事论事，要通过检查、鉴定、分析、研究，整理出成功的做法和失败的教训，总结出正、反两个方面的经验，提炼出正确的观点，总结出规律。总结的目的是用从实践中得来的正确理论指导今后的实践。

4. 科学性

总结之所以能从繁杂的现象中揭示事物的本质以及规律，主要依靠对客观存在的科学分析。科学分析是总结的核心，也是决定总结质量优劣的关键。没有科学分析，就不能成功地进行总结。

【总结的种类】

总结的使用范围很广，因此种类很多，具体可分为以下四类。

1. 按照性质

包括工作总结、生产总结、学习总结、活动总结、思想总结等。

2. 按照时间

包括年度总结、季度总结、月份总结等。

3. 按照范围

包括个人总结、部门总结、单位总结、地区总结等。

4. 按照内容

包括综合总结、专题总结等。

【总结的作用】

1. 评估得失

在经历一段时间、完成一项任务之后。客观地评估得失，回顾进程，是十分必要的。尤其是常规性的季度、年度总结以及专题性的单项总结，其主要任务就在于评估得失，评估得失时要客观、公正。

2. 把握规律

在评估得失的基础上，总结继续向前推进，就可以发现并把握成功的经验和失败的教训。在成败的原因中，蕴藏着事物发展的必然规律，总结的目的就是发现规律，认识规律，从而自觉地遵循规律。

3. 交流信息

在工作中，将本部门、本单位的得失评估向下级、上级以至同级传播，就是一种信息交流。总结对内部职工而言，或是一种激励、鼓舞，或是一种宣传、教育；对主管部门而言，或是一种情况了解，或是一种促进推动；对同级单位而言，是一种互通情报、增强合作的表示。

4. 提供依据

认真而全面的总结，能为方针政策的制定提供可靠的依据和宝贵的借鉴。党和国家制定的方针、政策不是凭空产生的，而是通过社会实践中分析、综合、概括出来的。总结完成之后，一般作为汇报材料上交，领导部门据此可以了解情况，发现问题，制订相关政策。各项方针政策来自对实践的总结，同时受实践的检验，是人们不断总结经验教训、认识和掌握客观规律的结果。

【写作知识】

总结一般是个人或单位围绕工作的指导思想、概况及所取得的经验和体会、问题和教训及今后的打算几个方面展开。

1. 背景材料概况

这部分主要说明总结的指导思想、范围、目的，交代时间、地点、背景、环境、主客观条件、有利和不利因素以及工作发展状况。背景材料概况主要是对前一阶段工作的总体评价，起到开宗明义的作用，一般要求语言简明。

2. 具体情况

首先是过程和基本做法。包括前一阶段工作的方法、措施和步骤以及中间经过的主要环节。特别是介绍一些有普遍意义的做法，能给人们以启迪和借鉴。其次是成绩与经验。这部分是总结的精髓，也是一篇总结的价值之所在。成绩指工作中取得的物质成果和精神成果，经验指取得这些成果的原因和方法等。对成绩的介绍要实事求是，既有一般情况，又有典型事例，令人信服；经验必须反映事物进程中的内在规律。再次是问题和教训。问题指工作中的缺点和失误，教训指反面的经验，即总结出工作中所遇到的问题，着重分析出现问题和失误的主客观原因，并由此得出应吸取的主要教训，以防重蹈覆辙。这部分要求重点突出，主次分明，详略得当，条理清楚。

3. 新的奋斗目标

针对存在的问题和教训，提出切实有效的改进措施，以表明决心，展望未来，鼓舞斗志。语言应简洁有力。

【结构形式】

总结的结构由标题、正文和落款三部分组成。

1. 标题

标题有单行标题和双行标题之分。

（1）单行标题。

单行标题的形式有公文式和文章式两种。

①公文式标题由单位名称、时限、内容和文种组成。四要素齐全的为全称公文式标题，如《华为集团公司2013年财务工作总结》。根据具体情况，省略一个或一个以上要素的为简称公文式标题，如《天津市商业银行工作总结》。

②文章式标题有内容型和主题型两种。内容型是直接将总结的主要内容清楚地表述出来，如《浙江经济改革与建设回眸》《税制改革：三次重大突破》；主题型是将总结的主旨直接揭示出来，如《有"为"才有"位"》。

（2）双行标题。

双行标题是指同时使用主标题和副标题，主标题一般用单行标题中的文章式标题，副标题一般用单行标题中的公文式标题。

2. 正文

总结的正文由前言、主体、结尾三部分组成。

（1）前言。

前言主要概述基本情况，分别有概述式、结论式、提示式、提问式和对比式等形式。

①概述式。概述基本情况，简要地交代工作的背景、时间、地点、条件等。

②结论式。先明确提出结论，使人了解经验教训的核心所在，然后引出下文。

③提示式。对工作的主要内容做提示性、概括性的介绍。

④提问式。开头先提出问题，点明总结的重点，以引起人们的注意。

⑤对比式。采用比较法，将有关情况进行对比，显示优劣，说明成绩。

（2）主体。

主体这是总结的核心部分。总结的主体一般包括三个部分：基本情况的回顾、经验教训、存在的问题和今后努力的方向。

①基本情况回顾。一般用概括的语言，把工作的有关条件以及工作经过交代清楚，有时需要利用一些数据来说明工作的收获和成绩。总的来说，此部分是把这段时间里的工作做一个全面的评估。

②经验教训。这部分是总结经验教训，要从客观实际出发，从分析研究这些事实入手，发掘事物的本质，找出规律。不能从抽象定义出发，不能从理论到理论，更不能就事论事。这部分的内容大致有如下四种写法。

A. 先叙述工作进展情况和具体做法，然后概括几条经验，提出存在的问题。

B. 以提出的问题为中心，把情况和经验结合在一起，夹叙夹议，既谈情况，也谈经验教训。

C. 在叙述工作的一般发展情况之后，提出几个较为突出的问题，再分别列举若干不同做法加以分析比较，得出正确的结论。

　　D. 把整个工作过程按照时间的先后顺序划分成几个阶段，再分阶段分别介绍工作情况和经验教训。

　　③存在的问题和今后努力的方向。这部分要写出工作中存在的问题与不足，以及它们给工作带来的影响、造成失误的主客观原因。同时，在总结经验教训的基础上，针对工作中的实际问题，提出改进措施，或者说明工作发展趋势，提出新的目标。

　　（3）结尾。

　　结尾因文而异。综合性总结的结尾，一般是结合存在的问题，提出改进意见或努力方向；对于专题性经验总结，介绍完做法和体会，则全文结束，不另写结尾。

3. 落款

　　总结的落款包括署名和日期。单位总结的署名一般不放在落款处，而写在标题中或标题下。个人总结的署名，一般写于正文的右下方。

【写作要求】

1. 理解政策，学好理论

　　万事万物都有一个衡量的标准，总结中成功的经验、失败的教训，也应有一个评判的标准，这个标准就是党和国家的各项方针政策。如果理解不透党和国家的各项方针政策，理论跟不上，那么总结时就会迷失方向。

2. 材料真实，观点鲜明

　　总结中涉及的事实，一定要真实可靠。有成绩要充分肯定，有缺点要勇于承认，既报喜，也报忧。对成绩、问题的评价要恰当，要避免绝对化、片面化。总结的对象是社会实践。过去的事情如何做，结果怎样，都应通过调查研究，全面占有材料。从这些材料中去粗取精，去伪存真，仔细鉴别。有了真实的材料，提出的观点才能鲜明。也只有观点鲜明，才能使读者一目了然，从而更好地学习体会。

3. 围绕中心，突出重点

　　首先，看问题要全面。既要提到各方面工作和工作的人员，又要突出先进事迹、先进部门、先进人物。总结时应根据具体的写作目的和实际情况取舍内容，确定重点。其次，依据观点取舍材料，观点来自材料，而材料的取舍又取决于观点。与主题无关、不能说明观点、突出主题的材料要坚决舍弃；与之相反的则毫不犹豫地选用。这就需要对事实材料进行分析选择，合理安排，选择恰当的材料来突出重点，使之最能说明观点。最后，还要注意点面结合，避免面面俱到。经验和问题多了，反而不能突出重点。要有的放矢，突出重点。

4. 善于总结，发现规律

　　一篇好的总结，必须提出规律性的观点，才能正确指导今后的工作。这就要求作者从客观事实出发，从分析研究事实入手，有针对性地总结那些具有指导意义、行之有效的经验，发掘事物的本质规律，并由此提出符合客观实际的改进意见，明确今后的工作任务和努力方向。

【写作例文】

河北省物价局2013年政府信息公开工作总结

2013年,我局围绕中心工作,认真履行职责,深入贯彻落实《中华人民共和国政府信息公开条例》和省政府有关规定,将做好政府信息公开工作列入全年重点工作和部门年度工作目标考核内容之一,切实加强组织领导,健全政府信息公开制度,扎实推进政府信息公开工作。在省政府信息公开办公室的帮助指导下,我局政府信息公开工作取得了初步成效。现将有关情况总结如下。

一、政府信息公开工作开展情况

(一)加强制度建设,确保政府信息公开工作的长效性。(略)

(二)拓展信息发布渠道,进一步推进价格和收费信息公开工作。(略)

(三)创新价格决策机制,进一步增强行政权力透明度。(略)

(四)积极开展网络问政,畅通群众诉求渠道。(略)

2013年,在行政复议、行政诉讼情况方面,本机关政府信息公开工作未发生申请行政复议和提起行政诉讼的情况(涉及价格争议的行政复议一起,维持廊坊市物价局答复),我局未收取任何与政府信息公开相关的费用。

以公开的政务信息签编成册分送省档案局、图书馆共计6册,600余面。

二、存在的问题

虽然我局在推进政务公开工作方面做了一些工作,取得一定成效,但与社会和公众的需要相比,还存在一定的问题,政务信息公开工作的队伍建设有待进一步加强。由于机构编制人员较少,我局信息公开工作人员均为兼职人员,使信息公开工作不能全面地开展,缺少系统性、连贯性的工作,信息公开的基础工作仍然薄弱。

三、改进工作的措施

今后我局将从以下几方面进一步加强政府信息公开工作。

1. 进一步提高认识,加强组织领导,明确推进政府信息公开的目标任务。要从转变政府职能、执政为民、加强党的执政能力建设的高度认识并积极推进这一工作,继续把政府信息公开工作作为改进机关工作作风的重要抓手。

2. 创新政府信息公开方式,进一步丰富省物价局门户网站内容,增强政府信息公开的时效性和针对性,强化公众互动性,不断提升省物价局门户网站公共服务水平。

3. 进一步完善价格听证会制度,在消费者听证会参加人的选择方面,更加注重广泛性和代表性;进一步加强价格宣传,对于社会上出现的误解与质疑及时回应,提高价格政策的公开性和透明度。

4. 建立完善的舆情监测与信息通报、共享机制。增强对价格突发事件预警、预防、疏导的能力。加强网络舆情信息处理,及时办理网上留言。把办理网上信件和网民留言作为物价部门与社会公众联系沟通的新型桥梁,作为听取民意、服务群众、为民办事的一个重要渠道。制定网络舆情信息处理办法,优化网上信件和网民留言办理流程,对网民反映的焦点问题,及时加以正确引导,推进问题落地解决。

××××年×月×日

(资料来源:百度文库)

模块二 写作训练

课堂演练

（1）拟写综合性总结，选材时应注意哪些问题？

（2）紧张而充实的一个学期即将结束，每位同学都会发现自己在思想、学习、生活等方面有了一些变化。大家有收获的欣慰，有付出的辛苦，有自己艰辛的努力，有令人感动的回报。请你拟写一份本学期的总结，整理自己的收获，分析自己的不足，蓄势待发，为新学期取得更大的进步提供帮助。

头脑风暴

总结与计划关系密切。一般来说，下一阶段的计划要根据或参照上一阶段的总结制订，如对某一工作的评价、检查，往往要以这一阶段的计划为依据。它们既相互制约、相互依存，又相互促进，从而推动工作不断前进。因此，总结和计划在实际运用中常相伴而行。二者既有相同点，又有不同之处。请分析两者之间的异同。

拓展延伸

做总结定计划慎用"进一步"

岁末年初，各行各业都在做总结定计划。一些单位和个人在谋划来年工作时，无论大小目标，都喜欢使用"进一步巩固""进一步提升""进一步加强"等修饰。如此动辄使用"进一步"的现象，值得商榷。

不是不能用"进一步"。对于短期难以量化的工作，"进一步"可以表示突出和强调。但一些可以量化的工作、一些可以完成的工作、一些必须做到的工作，也笼而统之地使用"进一步"，就给人一种对上面交差、对本职应付之感。若要细究，究竟如何"进一步"？来年又做到哪一步？可能很多人答不出来。

由此可见，在一些人手里，"进一步"成了文字手段和写作技巧。这既是思维方式问题，又是工作作风问题。说到底，"进一步"不是一个筐，什么都能往里面装；"进一步"不能拿来躲开、绕过问题，将抓落实变成空表态；"进一步"更不是一个挡箭牌，不好做或难做的工作，都用"进一步"来拖一拖。

那么要如何做？我们要意识到，工作总结本身不是目的，不能只满足于笔上写、嘴上说的"进一步"，而要以最大限度的科学谋划和有的放矢，将能具体的目标尽量具体，将能细化的任务尽量细化，全力将原则要求变成一项项具体措施，继而通过工作的落实，汇聚成事业发展行稳致远的力量。

（张雨：《做总结定计划慎用"进一步"》，《四川日报》2021年1月6日，第001版，有删改）

4 调查报告

调查报告是指，在对调查主体及特定对象进行深入考察了解的基础上，经过准确的归纳整理，用比较完整的叙述描绘事件情节，用事实说明问题，揭示事物的本质，得出符合实际的结论，由此形成的汇报性应用文书。

【调查报告的特点】

1) 真实性

用事实说话是撰写调查报告最基本的手法，客观事实是调查报告赖以存在的基础，真实性是调查报告最基本的特点。

2) 针对性

调查报告强调的是目的明确，有的放矢。没有针对性的调查报告是不存在的，也是没有意义的。

3) 平实性

调查报告要求内容平实，其实用价值首先在于真实可信；另外，调查报告要求语言平实，不夸张，不修饰，不片面追求文采。

4) 时效性

调查报告要求能及时回答人们迫切需要了解的问题，否则，时过境迁，成为"马后炮"，调查报告就会失去原本应有的价值。

5) 典型性

并不是所有事件都具有调查的必要性，主要是针对比较突出的或亟须解决的某个社会问题、现象进行调查，因此，调查报告具有典型性。

【调查报告的作用】

调查报告的社会功能广泛，因调查目的不同而异。一般而言，其作用主要有以下三个方面。

（1）认识世界，指导社会实践。
（2）作为有关部门决策的参考。
（3）促进科学理论丰富和发展。

【调查报告的主要类型】

1. 揭露问题的调查报告

这是针对某一问题展开调查，以揭示这一问题的种种现象和深层原因为主要目的的调查报告。它的主要功能是揭露和批判，探究问题产生的原因，分析问题的症结所在，提供解决问题的思路和方法。

2. 介绍典型经验的调查报告

某一地区、某一单位、某一企业，在贯彻落实党和国家的各项方针政策的过程中，或在日常的思想政治、经济建设、科学教育等方面取得了突出的成绩，为了反映其具体做法和成功经验，可以对其进行专题的调查，然后写出调查报告，这就是介绍经验的调查报告。介绍经验的调查报告跟工作通讯中那些以反映工作成绩为主的类型有些相似。区别在于调查报告重在调查，特别注重对调查过程和调查所得数据的叙述和列举。

3. 反映新生事物的调查报告

这是针对社会现实中某种新近产生或新近有了长足发展的事物而写的调查报告。在现实社会中，新生事物总是不断涌现。反映新生事物的调查报告的功能，就是全面地报道某一新生事物的背景、情况和特点，分析其性质和意义，指出其发展规律和前景。

4. 社会情况的调查报告

这是针对一些社会情况所写的调查报告。这里所说的社会情况，主要是指社会风气、百姓意愿、婚恋、赡养、衣食住行等群众生活各方面的基本情况。这类调查报告虽不直接反映政治、经济等重大问题，但百姓生活也是跟政治、经济密切相关的。另外，这也是群众最为关心的一些问题。因此，各种新闻媒体都十分重视这一领域的调查报告。

【写作知识】

调查报告一般由标题、内容摘要和正文组成。

1. 标题

标题有两种写法。一种是规范化的标题，即"发文主题+文种"，如"××关于××××的调查报告""关于××××的调查报告""××××调查"等。另一种是自由式标题，包括陈述式、提问式和正副标题结合式三种。陈述式如《贵州交通职业技术学院毕业生就业情况调查》；提问式如《为什么大学毕业生择业倾向沿海和京津地区》；在正副标题结合式中，正标题陈述调查报告的主要结论或提出中心问题，副题标明调查的对象、范围、问题，这实际上类似"发文主题+文种"的规范格式，如《高校发展重在学科建设——××××大学学科建设实践思考》等。作为公文，最好用规范化的标题或自由式标题中的正副题结合式。

2. 内容摘要

内容摘要包括如下内容。

（1）调查时间；
（2）调查地点；
（3）调查对象；
（4）调查方法；
（5）调查人；
（6）调查目的；
（7）调查分工；
（8）调查分析；
（9）调查建议。

3. 正文

正文一般分前言、主体、结尾三部分。

（1）前言。前言起到画龙点睛的作用，要精练概括，直切主题。调查报告的前言一般要根据主体部分组织材料的结构顺序来安排，常用的有以下几种类型。

①提要式。提要式就是把调查对象最主要的情况进行概括后写在开头，使读者一开篇就对基本情况有一个大致的了解。例如，"飞亚达（集团）股份有限公司（以下简称飞亚达）是一家以生产钟表为主的大型企业，1987年成立于深圳。在经济特区这块改革开放的沃土

上,该公司坚持不懈地实施名牌战略,终于在竞争激烈的钟表行业后来居上。历经十二年的艰苦创业,飞亚达由一个钟表小厂发展为总资产逾八亿元、年创利润八千万元的上市公司,成为国内同行的翘楚。"这个前言把飞亚达的发展情况和主要成绩做了概括的介绍,提纲挈领,统率全文。

②交代式。在开头简单地交代调查的目的、方法、时间、范围、背景等,使读者在开篇就对调查的过程和基本情况有所了解。例如,"为了增强计划性,加强对家用缝纫机的经营,更好地掌握市场销售动态,我们采取了走访经营单位与分析历史资料的办法,对北京市家用缝纫机历年销售情况以及当前社会保有量和市场需求变化进行了调查。经过分析,我们认为北京市场除上海缝纫机供不应求以外,其他品牌缝纫机销售在北京市已趋于饱和。"这个前言包括调查的目的、方法、范围和结论等几个方面,总的来说属于交代式前言。

③问题式。在开头提出问题,引起读者对调查课题的关注,促使读者思考。这样的前言可以采用提问的方式引出问题,也可以直接将问题摆出来。例如,"近些年,随着农村改革的深化和商品经济的发展,贸工农一体化、产加销一条龙的经营方式,正在我国农村迅速突起。它一出现就显示出旺盛的生命力和巨大的优越性,为农村经济的发展注入新的活力。这种经营方式对我国农业向商品化、现代化转化有哪些作用?应采取什么方针政策扶持其发展?我们就这些问题进行了调查,并同10个县(市)的有关同志进行了座谈,形成了一些共识。"

(2)主体。这是调查报告最主要的部分,这部分详述调查研究的基本情况、做法、经验,以及分析调查研究所得材料中的各种具体认识、观点和基本结论。前言之后、结尾之前的文字,都属于主体。这部分材料丰富、内容复杂,在写作中最主要的问题是结构的安排。其主要结构形成有三种。

①用观点串联材料。由几个从不同方面表现基本观点的层次组成主体,以基本观点为中心线索将它们贯穿在一起。例如1999年12月9日《人民日报》刊登的调查报告《按照市场经济规律指导农民增收——山东省微山县调查》的主体就采用了这种结构形式。它由四个部分构成:"抓住了规律就抓住了根本""把握市场需求,发挥自身优势""围绕市场竞争,加强联合与协作""遵循价值规律,推进农业'四化'"。这四个部分是由标题所显示的基本观点贯穿起来的。

②以材料的性质归类分层。课题比较单一、材料比较分散的调查报告可采用这种结构形式。作者经分析、归纳之后,根据材料的不同性质,将它们梳理成几种类型,每一个类型的材料集中在一起进行表达,形成一个层次。每个层次之前可以加小标题或序号,也可以不加。例如1999年12月23日《人民日报》刊登的调查报告《不信民心唤不回——从宁乡县五个乡镇的变化看做好农村思想政治工作的重要性》,分别从原因、措施、启示三个方面着眼,写了三个大的层次。其中原因又概括为五条,启示也概括为三条,又形成大层次下的若干小层次。

③以调查过程的不同阶段自然形成层次。事件单一、过程性强的调查报告可采用这种结构形式。它实际上是以时间为线索来谋篇布局,类似记叙文的时间顺序写法。1999年12月16日《人民日报》"记者调查"栏目发表的《暗访北京站前发票非法交易》一文,分别写了这样几层内容:12月6日15时35分,记者在北京站东侧出站口遇到第一个卖发票的人;过马路前,又遇到四五个卖发票的小伙子;过马路后,被一个穿棕色皮衣的卖发票者拦住纠缠,难以脱身;在站前丁字路口东北侧又遇到几个卖发票的男女。这种有清晰过程的写法可以提高读者的阅读兴趣。

（3）结尾。调查报告常在结尾部分显示作者的观点。结尾的写法也比较多，可以提出解决问题的方法、对策或下一步改进工作的建议；或总结全文的主要观点，进一步深化主题；或提出问题，引发人们进一步思考；或展望前景，发出鼓舞和号召。结尾对主体部分的内容进行概括、升华，因此，它往往是比较重要的一个部分。结尾的常见写法有下述三种。

①概括全文，明确主旨。在结束的时候将全文归结到一个思想的立足点上，例如《关于邯郸钢铁总厂管理经验的调查报告》的结尾如下。

邯钢的实践证明，国有企业适应建立社会主义市场经济体制要求，必须在转换经营机制的基础上转换经营方式，切实转变经济增长方式，这样才能充分挖掘企业的内部潜力，提高企业的整体素质和市场竞争力。邯钢的做法为国有企业实行从传统的计划经济体制向社会主义市场经济体制，从粗放经营向集约经营两个具有全局意义的根本性转变提供了借鉴的经验。

这样的结尾，提供了清醒的理性认识。

②指出问题，启发思考。如果一些存在的问题还没有引起人们的注意，或限于各种因素的制约作者不可能提出解决问题的办法，那么，只要把问题指出来，引起有关方面的注意，或者启发人们对这一问题的思考，也是很有价值的。例如《暗访北京站前发票非法交易》一文的结尾如下。

记者随后又转了几个地方，16时10分从北京站前离开。在这40分钟里，碰见了大约20名卖发票的不法人员。听口音他们大都是外地人。从言谈举止可以感觉到他们知道自己的行为是违法的。在广场、路口维持秩序的公安、保安人员不少，也许是司空见惯了吧，记者没有看到他们出面制止这种不法行为。对发票非法交易的现象，到底该由谁来管，怎么管？

作者指出这一问题，相信能引起有关部门的重视。

③针对问题，提出建议。在揭示有关问题之后，对解决问题提供一些可行的建议。例如1999年11月23日《人民日报》刊登的专题调查《人情消费，让人如何承受你！》就写了一个建议性的结尾。

在人情消费已成为一种风气的情况下，制止大操大办单靠哪一个人、哪一个单位很难从根本上奏效，如喝喜酒，往往是通知范围大了人们反感，范围小了没接到通知的人也有意见。遏制人情消费，建立新型的人际关系，倡导社会新风，是一项社会系统工程，需要各级各部门共同努力。首先要加强宣传和教育。提倡新事新办，勤俭持家，厉行节约，建立新型的社会主义人际关系。节日期间，报纸、电台、电视台可举办专题栏目、节目进行宣传，文化部门应挑选一批优秀的影片（主要是婚丧嫁娶新事新办方面的）在各乡镇、村巡回播放。通过广泛深入的宣传教育，使人们树立正确的人情消费观。其次要制定社会规范。在政府机关和企事业单位建立红白理事会，推行节俭办红白喜事。建立约束机制，对人情消费进行引导、规范、管理。三是严格稽查。对大操大办甚至借机敛财的干部要严肃处理，直至在新闻媒体上曝光。

文末提出了三条建议来解决人情消费的严重问题，其中不乏切实可行的措施。

【写作要求】

1. 立场、观点要正确

搞调查研究首先必须有正确的立场、观点，才能实事求是地进行调查研究，认识事物的本来面貌，得出合乎客观实际的结论。

2. 调查态度要端正

要想获得丰富的材料，就要有饱满的热情、艰苦深入的工作作风和实事求是的态度。

3. 调查目的要明确

进行调查研究，从根本上来说是为了掌握实际情况，以便于制定和执行正确的方针政策，树立先进典型，批判错误的倾向，使各项工作沿着正确的方向前进。

4. 调查准备要做好

（1）武装思想。

（2）选定调查研究题目。

（3）拟定调查提纲。

5. 调查方法要讲究

为了获得丰富的材料，还要讲究调查方法。调查方法包括开会调查、个别访问、现场观察、蹲点调查、阅读有关书面资料，可针对具体的调研内容选择合适的调查方法。

6. 撰写报告要规范

一是对所得的材料进行整理、分类、核实，发现遗漏或有疑问的地方，再进行补充调查；二是分析、思考，提示材料的内部联系，发现事物的本质。

【写作例文】

调查报告

内容摘要
一、调查概况 　　调查地点：××市。 　　调查对象：××市市民。 　　调查时间：2016年6月18日—6月22日。 　　调查方式：问卷调查。 　　调查目的：通过对××市市民个人理财需求的调查，了解××市民的投资方式，提出理财投资决策的建议。 二、调查分析 　　（一）××市经济发展水平及市民收入状况 　　××市的市民的人均收入不断增长。不断增加的资本让市民有了更大的购买力。 　　（二）××市市民的理财倾向 　　大部分市民都比较倾向定期储蓄、债券、贵金属、房产这类收益较稳定、风险较小的理财产品。 　　（三）对××市市民的理财选择的分析 　　尽管市民在投资理财方面的热情在不断增加，但是相对保守的理财思想仍然存在。 三、针对××市市民理财投资情况的建议 　　（一）制定全面恰当的理财目标 　　向市民传授关于个人理财方面的知识，使他们懂得更多有关理财方面的技巧。 　　（二）选择多元化的理财工具 　　市民应该考虑清楚自己究竟想获得多少利益或者能够承担多大的风险来量体裁衣，合理的选择才能组成最好的金融投资组合。 　　（三）在安全谨慎的原则下创新观念 　　创新自己的理财观，丰富自己的生活，希望获得更大的利益回报。 　　　　　　　　　　　　　　　　　　　　　　学生签字： 　　　　　　　　　　　　　　　　　　　　　　　　年　月　日

续表

指导教师评语及成绩
评语：
成绩：　　　　　　　　　　　指导教师签字： 　　　　　　　　　　　　　　　　年　月　日

前言

　　随着社会经济的发展，市民的理财需求越来越强烈。本文主要通过分析了解市民的投资方式，提出理财投资决策的建议，以达到为市民理财提供借鉴的目的。针对市民目前理财投资状况提出××市民理财投资决策措施和相关建议，增强市民保护财产安全的意识，使之懂得根据可能的社会经济形势变化调整自己的理财投资选择，能在经济环境发生不利变化时不至于造成过于严重的影响，为个人及家庭幸福提供保障。

一、调查概况

调查地点：××市。

调查对象：××市市民。

调查时间：2016年6月18日—6月22日。

调查方式：问卷调查。

调查目的：当今社会不断发展，人们越来越注重理财，通过对××市市民个人理财需求的调查，了解××市市民的投资方式，提出理财投资决策的建议。

二、调查分析

（一）××市经济发展水平及市民收入状况

　　自从改革开放开始，××市市民的人均收入不断增长。不断增加的资本让普通市民有了更大的购买力。人们开始逐渐有了理财的意识，更愿意选择理财产品，开始扩大自己的投资方式，逐渐将自己的资本投入土地、房屋等不动产，或者购买市场上的理财产品，依据自己或者专家提供的理财方案，对自己的资本进行合理的分配。

（二）××市市民的理财倾向

　　本次问卷调查的主要对象是××市市民近年的个人理财投资情况，这次调查抽出了30个调查样本。受访者中男性15人，占总数的50%，女性15人，占总数的50%。其中25人都已经结婚，只有5人未婚。从调查结果中可以发现，被调查对象对于投资理财产品的认识还处于中级阶段，大部分市民比较倾向定期储蓄、债券、贵金属、房产这类收益较稳定、风险较小的理财产品。主要是个人收入影响投资规划。大部分市民的收入都处于稳定状态。其中在市民投资理财选择中几乎没有股票、基金，主要原因是大部分市民对于这些投资理财产品的认知度还不够高，而且股票、基金的投资风险比较大。

（三）对××市市民的理财选择的分析。

××市市民对投资风险大的理财产品没有什么购买意愿。

1. 人们在投资理财过程中的第一选择是储蓄存款，它能够满足市民低风险、高收入的需要，尽管选择该方式的收益很低，甚至在通货膨胀的过程中可能产生负收益，但人们更愿意选择，其原因可以归纳为：储蓄存款不需要懂得很多理财方面的知识，是一个非常简单的投资理财项目，也不需要花费心思研究，即使存在负收益，也不会像投资股票那样血本无归。

2. 在证券方面的投资一直达不到人们理想的投资收益，所以市民在选择的过程中，会减持股票、债券等。股市是一个不确定的市场。通过对市民的调查发现，股票投资对他们来说风险太大，对中国的股市，一般市民很难发现规律，很多人投资股票在很大程度上是跟风。基金以及债券的风险小于股票，收益大于储蓄存款，对××市市民来说，它是仅次于储蓄存款的第二大选择，但是所占比重还是很低。主要原因是债券品种单一，同时人们对其也不是很了解，对其认知程度还处于初级阶段。

3. 贵金属理财越来越普遍，成为××市市民重要的理财手段之一。房地产行业近年来在全国大部分地区虽有走低之势，但目前在××市市民投资理财选择中仍处于领先地位。

4. 在一般的投资中出现了艺术品交易。艺术品投资因其风险小、升值速度快的特性越来越被人们关注，但是进行艺术品投资必须有足够的资本，因此还是有很多人是没办法选择该投资方式。

5. 近些年，很多金融机构纷纷推出了各种各样的理财产品，但是调查显示，市民对其关注度还不够高。很多市民为了减小风险，在选择理财产品的过程中还是比较注重安全性。

三、针对××市市民理财投资情况的建议

（一）制定全面恰当的理财目标

向市民传授更多有关个人理财方面的知识，使他们懂得更多有关理财方面的技巧等是十分有必要的。这样市民才能够更合理地选择更多投资方式，同时要增强市民的风险防范意识。具体的方法有以下两种。

1. 可以通过网络、宣传手册等进行理财方面的基本内容的学习，让更多市民懂得理财经验，提升自身的理财能力，这样才能够在现有的资本条件下实现利益的最大化。

2. 通过本地电视台加强理财知识的宣传，同时各个金融机构要不断地提供一些宣讲会供市民参加，或者请这方面的专家进行必要的讲座等，通过更多的方式将理财知识传授给市民。

（二）选择多元化的理财工具

依据每个人的资本情况，请理财师为其制定出最优投资组合。在这个投资组合里，获得回报和所要承担的风险基本上成正比关系，然而，不同的投资组合也是有区别的，市民应该考虑清楚自己究竟想获得多少利益或者能够承担多大的风险来量体裁衣，合理的选择才是最好的金融投资组合。比如，一个收入比较低的家庭，可支配的资本很少，剩下来用于理财的资本也就很少，并且这部分资本不能够承担太大的风险，否则会对生活产生影响，因此，这些市民不会考虑太大的回报，只要能够保本，有小盈利即可。

（三）在安全谨慎原则下创新观念

最近，我国在社会保障体制改革上下了很大功夫，党的十八大提出了当前我国社会保障制度体系的主要任务为：要坚持覆盖的全面性、保基层、多方面、可持续方针，重点保证公平性、可持续性等，要保证社会保障体系覆盖到所有地方，不管是城市还是农村。预计到2020年，保证每个人都能够得到社会保障，任何人都可以得到基本的医疗服务，保证每个人都有房子住。在这样的大条件下，对××市市民来说，将来的生活将会得到保证，这样就能够有更多精力投入个人理财方面。

课堂演练

（1）结合例文，阐述调查报告的作用及类型。

（2）近年来，随着人们物质生活的日益丰富，消费者的饮食结构、饮食习惯也悄然发生变化，在这一背景下，对你所在学校不同年级的消费费用及消费重点进行调查，得出一些结论。

头脑风暴

谈谈调查报告对事物现象及发展的重要意义。

拓展延伸

市场调查报告的写作技巧

市场调查报告的写作技巧主要有以下几种。

1）叙述技巧

市场调查报告的叙述主要用于开头部分，叙述事情的来龙去脉，表明调查的目的和根据，以及过程和结果。此外，在主体部分还要叙述调查得来的情况。市场调查报告常用的叙述技巧有：概括叙述、按时间顺序叙述、叙述主体的省略。

（1）概括叙述。

叙述有概括叙述和详细叙述之分。市场调查报告主要用概括叙述，对调查过程和情况进行概括介绍。

（2）按时间顺序叙述。

在交代调查的目的、对象、经过时，往往采用按时间顺序叙述的方法，次序井然，前后连贯。如开头部分叙述调查的前因后果，主体部分叙述市场的历史及现状，就体现为按时间顺序叙述。

（3）叙述主体的省略。

市场调查报告的叙述主体是撰写报告的单位，在叙述中用第一人称。为行文简便，叙述主体一般在开头部分出现后，在后面的各部分即可省略，并不会因此令人误解。

2）说明技巧

市场调查报告常用的说明技巧有：数字说明、分类说明、对比说明、举例说明等。

（1）数字说明。市场运作离不开数字，反映市场发展变化情况的市场调查报告，要运用大量数据，以提高市场调查报告的精确性和可信度。

（2）分类说明。市场调查中所获材料杂乱无章，根据主旨表达的需要，可将材料按一定标准分为几类，分别说明。例如，将调查的基本情况，按问题性质归纳成几类，或按不同层次分为几类。每类前冠以小标题，按提要句的形式表述。

（3）对比说明。市场调查报告中有关情况、数字的说明，往往采用对比形式，以便全面深入地反映市场变化情况。

（4）举例说明。为说明市场发展变化情况，举出具体、典型事例，这也是常用的方法。市场调查中会遇到大量事例，应从中选取有代表性的例子。

3）议论技巧

市场调查报告常用的议论技巧有归纳论证和局部论证。

（1）归纳论证。

市场调查报告是在收集大量材料之后，经过分析研究得出结论，从而形成论证过程。这一过程主要运用议论方式阐述，所得结论是从具体事实中归纳出来的。

（2）局部论证。

市场调查报告不同于议论文，不可能形成全篇论证，只是在情况分析、对未来预测部分进行局部论证。如对市场情况从几个方面进行分析，每一方面形成一个论证过程，用数据、情况等作论据去证明其结论，形成局部论证。

4）语言运用技巧

语言运用技巧包括用词方面的技巧和句式方面的技巧。

（1）用词方面的技巧。

市场调查报告中数量词用得较多，因为市场调查离不开数字，很多问题要用数字说明。可以说，数量词在市场调查报告中以其特有的优势，越来越显示出其重要作用。市场调查报告中介词用得也很多，主要用于交代调查目的、对象、根据等，如"为""对""根据""从""在"等介词。此外，还多用专业词，以反映市场发展变化，如"商品流通""经营机制""市场竞争"等词。为使语言表达准确，撰写者还需熟悉与市场有关的专业术语。

（2）句式方面的技巧。

市场调查报告多用陈述句，陈述调查过程、调查到的市场情况，表示肯定或否定判断。祈使句多用在提议部分，表示某种期望，但提议并非皆用祈使句，也可用陈述句。

5　毕业论文

毕业论文是高等院校的学生完成本专业的基本课程学习，在教师的指导下，综合运用所掌握的基础理论、专业知识，结合专业学科领域的某一问题或现象，在调查研究与实验研究的基础上，进行科学分析、论证，摸索科研经验，阐述学习成果，发表学术见解的一种文章，是高校毕业生的标志性作业。

【毕业论文的特点】

1. 规范性

毕业论文的写作具有一定的规范性。其主要体现在，学生在指导教师的指导下，按照规定的程序完成毕业论文撰写的全过程，要历经规定的步骤——立论、撰写开题报告、搜集资料、写作初稿、修改定稿、打印装订、送审、答辩，还要按照毕业论文的标准格式进行规范书写。

2. 科学性

毕业论文的科学性主要体现在两方面：一是论题的选择必须符合科学；二是知识和材料

要具有科学性，应该反映科学的理论和事实，不杜撰、不弄虚作假。如果知识、材料不准确，就不能确切地反映客观事物的规律。

3. 学术性

学术性是毕业论文的本质特性。不同于一般的学习心得，毕业论文所研究的内容应该具有系统性和专门性，是对某专业领域的资料文献与研究状况的论证分析，体现一定的研究深度，具有一定的学术价值。

4. 创见性

创见性是毕业论文的价值所在，毕业论文无论是在选题上还是在研究方法上，都应有作者的独到见解，力求创新，不是简单地重复，模仿或抄袭别人的东西。

【毕业论文的种类】

毕业论文的种类是多种多样的，按照不同的分类标准，可以分成不同的种类。

1. 按毕业论文的内容划分

（1）自然科学毕业论文，包括理、工、医、农等内容。

（2）社会科学毕业论文，包括文学、历史、哲学、政治、经济、管理等内容。

2. 按毕业论文的研究方法和对象划分

（1）理论型毕业论文，即科研成果是用理论分析的手段得来的，并以此为内容撰写的毕业论文。

（2）观测型毕业论文，即研究成果是以观察、考察的方式得来的，并以此为内容撰写的毕业论文。

（3）实验型毕业论文，即科研成果是根据实验的内容或结果得来的，并以此为内容撰写的毕业论文。

3. 按毕业论文的申报学历标准划分

（1）学士学位论文。

（2）硕士学位论文。

（3）博士学位论文。

【毕业论文的作用】

1. 考核业务水平

毕业论文是评价学生业务学习、专业成果的重要途径，也是当前学生毕业考核与学位评定的重要依据之一。通过毕业论文，可以考查学生运用所学专业知识对某一问题进行探讨和研究的能力，考查其查阅资料和写作文章的能力。

2. 启迪学术思想

撰写毕业论文的过程也是学生查询专业资料（中文资料和外文资料），再次学习的过程。学生在阅读前人学术论文的过程中，可以对不同时期的学术思想进行归纳，受到启迪，继续探索，形成新的学术研究课题，这对培养学生关注社会问题、关注科研最新成果及生产实际需求有一定意义。

3. 锻炼科研能力

毕业论文是对学生从事科学研究能力的基本训练。撰写毕业论文时，从选题、拟订大纲或实施方案到最后成文，始终与毕业论文指导教师或学生本人所承担的各级各类科研项目或学术研究紧密联系，具有不同程度的实际应用价值，有利于提高学生独立分析问题和解决问题的能力，是一次非常必要的锻炼机会。

4. 培养认真的态度

撰写毕业论文是高等院校学生完成学业的最后一个学习环节，是高等院校一项重要的教学工作，不容忽视。学生从选课题、查资料到列提纲、拟草稿，无一不需要以严肃认真的态度对待。毕业论文的写作，对培养学生良好的学习态度、认真的工作作风具有极大的促进作用，为学生毕业后独立工作打下良好的基础。

【写作知识】

1. 封面

封面是毕业论文的外表，要提供有关的信息，一般包括以下内容。

（1）"××大学（院校）毕业论文"标志。

（2）论文题目。论文题目是以最恰当、最简明的词语，反映毕业论文中最重要的特定内容的逻辑组合，应该是对研究对象的精确、具体的描述，这种描述一般要在一定程度上体现研究结论。拟写毕业论文题目的要求是准确、精练、醒目。毕业论文的题目应避免使用不常见的缩略词。

（3）作者姓名及学号。

（4）作者所在院系名称。

（5）指导教师的姓名、职称。

（6）专业、学位方向，指作者所学专业及申请学位级别。

（7）日期，即论文完成时间。

2. 摘要

摘要也称为提要。毕业论文的摘要是对论文研究内容的高度概括。摘要应包括对问题及研究目的的描述、对使用的方法和研究过程的简要介绍、对研究结论的简要概括等内容。摘要具有独立性、自明性，应是一篇完整的短文。摘要无须加评论和补充解释，写法上力求精确简明，一般不宜超过 300 字。

3. 关键词

关键词作为毕业论文的一个组成部分，列于摘要之后，一般从论文中选取用以标示全文主要内容信息款目的单词或术语，具有说明论文核心的作用，同时也是出于文献标引或检索工作的需要。毕业论文的关键词应控制为 3~8 个。

4. 目录

若毕业论文篇幅较长，分章节并有不同等级的标题，则要列出目录。目录由序号、名称、页码组成。

5. 正文

正文由引论、本论、结论组成。毕业论文一般分章节论述，应该用标题表示。

（1）引论。

引论又称为绪论、导言、前言。其写法没有定规，根据论文的内容而定，一般用于简单说明论题的主旨、撰写本论文的目的及意义，提出研究问题的背景及原因，介绍研究范围、研究方法，说明前人的成果、自己的创见等。

（2）本论。

本论是毕业论文的核心部分，是集中体现毕业论文内容的关键部分，应该对研究的课题从多方面、多角度进行分析和论证。

①毕业论文本论部分的主要内容。首先，对作者的学术观点进行充分的阐述，指出所研究问题的性质、特点、种类等；其次，对作者的学术观点进行严密的论证，分析所研究问题的现状、作用、研究意义等；最后，对作者的学术观点进行科学的总结，提出解决问题的方式方法，展望所研究问题的前景。

②毕业论文本论部分的结构形式。毕业论文本论部分常见的结构形式有：并列式结构形式，即围绕中心论点，从不同角度进行论证，形成若干分论点，几个分论点构成并列关系，共同论证中心论点；递进式结构形式，即在阐述中心论点时，各层次、段落之间是环环相扣、逐层深入的关系，前一部分论述是后一部分论述的基础，后一部分论述是对前一部分论述的推进，最后推导出结论；对比式结构形式，即把正、反两方面的观点、事例，对比组合在一起，形成强烈的反差，使两种不同的事理在对比中更清晰，从而更有力地突出正面的论点和主张。

（3）结论。

结论是对毕业论文全文的收束，是本论部分阐述内容的必然结果。它不是简单地重复毕业论文的内容，而是既要照应引论，又要在本论的基础上做简明的概括。结论应是对毕业论文主要研究结果、论点的提炼与概括，应准确、简明、完整、有条理，使人看后就能全面了解毕业论文的意义、目的和研究内容。结论不宜过长。常见的结论类型有：总结性结论、探讨性结论、预测性结论、交代性结论。

6. 致谢

对于在毕业论文写作中提出建议、协助完成研究工作和提供便利条件的组织和个人，在毕业论文中转载和引用的资料、文献的著作权所有者，作者应当对他们的劳动给予充分肯定，并对他们表示感谢。

7. 注释

直接引用他人的观点和材料时一定要加注释，这是尊重他人劳动成果和作者严肃写作态度的体现。加注释的方法一般有：夹注，即段中注，多用于篇幅不长的论文；脚注，即页下注，一般用于书籍和期刊；章节注，即每章节之后集中注释；尾注，即将全文的注释集中放在文后。毕业论文多使用脚注。

8. 参考文献

参考文献是指在毕业论文中使用过或参考过的论文、专著等，是评定毕业论文作者的研究状况和程度的重要依据。参考文献要严格按照规范编写，不要漏写或错写，列出的文献资料要与论文课题相关。

【写作注意事项】

1. 遵循写作程序

写好一篇毕业论文，一般需要以下六个步骤。

（1）选择论题。

选题，就是确定论文的研究方向，是作者在系统学习理论的基础上选择研究对象和范围，确定论文的角度和切入点。选择论题是撰写毕业论文的第一步，也是关键的一步。

（2）请教导师。

学生在撰写毕业论文的过程中一般由专业教师指导。导师的主要任务是帮助学生确定选题，提供参考文献、书目，指导制订研究计划，审定论文提纲，指导研究方法，解答疑难问题，审阅论文，评定论文成绩等。学生在论文写作过程中遇到疑惑时，一定要积极主动与导师联系，尤其在选题、拟定提纲和征求初稿修改意见的环节，要听取导师的意见。

（3）使用材料。

材料一般可分为事实材料和理论材料。根据材料与论文的关系，材料一般可以分为：核心材料，即研究对象本身的材料；背景材料，即对核心材料起参照、比较、深化作用的材料。材料根据来源可分为：直接材料，又称第一手材料；间接材料，又称第二手材料。搜集材料是研究的开始，学生要有平时积累、搜集材料的好习惯。搜集材料的方法主要有：查阅文献、实地调查、科学实验、观察等。毕业论文的写作不是堆积材料，而是需要作者运用科学、系统的方法和理论，对搜集的材料进行整理、研究、选择。首先对材料进行分类、筛选、标注；然后对材料加以科学的分析比较、归纳和综合，进行去粗取精、去伪存真的工作；最后严格把关，以便从中优选出可以成为毕业论文写作依据的材料。

（4）拟订提纲。

提纲是毕业论文的骨架，是作者用文字的形式把撰写毕业论文的思路要点、逻辑框架体现出来。拟订提纲是作者动笔之前的必要准备。毕业论文提纲一般应包括全文的基本论点、主要论据和内容纲目，以便反映出论文的结构体系。编写提纲的步骤一般为：初步确定毕业论文的标题，确定毕业论文的中心思想，列出基本论点，设计毕业论文的总体结构和框架，安排重点内容的次序，需要列出一级题目、二级题目，构思大致的段落层次，确定每个段落的主旨句，填充材料，即每段选用哪些材料，按自己的习惯写法标示所选用材料的名称、页码、顺序。提纲写好后，还要仔细推敲，进行必要的修改。拟订提纲有利于毕业论文前后呼应、统一协调，防止在写作中出现内容残缺、逻辑不清、层次混乱、轻重失调的问题。

（5）撰写初稿。

①结构要严谨，层次要分明。

②毕业论文的语言特点如下。

A. 准确、客观、严谨；

B. 规范、统一、标准；

C. 简明、言简意赅；

D. 平实、自然质朴；

E. 生动、语言鲜明。

（6）修改定稿。修改定稿时主要检查以下方面的问题。

①中心论点是否正确、鲜明、深刻，是否有所创新；标题是否恰当。

②论证是否充分、理论事实是否明确。

③结构是否完整、严谨；层次是否清晰、有条理。

④布局是否合理。

⑤语言是否符合论文的要求；文字、标点运用是否恰当、准确。

⑥引用资料是否准确。

2. 坚持写作原则

（1）内容的科学性。

科学性是毕业论文的根本要求。论题在理论上要具有科学依据，在实践上要符合科学原理；要保证论点正确，有说服力，那么用以支撑论点的论据必须确凿、可靠、具有说服力。要求作者分析问题时要实事求是，所引用事实要确有其事，引证资料要准确无误，推导计算要真实正确。提出的观点要有理有据，得出的结论要科学客观。

（2）结构的逻辑性。

无论是什么专业的毕业论文，就其形式来讲，均具有议论文所共有的一般属性特征，即论点、论据、论证。论点要鲜明，论据要确凿，论证要严密。毕业论文主要以逻辑思维的方式展开论述，通常可以采用并列式、递进式、综合式等结构形式，要求结构合理、层次清晰；选用恰当的论证方法，要求推理严谨、具有逻辑性。

（3）语言的准确性。

毕业论文运用的语言必须体现科技语体的特征，即语言表述精确、概括、庄重，用精确的语言来反映精确的内容；要注意语言的简练、朴实；要求使用规范化的书面语言，不能滥用简称、略语，恰当地使用专业术语，力求准确。

【写作例文】

浅谈企业弹性福利机制的设计

摘要：员工福利作为人力资源薪酬管理体系的一个重要组成部分，是企业人力资源战略中不可忽视的重要因素，弹性福利制度在我国企业人力资源管理中的运用已经是一种趋势。设计出一套科学合理的弹性福利计划，并且对其进行有效的管理和使用，既可以使企业既定的福利成本得到最合理的使用，又可以使大多数员工的福利待遇得到相应的提高。本文试图通过对弹性福利的阐释，揭示弹性福利在我国企业实施的意义，阐释如何设计适合企业发展的弹性福利制度，以满足企业人力资源管理工作的需要。

关键词：福利，弹性福利，弹性福利设计

目录（略）

引论

员工福利是现代企业薪酬制度中的重要组成部分，是工资报酬的补充和延续。福利可以进一步为员工营造安全、舒适的工作和生活环境，增加员工对企业的认同感、忠诚度，激励员工充分发挥自身潜能，为企业的发展做贡献。福利还可以塑造良好的企业形象，提高企业的知名度。但是企业对人工成本控制的要求和员工对福利水平提高的要求始终是一对尖锐的矛盾。在此之间找到一个适合企业战略发展的平衡点，即通过管理和创新，在企业最恰当的人工成本支出下为员工提供最适合的福利，则是企业福利管理的核心目标。因此，弹性福利成为相当数量企业福利机制的首选。

本论

弹性福利既有效地控制了企业福利成本，又满足了员工对福利项目的个性化需求，是一种双赢的管理模式。（略）

一、关于弹性福利

（一）弹性福利的内涵

弹性福利，或称"自助式福利""菜单式福利""柔性福利"等，就是在一定的费用预算范围内，针对不同层次员工的个性化福利需求，有针对性地设计多样化的福利项目供员工自由选择，使大部分员工的大部分福利需求得到最大限度的满足。（略）

（二）弹性福利的特点

1. 对员工而言，每个人的情况不同，福利需求也不同，弹性福利最基本的特点就是个性化与可选性。员工在规定的时间和现金范围内，可以按照自己的意愿组合福利计划。

2. 对企业而言，弹性福利机制通常会在每个福利项目之后标示金额，这样可以使员工了解每项福利和成本之间的关系，方便雇主管理和控制成本。

（三）企业弹性福利的类型

1. 附加型弹性福利（略）

2. 核心加选择型弹性福利（略）

3. 弹性支用账户式福利（略）

4. 组合套餐式福利（略）

二、企业设计弹性福利机制的现实意义

（一）设计弹性福利机制的目的

1. 关于企业员工福利现状的思考（略）

2. 对西方国家员工福利制度的借鉴（略）

（二）设计弹性福利机制的必要性

弹性福利制度和其他福利类型相比有巨大的优势。

1. 从员工的角度看，弹性福利制度有下列优点。（略）

2. 从雇主的角度看，弹性福利制度有下列优点。（略）

（三）设计弹性福利机制的意义（略）

三、弹性福利机制的设计

（一）弹性福利机制的设计原则

福利机制设计的一般原则：遵纪守法，以有限的成本使效益最大化，兼顾法律、企业、员工个人利益的关系与平衡。弹性福利机制设计的原则如下。

1. 必须符合企业的实际承受能力和发展策略。（略）

2. 必须做好需求调查，调动员工参与的积极性。（略）

3. 必须清晰地界定不同项目之间的关系。（略）

（二）弹性福利机制的设计标准

1. 恰当性标准。（略）

2. 可衡量性标准。（略）

3. 可支付性标准。（略）

4. 灵活性标准。（略）

5. 可管理性标准。（略）

（三）弹性福利机制设计应考虑的因素

1. 法律法规因素。（略）
2. 员工不同需求因素。（略）
3. 企业成本投入因素。（略）
4. 企业与员工有效沟通因素。（略）

（四）弹性福利机制的设计方式

人力资源部可自己设计，也可进行人力资源外包。（略）

（五）设计弹性福利机制的具体操作流程

1. 确定弹性选择福利的组成项目。（略）
2. 核定弹性福利项目的货币成本。（略）
3. 确定员工福利购买力。（略）
4. 员工选择福利组合。（略）
5. 制定约束协调机制。（略）

结论

弹性福利机制可以让员工自由挑选所喜欢的福利，给员工很大的选择自由，充分满足了员工的个性化需求，在激励员工、鼓舞员工士气方面收到了很好的效果。企业用工成本和员工福利是一对矛盾，而采用弹性福利机制能较好地解决这一问题，弹性福利机制也能够改善员工与企业的关系，提高员工的工作满意度。总之，弹性福利机制将随着我国经济的发展，越来越多地在企业中得以运用并不断地完善。

参考文献（略）

致谢（略）

评价：

此例文是经管系学生的毕业论文。从选题看，该论题属于人力资源管理方面的问题。本毕业论文选题切合实际，研究方向具有一定的现实意义。论题范围适中，便于作者驾驭把握。内容翔实，论述充分。本毕业论文以小标题形式，逐层深入，条理清晰，结构完整。

课堂演练

（1）毕业论文的特点有哪些？在撰写过程中有哪些注意事项？

（2）摘要：长期以来，资产减值会计问题一直是会计学界讨论的热点话题。随着企业所处环境日益复杂多变，资产随时可能发生减值，如何合理反映资产价值已成为国内会计学界普遍关注的焦点。鉴于此，本文主要借鉴了国内外相关会计准则。首先，从资产减值的探讨背景和意义着手，在借鉴国外相关准则的前提下，揭示其经济现象。其次，从资产减值的概念谈起，进而阐明资产减值会计与相关会计准则的关系。再次，从确认、计量和披露三个环节分析资产减值会计在实际应用中遇到的问题。最后，提出完善我国资产减值会计规范体系，以及营造资产减值会计应用环境等建议，以提高相关准则在我国的适应性。本文着眼于资产减值会计在我国实际应用中出现的主要问题，提出改善资产减值会计在我国应用的外在环境和内在机制，以期理解资产减值会计的精神实质，为促进资产减值会计的深入实施贡献自己的一份微薄之力。

确定这篇毕业论文的关键词。

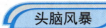

头脑风暴

写好毕业论文的第一步就是选好论题，那如何选择论题？

拓展延伸

毕业论文的选题方式

一是教师命题，由专业教师根据专业基本情况拟定一些论文题目，学生可从中选择适合自己的题目。

二是引导性命题，由指导教师在了解学生具体情况的基础上，引导学生选定较为适宜的论文题目。

三是自选题，由学生在所学专业领域内自主拟定论文题目。

毕业论文的选题原则：选题应具有科学性，可以选择那些能够运用科学的原理和方法进行概括和说明，具有一定科学实用价值和理论研究价值的论题；选题应具有现实性，可以选择那些具有现实意义的、与社会生活密切相关的、为学术界所关心的前沿问题；选题应具有补充性，可以选择那些在学科研究或工作实践中被忽视的领域或被忽视的环节，经过研究，能给人以启迪、填补空白的问题；选题应具有前瞻性，可以选择那些前人不曾提出，或前人虽已提出但论证尚不深入，或前人之研究成果已不再适用的问题；选题应新颖，可以选择那些在社会实践中新出现的现象、问题或理论界的新观点来作论题；选题应具有可操作性，可以选择作者平时所学或感兴趣的问题，以便发挥其优势。

6 简　　历

简历，顾名思义，就是对个人学历、经历、特长、爱好及其他有关情况所做的简明扼要的书面介绍。简历是有针对性的自我介绍的一种规范化、逻辑化的书面表达。对应聘者来说，简历是求职的"敲门砖"。将简历单独寄出或与求职信配套寄出，可以应聘自己感兴趣的职位。参加求职面试时带上几份简历，既能为介绍自己提供思路和基本素材，又能供主持面试者详细阅读，面试之后还可以供对方存入计算机或归档备查。简历是求职者生活、学习、工作、经历、成绩的概括。写好简历非常重要。一份适合职位要求、翔实和打印整齐的简历可以有效地获得被用人单位面试的机会。简历一般很少单独寄出，它总是作为自荐信的附件，呈送用人单位。

【简历的特点】

1. 针对性强

企业对不同岗位的职业技能与素质需求各不一样。因此，建议在写作时先确定求职方向，然后根据招聘企业的特点及职位要求进行量身定制，制作出一份针对性较强的简历。

2. 言简意赅

一个岗位可能收到数十封甚至上百封简历，导致人力资源主管查看简历的时间相当有限。因此，建议求职者的简历简单而有力度，大多数岗位简历的篇幅最好不超过2页，尽量写成 1 页（技术相关工作岗位可写成 2~3 页）。

3. 突出重点，强化优势

一是目标要突出，说明应聘何岗位，如果简历中没有明确的目标岗位，则有可能直接被淘汰；二是突出与目标岗位相关的个人优势，包括职业技能与素质及经历，尽量量化工作成果，用数字和案例说话。

4. 格式方便阅读

网络上有很多简历模板，但只能起到参考作用，毕竟每个人的情况不一样。因此，建议求职者慎用网络上的简历模板及简历封面，而应该根据自身情况进行合理设计。正常情况下，一份简历只要包含个人基本信息、求职意向、职业技能与素质、职业经历四大部分即可，个人可视具体情况添加。

5. 逻辑清晰，层次分明

要注意语言表达技巧，描述要严谨，内容的衔接要合理，教育及工作经历可采用倒叙的表达方式，重点部分可放在简历最前面。

6. 客观真实

诚信是做人之根本、事业之根基。不讲诚信的人很难在社会上立足。同理，在简历中弄虚作假，也会失去很多机会。即使侥幸获得面试机会，也会被有经验的人力资源主管在面试过程中看穿，则求职者将被拒之门外。因此，建议求职者在写简历时一定要做到客观、真实，可根据自身的情况结合求职意向进行纵深挖掘，合理优化，而非夸大其词，弄虚作假。

【简历的种类】

1. 功能型简历

它强调求职者的能力和特长，不注重工作经历，因此对毕业生来说是比较理想的简历类型。

2. 专业型简历

它强调的是求职者的专业、技术技能，也比较适用于毕业生，尤其是申请那些对技术水平和专业能力要求比较高的职位，这种简历类型最为合适。

3. 业绩型简历

它强调求职者在以前的工作中所取得的成就、业绩，这处简历类型没有工作经历的应届毕业生。

4. 创意型简历

这种类型的简历强调与众不同的个性和标新立异，目的是表现求职者的创造力和想象力。这种类型的简历不是每个人都适用，它适合广告策划、文案、美术设计、方向性研究等职位。

简历是打开职场大门的"敲门砖"，是展示求职者工作能力和个人优势的工具，内容丰富全面的简历会为求职者争取更多面试机会，大大提高求职的成功率。

【写作知识】

简历一般可以分为个人基本情况、学历情况、工作资历情况、求职意向四个部分。

1. 个人基本情况

应列出姓名、性别、年龄、籍贯、政治面貌、学校、系别及专业、婚姻状况、健康状况、身高、爱好与兴趣、家庭住址、电话号码等。

2. 学历情况

应写明曾在××学校、××专业或学科学习，以及学习的起止期间，并列出所学主要课程及学习成绩、在学校和班级所担任的职务、在校期间所获得的各种奖励和荣誉。

3. 工作资历情况

若有工作经验，最好详细列明，首先列出最近的资料，然后详述曾经的工作单位、工作起止日期、职位、工作性质。

4. 求职意向

求职意向即求职目标或个人期望的工作职位，表明求职者希望得到什么样的工种、职位，以及奋斗目标，可以和个人特长等合写在一起。简历可以是表格形式、PPT形式，也可以是其他形式。

简历应该浓缩大学生活或研究生生活的精华部分，要写得简洁精练，切忌拖泥带水。简历后可以附上个人获奖证明的复印件，英语四、六级证书的复印件以及驾驶执照的复印件，这些复印件能够给用人单位留下深刻的印象。

【写作注意事项】

1. 为简历定位

知己知彼方能百战不殆。了解用人单位的真正需求，为简历定位，明确自己能干什么、最擅长的是什么，如果有多个目标，最好写多份不同的简历，在每一份上突出各自的重点，这将使简历更有机会脱颖而出。简历中一定要突出求职者的能力、成就以及取得的经验，这样才会富有特色、更加出众。

2. 让简历醒目

简历的外表不一定很华丽，但必须清楚醒目，可使用各种字体格式来修饰简历。尽量使简历简短，因为人力资源主管审阅简历的时间有限，所以简历越简练精悍效果越好。

3. 力求精确

阐述求职者的技巧、能力、经验时尽可能准确，不夸大也不误导，不要模糊处理，同时确保所写的与求职者的实际能力及工作水平相符。

4. 强调成功经验

用人单位需要求职者用证据证明其实力，因此简历要证明求职者以前的成就以及获得这些成就的原因和经验，一定要客观和准确地说明在取得这些成就的过程中有什么创新，以诚实的态度叙述，这样才会受到用人单位的青睐。

5. 使用有影响力的词汇

使用有影响力的词汇可以增强简历的说服力。

6. 不要写上个人爱好

如果用人单位没有特别的要求，则不要把个人爱好写在简历上。切忌在简历中添加与申请职位无关的信息。

7. 最后测试

写完简历以后，检查简历是否清楚并能够让用人单位尽快知道求职者的能力，是否写清对工作的要求，是否有冗余内容可删除，等等，尽量完善简历，直到最好。

【写作例文】

简历示例见表3。

表3 简历示例

××的简历					
出生日期		民族		族	照片
婚姻状况		籍贯			
政治面貌		邮箱			
期望月薪/元	5 500+/月	电话			
求职意向					
教育经历					
毕业院校			专业名称		
毕业日期			最高学历		
校内荣誉					
个人技能及证书					
语言技能					
计算机技能					
其他技能					
本人有××工作经验，主要工作履历如下：					
××××年×月——××××年×月 在××担任××一职，主要负责×××					
××××年×月——××××年×月 在××担任××一职，主要负责×××					
自我评价					
能迅速适应各种环境，并融入其中。有较强的组织能力、实际动手能力和团体协作精神，以××见长；经过四年专业系统的学习，熟练掌握了××专业的技能。					

课堂演练

（1）撰写求职简历的注意事项有哪些？

（2）给即将毕业的自己准备一份求职简历。

如何能让简历脱颖而出？

应届生的简历注意事项

（1）注重实习经历及收获。实习工作的性质和内容与正式工作相似，需要自律的态度和扎实的专业技能。这些内容必须在简历中表达出来。

（2）根据用人单位的岗位需要，突出相应能力。突出自己在学习或实习期间的能力、特长，要以大量真实、详细的例子，具体的成绩作为补充，切忌空谈。这可以有效帮助人力资源主管判断求职者的个人特质与个性，为竞聘加分。

（3）强调学习能力和适应性。在简历中可以陈述求职者在其他行业的工作技能，这样就可以给用人单位留下较深刻的印象。

7 求 职 信

求职信又称为求职申请、求职函、应聘信、自荐信等，是求职者向用人单位或单位领导介绍自己的才能、自我推荐、表明求职意图时所使用的一种特殊书信，一般放在简历的前面。它通过求职者的自我推荐，使用人单位对其有初步的了解，使双方互相理解，增强信任感，从而促进人才资源的合理流动。

【求职信的特点和要素】

1）求职信的特点

（1）针对性。

求职信的撰写目的是谋求职位，为了达求职目的，求职信要做到两个"针对"：一是针对用人单位的实际需求和心理；二是针对求职者自身的实际情况。

求职者需要事先对求职单位、部门及岗位职责、岗位技能有充分的了解。在此基础上，撰写求职信时，要将自身与所谋求职位要求匹配的条件进行充分阐述，使用人单位对求职者产生兴趣，从而增加求职成功的可能性。

（2）自荐性。

求职信的主要目的是让用人单位了解求职者，产生聘用意向，因此求职者必须实事求是地将自己的长处和优势充分地表达出来，竭力向用人单位推荐自己，引起用人单位的注意和重视，给用人单位留下良好的印象。

（3）格式性。

求职信是信函的一种，写作时必须遵循信函的基本书写格式，即要有称谓、开头、主体、结尾、具名、日期等具体的内容要素。与一般书信不同的是，求职信的末尾要加上联系方式、附件等必备的内容。

（4）独特性。

要在众多求职者中脱颖而出，求职者必须显示自己的独特性。可以从求职信的内容和形式两个方面入手，在内容上充分展示求职者的特长，在形式上讲究新颖和独特。

（5）简要性。

求职者在利用求职信介绍和推荐自己时，要力求简明扼要、简洁生动。结构上层次分明，内容上重点突出、文字简洁，语言上表意准确。一封主旨明确、简洁明快的求职信，既可展现出求职者的良好素养，也是对用人单位的尊重。

2）求职信的内容要素

一封好的求职信能够给用人单位留下良好的第一印象，为求职者争取到面试的机会。一般来讲，求职信应该包括以下内容要素。

（1）求职目标。

写求职信的目的是找到一份满意的工作，因此求职目标必须明确，即求职信中必须明确、具体地写出求职者要求到什么单位工作，想从事什么工作。确定求职目标要从求职者的实际出发，以使求职者的专长能够充分发挥为原则。

（2）求职理由。

在明确求职目标的前提下，充分阐明求职者选择该求职目标的理由。求职理由是否真实充分也是决定求职者能否被录用的关键。因此，陈述求职理由既要实事求是，又要机智灵活。所谓"实事求是"，就是既要从符合自己的专业特长、未来发展出发，又要从满足用人单位的需求入手。所谓"机智灵活"，就是避免讲一些可能引起用人单位反感的话语，适当迎合对方的情绪，争取产生更多"正效应"。

（3）求职条件。

针对求职目标，扬长避短，充分显示出求职者的主要业绩和优势。

（4）附件。

由于受到篇幅的限制，求职信不可能包含所有材料，但是为了证明能力，求职者可以另外准备一些材料，作为附加内容随求职信一起寄给用人单位。附件在求职信的写作中具有重要意义，它不仅让用人单位对求职者有更具体的了解，还可以增加用人单位对求职者的信任感。

【求职信的种类】

1）按照求职者的身份分类

可分为毕业生求职信、待业者求职信、在职人员求职信等。

2）按照求职前提分类

可分为自荐信和应聘信等。

3）按照投递方式分类

可分为泛发性求职信和专发性求职信等。

4）按照求职时间分类

可分为短期性求职信、中期性求职信、长期性求职信等。

5）按照使用载体分类

可分为纸质求职信和电子求职信等。

【求职信的作用】

（1）求职信是谋求职业、谋求发展的竞争手段。

纵观当今的就业市场，在人力资源供大于求的普遍形势下，有实力的行业中好的职位总是"一位难求"，面对激烈的人才竞争，一封载明求职者优秀业绩的"沉甸甸"的求职信，能够让求职者在众多竞争者中脱颖而出，谋得职位，获得发展。

（2）求职信是介绍自己、推荐自己的重要工具。

当今社会，人事制度改革逐渐深入，市场经济体制不断完善，人才流动已经成为一种常态，无论是刚刚走出校门的大学生还是企业落聘人员，或希望有更大发展空间而跳槽离职的职业人士，很多人走上自谋职业的道路。在择业过程中，求职信担负起在求职者和用人单位之间进行联系、沟通、交流的重要任务，成为求职者介绍自己、推荐自己的重要工具。

（3）求职信是发现人才、举贤任能的重要渠道。

谋职和招聘的过程其实是求职者和用人单位之间进行双向选择的过程。从用人单位的角度看，一个好的岗位总能收到大量的求职信。用人单位通过对求职信的研究、比较，从中筛选出专业过硬、能力突出的优秀求职者加以录用。因此，求职信是用人单位发现人才、举贤任能的重要渠道。

【写作格式】

求职信通常由标题、称谓、问候语、正文、致敬语、落款、附件、联系方式八个部分组成。

1. 标题

求职信的标题一般写作"求职信"或"自荐信"等。标题写于首行居中之处。

2. 称谓

写给国有企业单位时，称谓一般写单位名称或单位的人事部。写给民营、私营企业时，称谓一般写公司老板或人事部负责人。为了表示尊重，一般要在求职信的称谓前加上"尊敬的"等修饰词，如写给公司老板或人事部负责人，则称谓后要加上头衔。

3. 问候语

一般换行空两格写"您好！""近好！"等问候语，表示礼貌和尊敬。

4. 正文

正文是求职信的核心部分。一般包括求职意向、个人的基本情况及求职条件三个方面的内容。

（1）说明求职意向。

要开宗明义，自报家门，直截了当地说明求职意向，使求职信的主旨明确突出，引起对方的注意。还可以简述求职信息的来源、对方的招聘职位、自己的毕业院校及所学专业，最后表达求职意愿。

（2）要有的放矢、重点突出地表述自身的求职条件。

在推销自己时要注意突出自己的主要成绩、特长、优势，同时要有的放矢地阐明自己对用人单位的价值，重申简历中已经提到的主要成就。对于刚刚毕业的大学生而言，要巧妙地避开诸如工作经历、经验及业绩这些薄弱或空白内容，要集中笔力在求职信中列出学历，主修、辅修与选修课程及成绩，担任的不同级别的社会职务，参与的专业实习，获得的荣誉和职业资格证等。要注意选择与求职岗位关系密切的课程进行罗列，要围绕岗位技能需求，有的放矢、突出重点地说明专业实习情况，如实习的岗位、掌握的技能以及实习成果等。

（3）结束语。

结束语用于进一步表明求职的愿望。

5. 致敬语

致敬语写在正文后面，一般用"此致""敬礼"，也有的用"顺祝商安""顺颂大安"等。

6. 落款

落款包括具名和日期两部分内容。

7. 附件

附件是求职信的重要组成部分，一般位于落款的左下方。

8. 联系方式

联系方式要写明联系地址、邮政编码、联系电话及 E-mail 地址等。联系方式在求职信中的位置没有统一的规定，可以置于文末，也可置于致敬语之下。

【写作要求】

1. 要有的放矢，忌过度谦虚、自我贬抑

实事求是是求职信遵循的基本原则，在表达自己的专长和优势时，首先要对用人单位的用人情况进行深入了解，在应聘之前要做好一系列调查研究工作，掌握招聘单位、招聘职位的具体情况，然后清醒地进行自我评估，摆正自己的位置，确定合理的求职目标，结合自身的优势和特长，有的放矢、有针对性地介绍自己。不宜过度自谦，这会给人信心不足、能力平庸之感。

2. 要突出所长，忌过分自信、自视过高

求职信的目的是让用人单位在短时间内产生录用意向。因此，求职者应介绍自己在专业知识及专业技能方面的不同凡响之处，要用自己的优势特长、丰富的工作经验、优秀的业绩等闪光点吸引对方，形成好感，取得信赖。同时，自信要把握好度，若过分自信，又会给人留下高傲自大、不听指挥的印象。

3. 要语言简洁，忌倾诉悲苦、博取同情

求职信的篇幅要长短适宜，努力做到在有限的篇幅内传达出大量有用的信息。这样既容易突出重点，又节省了对方的时间，给对方留下良好的印象，为求职成功争得良机。求职信的措辞要谦逊从容，语气要真挚诚恳。有的求职者在求职中打感情牌，在求职信中写道

"自幼父母离异""家中爷爷瘫痪在床"等,这些都不可取。毕竟用人单位不是慈善机构或者救助站,他们需要的是具有某种专业知识或专业技能的人才,因此求职信要用实实在在的业绩说话,而不是倾诉悲苦。

4. 要文面规范,忌行业不熟、班门弄斧

文如其人,语言文字留给人的第一印象至关重要,有时甚至关系到求职的成败。言简意赅的表达、端正规范的书写,既反映了求职者的写作水平,又给人留下办事干练、严谨的印象。现在求职者一般使用电子文本的求职信,字体、字号、行距、排版这些细节都要注意,不要追求另类,应以端庄得体为宜。要有明确的求职目标,切忌班门弄斧,切忌对某一行业很生疏,却装出熟悉的样子而大谈特谈。

【写作例文】

求 职 信

尊敬的××公司总经理:

您好!

今日获悉贵公司招聘信息工程专业的工作人员,非常高兴。我叫×××,男,22岁,××××年毕业于××邮电学院电信工程系信息工程专业,与贵公司的招聘职位专业对口。我希望能成为贵公司的一员,为贵公司的发展尽一份力量。

大学期间我主修数字信号处理、随机处理、数值分析、移动通信、数字图像处理技术、纠错码等专业课程,成绩优秀,于××、××学年获得校组一等奖学金二次,并于××学年被评为"校级学科状元"。此外,为了弥补专业局限性,我还广泛涉猎了编码调制理论、统计无线电技术、卫星通信等多方面的知识,拓宽了知识面。

在专业实践方面,我圆满完成学校规定的所有实习和课程设计,于××××年被评为"优秀实习生";担任学校科技协会主席,组织和参加了多项科研活动;曾经设计制作智能电子门锁、无线对讲机,并获两项国家专利;于××××年参加"全国第×届电子设计大赛",获得"×赛区二等奖"。此外,我还通过了国家大学英语六级及计算机二级考试,并获得相应证书。

我的业余爱好比较广泛,尤其爱好书法艺术,师从××,大学以来多次获得校、市级书法大赛的一等奖和特等奖。在大学期间我还担任校刊《×××》主编。

衷心希望贵公司能够给我一个展示的平台,我也非常渴望把自己的专业知识与技能奉献于社会。祈盼早日收到贵公司的面试考核通知。

此致

敬礼

求职人:×××

××××年×月×日

附件: 1. 大学毕业证书复印件
      2. 学位证书复印件
      3. 主修专业课一览表及专业成绩表
      4. 校级一等奖学金获奖证明复印件
      5. 国家专利证书复印件

6. 大学英语六级证书复印件
7. 国家计算机二级证书复印件

联系地址：××××××
邮政编码：××××××
联系电话：××××××××××
电子邮箱：abc123@163.com

课堂演练

（1）"简历要求简明、短小，但在写求职信时应该尽量发挥，把自己的各方面才能都展示出来"这种说法对吗？请说明理由。

（2）××职业学院城市轨道专业2020届毕业生姜玉树在学校就业指导中心的网站上看到以下招聘信息。

招聘岗位：铁路站务员。

岗位职责：协助反恐与安检、急救、紧急疏散等工作。

招聘要求：18~24周岁；男女不限；男身高在170 cm以上，女身高在160 cm以上；中专及以上学历；热爱铁路事业，形象朴实。

薪资待遇：培训1个月，带薪实习3个月，实习工资在2 500元以上，转正后工资在3 200元以上，按国家规定缴纳五险一金。

姜玉树想去应聘，请你为他拟写一份求职信。

姜玉树同学信息如下。

姜玉树，现年22岁，身高174cm，来自四川峨眉。3年的大专生活中，专业学科成绩优良，各学科没有补考的记录，在校期间曾被评为优秀团员和优秀学生干部。普通话达到国家二级甲等水平，获得全国计算机等级考试四级合格证书，英语达到国家四级水平。曾利用多个暑假到车站实习。

头脑风暴

自荐信和应聘信都是求职信，请简要说明它们的异同。

拓展延伸

乔布斯18岁时的求职信

2018年3月，美国波士顿一家名为RR Auction的拍卖行展示出一封看上去很普通的求职信——一张略小于A4尺寸的纸，微微泛黄，折痕明显，字迹有些潦草，但它的起拍价并不低：5万美金，折合人民币30多万元。是的，这封求职信只是看上去普通，其实不一般。它是苹果公司创始人乔布斯18岁那年写的一封求职信。

1973年，乔布斯18岁，他经济窘迫，借住在朋友沃兹家的车库里，因为没钱读书而从大学辍学了，只好四处求职。一个大学都没毕业的18岁少年，他的求职简历要如何写？仔细阅读这封求职信，有三个特点非常明显。

第一，真诚。简历上"职业经历"这一栏，乔布斯让它空着。当时没有职业经历，所以他就没写，而不是像大多数人那样，总要绞尽脑汁地杜撰几段工作经历，而这种事要弄虚作假也确实轻而易举。因此，从这点可以看出乔布斯的真诚。

第二，目标明确。简历上"技能"一栏，乔布斯选择的是"计算机"和"计算器"这两项，还在下面标注了"技术""设计"这样的关键词。而在"特殊技能"这一栏，乔布斯写的是"电子技术""设计工程"。这似乎不过是对前面一栏的重复，但实际是再次明确、重申自己擅长和心仪的就是电子技术和设计工程。这就相当于给自己的技能和目标按下了一个确认键。

第三，擅长挖掘自身的亮点和资源。一个18岁的少年，没有工作经验，大学只上了一个学期，看上去毫无亮点，但乔布斯很聪明，他自信地捕捉到了自己身上的闪光点和独特的资源，并且写了出来，如他在"地址"一栏填的是"里德学院"。里德学院在美国是响当当的名校，专注学术，博士毕业比例居全美第三，是美国第一所拒绝 U. S. News 大学排名的学校，以个性、奇才而闻名，其学生也是如此。乔布斯把自己的地址定位于"里德学院"，其实是委婉地自我加分，说明自己也是一个奇才，虽然他因为经济原因早早辍学了。

另外，在"特殊技能"一栏后面，乔布斯做了专门的解释："来自惠普附近的海湾地区。"惠普是全球著名的电子信息科技公司。乔布斯这是在告诉阅读简历的人：他每天和惠普的员工生活在一起，他随意交谈的某个人可能就是惠普的某位重要工程师，他的周围充满了电子科技信息，耳濡目染，他熟悉这个行业，他在这方面一定有独特的洞察力，因此值得录用。"里德学院"和"来自惠普附近的海湾地区"，似乎都是简短而普通的信息，但被乔布斯写在简历里，就成了他独一无二的优势和资源。善于挖掘自己的优势和资源，哪怕只是一个住址，这应该是乔布斯这份简历最大的亮点。

18岁的乔布斯凭着这份求职信和一再的坚持被一家著名的游戏机公司录用，从此进入了他所痴迷的电子科技领域。三年后，他和两个朋友一起成立了后来蜚声世界的苹果公司。

（王月冰：《乔布斯18岁时的求职信》，《时代金融》2018年第12期，第70页，有删改）

任务二 专业工作类应用文

由于分工不同，社会各行各业经管的事务有很大的差异。这样，在长期的工作实践中便逐渐形成了一些与其专业相适应的应用文，这类应用文称为专业工作类应用文，即专业工作文书。专业工作类应用文除了要遵守应用文的一般规则外，还有很强的专业特点，财务部门常用的如预算、决算报告，司法部门常用的如起诉书，医务工作常用的如病历，外事工作常用的如照会，都是专业工作类应用文。

1 导 游 词

导游词是导游人员引导游客观光游览时的讲解词，是一种对旅游景点进行历史的、文化的、审美的解读的文体。导游词要"还原"历史、"还原"生活、"还原"文化、"还原"事实，用艺术家的眼光加以取舍，重新组合，它是导游员同游客交流思想，向游客传播文化知识的工具，也是应用写作研究的文体之一。

【导游词的特点】

（1）"三性"：真实性、生动性、针对性。
（2）"三化"：知识化、规范化、口语化。
（3）"三感"：层次感、方向感、趣味感。

【导游词的作用】

1. 引导游客鉴赏

导游词的宗旨是通过对旅游景观绘声绘色的讲解、指点、评说，帮助游客欣赏景观，以达到游览的最佳效果。

2. 传播文化知识

传播文化知识即向游客介绍有关旅游胜地的历史典故、地理风貌、风土人情、传说故事、民族习俗、古迹名胜、风景特色，使游客增长知识。

3. 陶冶游客情操

导游词的语言应具有言之有理、有物、有情、有神等特点。通过语言艺术和技巧，为游客勾画出一幅幅立体的图画，构成生动的视觉形象，把游客引入一种特定的意境，从而达到陶冶情操的目的。

此外，导游词通过对旅游地出产物品的说明、讲解，客观上起到向游客介绍商品的作用。

【写作知识】

导游词一般由标题、前言、总述、分述、附加提示和结尾六部分组成。

1. 标题

标题一般是景点的名称，这样可以使人一目了然。

2. 前言

前言部分一般用于导游人员在陪同游客参观、游览前进行自我介绍，表示问候、欢迎，介绍旅游时间，地点和行程安排，实质上是一个开始。

3. 总述

总述部分主要用概述法向游客介绍旅游景点的位置、范围、地位、意义、历史、现状和发展前景等，目的是帮助游客对景点先有个总体了解，引起游览兴趣，犹如"未成曲调先有情"。概括介绍根据时间和游客情况，可长可短，可详可略，可根据需求改变，可介绍景点的名称、来历、构成、人文事迹、典故等。

4. 分述

分述部分是重点讲解，对游客游览的景观进行分别陈述，按照游览的先后顺序，对景观一一加以解说。如重点景观从景点成因、历史传说、文化背景、审美功能等方面进行详细的讲解，使游客对旅游目的地有一个全面、正确的了解，同时要提醒游客注意自己携带的东西，保管好自己随身的物品，这是导游词最重要的组成部分。

5. 附加提示

附加提示主要是向游客介绍参观游览的注意事项，如注意安全、不要乱拍照、不要损坏文物、保护景区环境等。

6. 结尾

在游览结束后，对游览的内容做小结，如有未到之处可做一简要说明，最后，对游客的合作表示感谢，请游客留下宝贵意见，并表示祝福与告别。

【写作注意事项】

1. 要鲜明集中

（1）主题要鲜明，不要单纯介绍景物，而应有点题之笔，有一定的思想性和高度。
（2）内容要集中，只能选取并围绕一个点或者一个局部介绍，要放得开收得拢。

2. 要清晰分明

（1）条理要清晰，可先整体，后局部，也可由表及里，不能东一榔头西一棒子。
（2）层次要分明，分几个层次介绍，使人一听就明白，切忌胡子眉毛一把抓。

3. 要开门见山

（1）要直奔主题。
（2）要减少过渡。

4. 要抓住特点

对景点的描述部分不要过分追求排比和修饰，重点是把景点的特点讲出来。

5. 风格宜异

要形成自己的文体或讲解风格，或稳重、或风趣。

恰当地运用修辞手法。在导游词中恰当地运用比喻、比拟、夸张、象征等手法，可使静止的化为活动的，使无生命的变为有生命的，使抽象的成为具体的，可使死的景观变为活生生的画面，从而使游客产生浓厚的兴趣。

6. 要通俗易懂

（1）切忌书面语太多。导游词切忌写成抒情诗或散文，更不能写成演讲稿。要注意口语的表达和运用，不能堆砌辞藻，要朴实亲切，富含真情实感，切忌矫揉造作。

口语化首先要求导游词写作过程中多用口语词汇，当然也可选浅显易懂的书面语词汇，但要避免难懂的书面语词汇和音节拗口的词汇。其次导游词的句式要多用短句，少用或不用长句，以便说起来利索、顺口，听起来轻松、易懂。

（2）应该注意游客的存在，与游客交流，形成互动，产生共鸣。

7. 要简洁明快

口语的基本特点是简洁明快。它不需要那种叠床架屋的长句，它需要的是明快、一语中的。

【写作例文】

例文一

大家好，我是朝阳旅行社的导游员，我叫闫实，大家可以叫我"闫导"。今天，我带领大家游览我国著名的八达岭长城。长城就像一条长龙，左、右两边有瞭望口和射击口，在古代这里不仅是瞭望和射击敌人的最佳选择，还是最好的道路，它可以通向天津、北京、河北、山西、陕西、宁夏、甘肃、内蒙古等地。八达岭长城是明长城中的杰出代表，因为这里四通八达，故称为八达岭。可能大家会问，为什么要将长城修筑在这里呢？这主要是因为八达岭地区重要的地理位置，它不仅守卫着明皇陵，而且是京城的西北大门。

八达岭长城是历史上许多重大事件的见证，说到这里，还有一个故事讲给大家：在城东门路旁有一块巨石，传说在1900年八国联军攻入北京时，慈禧在西逃的途中经过这里，曾经站在这块石头上回望京城，所以这块石头被叫作望京石。现在这块石头已经不那么突出了。今天的长城早已失去了军事价值，而以其特有的魅力吸引着广大中外游客，成为举世闻名的游览胜地。

例文二

大家好，欢迎来到西安这座古城，我姓陈，大家叫我陈导就行了。

秦兵马俑在我国西安临潼出土，已发掘的3个俑坑，总面积近20 000平方米，差不多有50个篮球场那么大。

在3个俑坑中，一号坑最大，坑内的兵马俑也最多，东西长230米，南北宽62米，总面积为14 260平方米。坑里的兵马俑共有6 000多个，一号坑上面现在已经盖起了一座巨大的拱形大厅。

我来给你们介绍一下将军俑和武士俑，它们身材魁梧，头戴褐冠，身披铠甲，手握宝剑。武士俑平均身高约1.8米，体格健壮，它们身穿战袍，披挂铠甲，手持兵器，整装待发。走近它们的身旁，似乎能感受到轻微的呼吸声。秦兵马俑在古今中外的雕塑史上是绝无仅有的。

课堂演练

（1）结合例文，说说导游词的作用和特点分别是什么。

（2）随着贵州不断发展，近几年贵州的旅游服务业兴盛发展，为了做好贵州旅游服务，请你为贵州某一个景点撰写一篇导游词。

头脑风暴

作为一名专业导游，如何拉近与游客的距离，让游客拥有一段美好难忘的旅程？

拓展延伸

导游词的表述方法

导游词讲究语言艺术，要求生动、有趣和口语化。口语化能给人亲切感。导游词还力求语言诙谐、幽默和具有诗歌音乐美。在导游词的表述中，应灵活运用各种修辞和表达方法，以达到导游词应有的效果。导游词的主要表述方法主要有以下几种。

（1）渲染激情法。这种导游词的特点是句子短，整散结合，为了造成气势可用排比句、反问句等抒情色彩较浓的句式。

（2）妙喻显趣法。运用比喻，可以把抽象复杂的事物介绍得具体生动、浅显易懂；把陌生的事物解释得形象清晰、简明通俗、易于认识和了解。

（3）夸张饰美法。夸张是为了启发游客的想象力，具有加强语言效果的力量。在导游词中夸张饰美，既可以唤起游客的想象力，又能较好地抒发导游的情感，增强导游词和导游语言的感染力。导游运用夸张饰美法时，首先要注意运用色彩词，其次要注意以客观实际为基础，使夸饰具有真实感，语言要简明，让游客一听就明白。

（4）巧设悬念法。设疑，是指在导游讲解的开头或中间提出问题，造成悬念，摆出矛盾，引起游客的关注，在讲到关键的地方故意留下使游客感兴趣的问题，激发他们的好奇心。其特点是先将疑问悬在那里，然后"顾左右而言他"，故意不予理会，或做出种种猜想，蕴蓄较长时间后，再解悬念，回答提出的问题。

2　毕业设计

毕业设计是指工、农、林高等院校和中等专业学校学生在毕业前夕的总结性独立作业，它是实践教学的最后一个环节，旨在检验学生综合运用所学理论、知识和技能解决实际问题的能力。在教师的指导下，学生就选定的课题进行工程设计和研究，包括设计、计算、绘图、工艺技术、经济论证以及合理化建议等，最后提交一份报告。学生只有在完成教学计划所规定的理论课程、课程设计与实习之后，经考试、考查及格后方可进行。毕业设计是评定毕业成绩的重要依据，学生通过毕业设计答辩，成绩评定合格才能毕业。

【毕业设计的特点】

毕业设计与毕业论文一样具有规范性、科学性的特点，同时还具有综合性和客观性。

1）综合性

在毕业设计中，学生将所学的知识和技能进行综合运用，甚至还会用到学校教学中没有包括的需要自学获得的一些知识和技能。学生要完成一系列的工作如调查研究、分析数据、绘制图纸、实施设计、撰写报告、口述表达等，才能很好地完成毕业设计。毕业设计可以集中展示学生的知识结构，全面展现学生的实践能力，是学生学习情况的综合体现。

2）客观性

毕业设计的理念与客观实际紧密联系。一个好的毕业设计思路，或是从客观实际中得来，或是学生实习的亲身感受，因此，毕业设计具有客观性，能解决实际问题。毕业设计是把实践上升为理论的过程，符合客观实际需要。

【毕业设计的种类】

依据不同的标准可以把毕业设计分成不同的种类。

1）按照毕业设计的性质划分

（1）工程（工艺）设计。

此类毕业设计涉及相对完整的工程系统，主要有工艺规程设计、主要设备的造型设计和专用设备的设计、其他辅助设施的设计等。

（2）设备（产品）设计。

此类毕业设计主要是某一具体设备的设计，零部件的规格、形式、传动结构的设计等。

2）按照毕业设计的内容划分

（1）工业设计。

工业设计是指以工学、美学、经济学为基础对工业产品进行的设计，包括产品设计、环境设施设计、造型设计、机械设计、建筑设计等。

（2）艺术设计。

艺术设计包括产品包装设计、装帧装潢设计、广告与招贴设计、展示与陈设设计等。

【毕业设计的作用】

1）检验学习成果

毕业设计是对学生知识结构和综合能力的全面考查。一个好的毕业设计，从选题到最终完成直至写出书面报告，每一步都是对所学知识的进一步深化考查，也是对学生综合运用所学知识的能力的进一步强化。

2）提高实践能力

毕业设计有利于学生巩固、深化所学知识，使学生的实践能力得到全方位的初步训练。毕业设计有利于培养和提高学生的逻辑思维能力、写作能力、动手能力，对工科学生实践能力的培养和提高具有课堂教学无法替代的作用。

3）培养创新精神

学生在学习前人科研成果的基础上，对某一课题进行深入研究，抓住问题的本质规律，从社会生产的实际需求出发，找出解决问题的基本思路和工作方法，不抄袭、不套用他人的成果，自主完成毕业设计，这对培养学生锐意钻研、开拓创新的科研精神有一定的意义。

4）奠定科研基础

通过毕业设计，让学生逐步具备严谨的科学态度、创新的科研精神，培养学生提出问题、分析问题、解决问题的能力，使学生学习并掌握从事科学研究、撰写技术报告的基本方法，可以帮助学生确立比较具体的专业方向，为学生日后从事科技工作奠定一定的基础。

5）树立严谨作风

在毕业设计中，学生查阅技术资料、确定设计方案、核实数据、演算公式、绘制图纸，无不是认真严肃、一丝不苟。因此，撰写毕业设计报告可以促使学生养成严谨的工作作风，改掉马虎不认真的坏习惯。

【写作知识】

毕业设计与毕业论文一样，一般都有封面、摘要或设计总说明、关键词、目录、正文、参考文献、谢词、附录。毕业设计的撰写，通常是指毕业设计说明书或毕业设计报告的撰写，即用文字和图示对设计思路、设计过程、设计成果进行表述或论证。这是整个毕业设计中最后一个环节，也是最重要的一个环节。一份完整的毕业设计（报告或说明书）应包括以下几个方面。

1）封面

封面是毕业设计的外表，要提供有关的信息。一般包括以下内容。

（1）院校名称，即"××大学（院校）毕业设计"。

（2）题目。毕业设计的题目要表明设计的具体内容，应该简短、明确、有概括性。如果有些细节必须放进标题，可以分成主标题和副标题。

（3）学生的姓名、学号。

（4）学生所在院系名称。

（5）专业班级。

（6）指导教师的姓名、职称。

（7）日期，即完稿时间。

2）摘要

摘要是以简明、确切的语言记述毕业设计主要内容，提示毕业设计必要信息的短文。设计总说明主要介绍设计任务来源、设计标准、设计原则及主要技术资料等。这一部分对毕业设计内容不加注释和评论，语言要力求简练，一般在300字左右。

3）关键词

关键词是从毕业设计（报告）中选取用来标明毕业设计主题内容信息的词语，其目的是为文献检索提供方便，一般为3~5个。

4）目录

目录可以反映毕业设计的结构和主要内容，便于读者迅速找到所需要的内容。目录按三级标题编写，要求标题层次清晰。目录中的标题应与正文中的标题一致，附录也应依次列入目录。

5）正文

毕业设计正文包括绪论、本论、结论，其内容分别如下。

（1）绪论。

绪论要对毕业设计的选题、方案论证等进行全面、概括的说明。一般有以下几种写法。

①交代式。简单地交代本设计选题的背景、目的、意义、指导思想，本设计课题在相应学科领域的发展进程和研究方向及最新成果等。

②提要式。简明扼要地指出本设计课题的设计范围、要达到的技术要求、应解决的主要问题等。

③简介式。简单介绍本设计课题或任务、本设计方案的特点、本设计在实际应用中的意义及实施后的经济效益等。

（2）本论。

本论即毕业设计的主体部分。本论的内容通常包括技术部分和经济部分，但由于专业不同有很大的差异，不同专业各有侧重，各有详略。技术部分是毕业设计的主体和核心部分。

一般包括：设计工作的基本前提或假设的条件、设计的思路、设计原理的关键技术问题、设计的技术特点及优势、设计涉及的基本概念和理论基础、理论论证及其在设计课题中的应用、设计中计算的主要内容和方法、设计中实验的内容方法及其分析、设计课题得出的结果以及对结果的讨论等。经济部分也是毕业设计的重要组成部分，一般包括：设计的全部投资金额、设计的技术经济指标、设计效果的经济评价等。

本论是对设计内容的详细说明，其写法因选题不同而有差异。下面就理论研究型课题、技术开发型课题、工程技术型课题毕业设计的写作分别介绍如下。

①理论研究型课题毕业设计。这一类课题的本论应着重叙述基本概念或理论基础、所完成的全部理论系统、完成的推论、实现或验证的算法推导、辅助的公式求解方法、计算程序的编制以及计算结果的分析和结论等。

②技术开发型课题毕业设计。这一类课题的本论，应着重介绍总体设计及设计原理、模块划分、算法描述、编程模型、数据结构、关键技术、技术和质量标准、实例测试及性能分析等。

③工程技术型课题毕业设计。这一类课题的本论，应着重介绍设计的思路、具体的方案及论证、实施步骤、设计参数和计算分析、工程的特点或产品的性能、测试的环境或条件、测试过程的运行数据及结论、性能分析、工程造价等。

（3）结论。

结论是对整个设计工作进行归纳和综合而得出的总结：或阐述所得结果；或与已有结果进行比较；或说明测试结果；或进行性能分析；或指出设计中尚存在的问题以及进一步改进的见解与建议等。

6）参考文献

参考文献也是毕业设计中不可缺少的组成部分，它反映毕业设计中参考资料的来源及可靠程度，也是作者对他人知识成果的承认和尊重。一般应写清参考文献的作者、篇目、出版单位、出版时间等。

7）谢词

谢词应以简短的文字对在课题研究和毕业设计中曾直接给予帮助的人员表示谢意。

8）附录

对一些不宜放在正文中，但有参考价值的内容，可编入毕业设计的附录，例如公式的演算、编写的程序、符号的说明、图纸、数据等。如果没有则可以省略。

【写作注意事项】

1）要遵循一定的程序

（1）选题。

选题是毕业设计的关键，一个良好的选题，能强化理论知识和实践技能，使学生充分发挥其创作能力，圆满地完成毕业设计。选定毕业设计的课题可以从以下几方面考虑：有利于综合所学的知识；能很好地结合学科特点；能与实践紧密结合；有一定的应用价值。根据以上要求，可以从学科教学延伸方面、多学科综合方面、结合生产实际方面几方面挖掘课题。

(2) 分析。

毕业设计需要对一个即将开发的项目进行系统的分析，其中包括对应用项目的背景分析、需求分析、总体设计分析等。

(3) 设计。

在分析课题之后，要确定设计思路，充分利用技术资料，研究设计方法，合理使用工具。在进行设计时，应注重理论与实践的有机结合，充分考虑设计的可行性。指导教师可以监督学生完成任务的质量与速度，及时指出其存在的问题，启发其独立思考。在设计过程中，要注意培养良好的安全意识和严谨的工作作风。

(4) 写作。

毕业设计完成后，应撰写设计报告。其基本要求为：内容要完备，要让读者比较全面地了解设计者的设计意图、设计结果；结构要清晰，注意条理性、逻辑性，层次分明；语言要准确、客观、平实，使用科技语体；要按照毕业设计规定的格式写作，符合规范。

(5) 答辩。

答辩是检查学生毕业设计质量的"口试"，目的是检验其应变能力和口语表达能力，为真正走进社会打下坚实的基础。学生不能照本宣科地读设计报告，应该善于总结归纳设计报告中的重点内容，突出设计中的独到之处。

2) 要遵循一定的原则

(1) 要有科学的态度。

在毕业设计中要自始至终本着对设计负责的科学态度，设计的内容必须具有科学性，符合客观实际的科技要求；综合考虑实用性、安全性、经济性、先进性；技术标准要按照规定的标准执行，要树立正确的设计思想，严肃认真地进行设计。

(2) 要有严谨的作风。

做毕业设计，即进入"准工作状态"，要有严谨务实的工作作风。设计的内容必须符合国家的科学技术政策，与现行的法律、法规、规范不抵触。查阅相关领域的标准和规范并正确使用，引用的数据、技术资料必须确凿可靠，要使设计有法可依、有章可循。

(3) 要有创新精神。

毕业设计是一种创造性活动。学生要学会独立思考，不能简单地重复前人的观点，应该在继承和参考前人成果的基础上有所改进或创造，提出自己的独立见解。在毕业设计中遇到问题不敷衍，通过积极思考，主动解决问题，要有积极进取的创新精神。

【写作例文】

四柱液压举升机设计报告

摘要：针对汽车的维修与停放，设计了四柱液压举升机。该机器具有便于使用、安全性高等特点，可为汽车维修企业和停车场作业提供方便。本文介绍了该机器的工作原理、设计技术参数及要求、设计方案和重要零件及重要机构的设计计算。

关键词：汽车液压，举升机

目录（略）

一、设计构想
1. 工作原理

四柱液压举升机主要用于汽车的维修与停放。本机器在工作时,由电动机提供源动力驱动液压泵工作,液压泵输出的液压油经过所需要的液压元件进入液压缸,驱动液压缸推动活塞杆移动,推动钢丝绳移动,从而使升降架移动,最终可将所需维修或停放的汽车举升到一定的高度,以便于维修,提高维修效率。

2. 设计要求(略)

3. 设计技术参数(略)

二、设计方案
1. 联动装置

联动装置的作用是将举升托架的升降运动传递给支撑立柱的举升托架,保证两个举升托架同步运动。

2. 驱动机构

驱动机构主要用于驱动钢丝绳运动,从而带动升降架上下运动。本机器采用动滑轮的原理,可以缩短活塞杆的行程,同时提高活塞杆的刚度和稳定性。

3. 导向装置

导向装置是为了防止升降架在升降时前后左右摇摆而设定的。本机器采用轴端轴承和导向槽进行导向,此机构安装方便,制造比较简单,工艺性能较好。

4. 安全保险机构

对钢丝绳传动而言,要采取其他锁紧机构。本机器采用棘爪和齿条的锁紧机构。

三、重要零件的设计计算

对主要的零部件进行设计计算,最终设计出的机械如图所示。(图略)

1. 举升托架计算(略)

2. 升降架计算(略)

3. 立柱计算(略)

4. 钢丝绳计算(略

5. 滑轮的转轴计算(略)

(1)活塞杆端部滑轮的转轴(略)

(2)需要绕过两根钢丝绳的滑轮的转轴(略)

(3)有一根钢丝绳绕过的滑轮的转轴(略)

四、重要机构的设计及计算

(1)锁紧机构的设计。在活塞杆推动钢丝绳移动时,举升托架和升降架也跟着上升,此时锁紧机构能够自动脱开,使举升机顺利上升,同时棘爪与齿条之间不能够发生干涉,当棘爪移动到下一个齿槽时由弹簧保证棘爪和齿条的可靠卡拔状态,举升托架运动时,棘爪可被齿条自动推开;举升托架停止运动时可自行卡止;当需要下降时,则可利用手柄转动凸轮,解除自锁状态。(图略)

(2)锁紧机构的计算

1)锁紧机构的示意图如图所示。(图略)

2)棘爪的计算。(略)

3）棘爪转轴的计算。（略）

4）凸轮转轴的计算。（略）

五、零件图和装配图（略）

六、总结

根据汽车举升机的工作原理、结构形式及各零部件的作用，设计出具有较好的使用性能和经济性的四柱液压汽车举升机。在进行本设计之前，作者做了大量的调研，经过计算，确定了主要零部件的结构参数，设计了零部件的结构，确定方案进而制图，完成设计。通过本设计，作者对汽车举升机主要零部件和参数有了比较清晰的认识。

七、参考文献（略）

八、谢词（略）

评析：本设计选题恰当，难易把握适中；设计内容具有现实意义，设计报告的写作格式规范，要素全面，内容完整，结构清晰，叙述得当，解说清楚；用分条列项的方式，辅以图示，将设计思想阐述得精准到位。

课堂演练

（1）毕业设计的基本结构包括哪几部分？

（2）结合自身专业，写出毕业设计的摘要部分。

头脑风暴

谈谈毕业设计与毕业论文的异同。

拓展延伸

毕业设计摘要的四要素

很多人不太看重摘要，其实摘要是非常重要的，它是毕业设计中阅读量最大的部分之一，是对设计研究工作的简要总结。摘要应体现设计研究是否新颖。同时，读者在选择文章的过程中很少看完全文，摘要是吸引读者继续阅读、进一步了解设计工作，甚至进行引用的重要一环。毕业设计摘要包括如下要素。

1）研究目的

简明地描述你设计解决的问题是什么，也就是设计对研究领域不足之处的改进，应避免重复题名内容或者单纯将相关领域研究背景作为研究目的。

2）研究方法

读者想知道作者用什么方法解决了问题，所以对研究方法的叙述要充实，有条理地交代清楚，也要适当强调研究方法的新颖之处。

3）研究结果

研究结果是指通过本设计得到了什么结果，包括变量和研究范围、支撑论点的证据和资源。对研究结果的描述一定要准确，不要夸大，定量数据优于定性描述，比较性的具体数据更容易引起读者进一步阅读的兴趣，例如某精度提高了百分之多少，避免使用"效果很好"等含糊其词的语句。

4）结论

结论简要说明从研究结果中取得的正确观点、理论或实用价值以及应用前景。

3　广告策划方案

广告策划在广告运作过程的每一部分作出分析和评估，并制订出相应的实施计划后，最后要形成一个纲领式的总结文件，通常称为广告策划方案。广告策划方案是根据广告策划结果而写的，是提供给广告主加以审核、认可的广告动作的策略性指导文件。

【广告策划方案的特点】

广告策划方案的写作目的是全方位、多角度、全过程和立体地表现广告主体，从而形成较大的广告影响力和广告气势，满足受众对广告信息深度了解的需求。为了实现这个目的，广告策划方案在表现上比较注重刊播的连续性和信息的全面性。

1）刊播的连续性

广告是在广告策略的指导下，通过一定的广告策划，经过统一的安排，有计划地进行广告连续刊播的活动。在这些系列的、连续刊播的广告中，广告策划方案用统一的主题和风格，甚至同一种表现形式、同一个广告标题、同一篇广告正文来对受众进行连续的广告传播活动。

2）信息的全面性

多则不同表现内容的广告策划方案，可以较为全面地、多角度地表现广告信息，满足受众对广告信息深度了解的需求；而表现相同广告信息的多则广告策划方案，可以反复地体现广告信息而使广告得到有效的传播。

【广告策划方案的种类】

根据不同的标准，广告策划方案可以划分为以下几种类型。

1）按照媒体分类

报纸广告策划方案、杂志广告策划方案、广播广告策划方案、电视广告策划方案、网络广告策划方案等。

2）按照内容分类

消费物品类广告策划方案、生产资料类广告策划方案、服务娱乐类广告策划方案等。

3）按照文体分类

记叙体广告策划方案、论说体广告策划方案、说明体广告策划方案、文艺体广告策划方案。

广告策划方案具有指导性、系统性、超前性和创造性的特征。今天，广告的表现手段和发布形式已经或正发生重大的变化，由过去简单、单一的手段和形式发展为声、光、电、色彩、图片、装饰、雕刻等多种手段和表现形式。但无论如何，广告策划方案的语言和文字的组织、撰写都是重中之重。

【写作知识】

广告策划方案一般包括：标题、正文、标语、随文四部分。

1）标题

标题是广告策划方案的精髓，被称作广告的灵魂。标题是标明广告主旨和区分不同内容的标志，反映了广告的精神和主题。出色的标题不仅能帮助消费者了解广告客体的主旨、内容及独特的个性，还能在瞬间激发消费者的兴趣。

广告策划方案标题分为直接标题、间接标题和复合标题三种。

（1）直接标题。

直接标题以简明的文字表明广告的内容，使人们一看就知道广告的信息内涵，如"云南国际旅游服务公司为您提供优质服务""今天我要喝——娃哈哈果奶"。

（2）间接标题。

间接标题往往不直接说明产品或与产品有关的情况，而是先用富有趣味性和戏剧性的语言抓住人们的好奇心和注意力，使人们非弄明白不可，直到读了广告正文才恍然大悟，如"出门前轻轻一按，回到家有饭有菜"（黄山牌电饭锅），"老人、女士也能脚下生风"（天津港田牌后四轮驱动助力自行车）。

（3）复合标题。

把直接标题和间接标题复合起来，即一则广告有两个或三个标题，就形成复合标题。示例如下。

①军旗升起的地方（引标题）

"八一"起义纪念馆（主标题）

②四川特产，口味一流（引标题）

天府花生（主标题）

越吃越开心（副标题）

2）正文

撰写广告策划方案正文常用的法则，如5I法则（Idea——设想、Impact——冲击力、Interest——兴趣、Information——信息、Impulsion——冲动）和DDPC法则（Dramatic——惹人注目、Descriptive——描写商品或劳务、Persuasive——进行劝诱说明购买后的好处、Clinching——决定交易），都体现了广告策划方案正文生动性、商业性、真实性、质朴性、独特性、艺术性的主要特点。

广告策划方案正文包括导语、主体、结尾三部分，其结构体现了起承转合的特点。导语即正文的前言或引言，它上接标题，下启主体，一般对标题提出的商品或其他方面加以说明或解释，常采用概括式、提问式、声明式、陈述式、祝贺感谢等写作方法。主体要紧扣主题，精选事实，点面结合，层次分明，具体说明提供商品或其他方面的细节，让人消除疑虑，这是正文的中心段，常采用时序式、主次式、逻辑式、文学式等写作方法。结尾主要用热情诚恳的语言诱导消费者购买，不宜过长，但要有力，常见的类型主要有祈使式、许诺式、利益式、树立形象式、归纳式、设问式、抒情式、展望式、祝谢式、服务式等。

3）标语

标语即广告语，是为了加强公众印象，在广告中长期、反复使用的一种简明扼要的口号性语句，有人称其为广告的"商标"。它可以出现在正文的任何部位，一般情况下，它独立于正文之外，作为广告相对独立的一部分。它高度概括，语言凝练，具有很强的号召力。标语的特点是简洁、整齐、有韵、上口、易记。

4）随文

随文是正文的附属，又称附文、落款，对正文起补充说明作用。它包括广告单位名称、地址、邮编、电话号码、电报挂号、银行账号、负责人或业务联系人姓名等。

【写作注意事项】

广告策划方案的创意是为了满足表现主题的需要，经过精心策划和思考，运用恰到好处的表现方式和特有的艺术表现手段，创造出新颖独特、感人至深的意境的全部过程。在撰写广告策划方案的过程中要注意以下几点。

1）紧扣主题

主题是广告创意的灵魂和统帅。因此，主题要鲜明突出、重点明晰、层次清楚，能以简洁的语言传递一种明确的思想和意念，成功引起消费者的注意，激起消费者兴趣，诱发消费者的欲望，加深消费者的记忆，促使消费者行动。

2）做好定位

定位，是指在进行广告策划之前，要明确广告受众面（针对不同年龄阶段或不同发展程度的城市）。

3）新颖独特、别出心裁

如今，广告已经是铺天盖地，无处不在，这就要求广告创意要与时俱进、新颖独特，能激发人们的兴趣，促成目标消费群体使用相关产品，创造一种消费时尚，并由此开辟更广阔的市场空间，在激烈的竞争中立于不败之地。

4）通俗易懂

广告的对象是大众，如果晦涩难懂，就会脱离群众，使普通人看不明白，事倍功半。相反，如果广告庸俗低下，曲意迎合，遭到大众唾弃，就会得不偿失。广告只有通俗易懂，喜闻乐见，才能两全其美。

5）情趣生动、形象逼真

广告创意离不开形象设计，无论是人还是物，都要形象逼真，鲜活感人。要通过画面、语言和声音的运用，调动一切手段，运用一切方法，塑造出活生生的艺术形象，给人留下过目不忘的深刻印象。

6）升华艺术

广告策划方案是一种特殊的艺术形式，具有深刻文化内涵和审美属性。优秀的广告创意不仅能快速、准确地传递商品信息，还应该具有丰富的精神内涵，创造较高的审美价值，实现审美性和功利性的完美结合。广告策划方案要体现广告信息的完整性，使受众得到审美享受，获得精神上的愉悦。

【写作例文】

例文一

轻松实现人与电视的交流

（1）电视动态广告，初步内容：演员神情非常无聊地看向电视，电视中正播放着无趣的节目，让观看的人（演员）非常不耐烦，演员四处乱看，看到不同于普通电视的遥控器，突然灵光一闪，拿起遥控器，直接通过遥控器点播想看的节目，津津有味地看了起来。液晶电视本身的画面出现了一行文字：和电视说个话，让电视不再无聊。

（2）品牌标志画面（短，一闪而过，让人有印象就可以）。

（3）广告口号：和电视说个话，让电视不再无聊。

（4）广告计划：在不同时段投放两套不同的方案，务求能够触发不同类型群体的不同购买点。初步方案有两种。

第一套方案主要体现电视的大尺寸和高清晰度，可以在午间和下午投放，在这个时间段看电视的人往往追求生活质量的提高，表现在看电视上就是对电视的清晰度和尺寸更加在意，选择这个时间段投放第一套方案，可以更多地吸引这类人的目光。

第二套方案主要表现电视自带机顶盒，可以与人轻松实现交互，可以在夜晚播放电视剧的时段投放，在这个时间段看电视的人往往被电视节目非本人需要或者过多的广告所困扰，而单单购买电视就可以实现交互从而解决困扰，这无疑有很大的吸引力。

（5）广告预测：让目标购买者了解这个该产品的基本信息和最大亮点。初步预计让60%以上的目标消费者对该产品产生兴趣和购买欲望。

例文二

便携式电动刮胡刀

（1）产品：便携式电动刮胡刀。

（2）对象：白领，需要良好形象但工作忙碌者。

（3）优势。

①方便：体积小，质量小，携带方便。

②功率可调：功率和刀片转速可调，以缓解刮胡后的不适感。

③采用高性能充电电池，可长时间使用。

④刀头设计巧妙，刮胡效率高，效果好。

⑤外观设计时尚。

（4）广告标题：从容面对一切挑战。

（5）广告正文。

①平面广告：西装男子行色匆匆，却一脸从容，只因他把小巧的刮胡刀放进随身的包中。

②电视广告：一位白领男子匆忙中冲入电梯，神态狼狈，胡子拉碴的，进入电梯后，男子从电梯墙壁反光中看到自己的形象，不由眉头一皱，但随即又轻松一笑，接着从包中（或者口袋中，突出小巧方便）拿出电动刮胡刀，一翻整理之后，电梯门打开，一个精神抖擞、形象阳光的高级白领迈出电梯。

(6) 产品画面配文字：让你从容面对一切挑战。

(7) 广告口号：让你从容面对一切挑战。

(8) 广告计划。

①平面广告：主要投放在户外和地铁中，这些地方往往是目标消费者经常经过的地方，容易引起他们的注意。

②电视广告：主要在晚上7点—9点投放，对于目标消费者来说，这段晚饭后的时间，往往是他们看电视放松的时候，在这个时间投放的广告容易吸引他们的注意。

(9) 广告预测：通过广告让消费者知道并了解该产品的诸多优势，让消费者在需要购买同类产品时首先想到该产品。

课堂演练

(1) 广告策划方案的核心内容是什么？

(2) 学校为大力支持学生自主创业，将在学校推广学生发明的水果无人售卖机，现请你针对这个项目撰写广告策划方案。

头脑风暴

了解广告策划方案与广告创意的差别。

拓展延伸

广告创意

广告创意是使广告传播达到广告目的的富有创造性的想法或意念。它是商业广告推广的关键环节，是达到促销目的的独特主意，它决定了广告设计的水准。广告创意要根据市场营销组合策略、产品情况、目标消费者、市场情况来确立。针对市场难题、竞争对手，根据整体广告策略，找寻一个"说服"目标消费者的"理由"，并把这个"理由"用视觉化的语言，通过视、听表现来影响消费者的情感与行为，达到信息传播的目的，消费者从广告中认知产品给他们带来的利益，从而促成购买行为。这个"理由"即广告创意，它以企业市场营销策略、广告策略、市场竞争、产品定位、目标消费者的利益为依据，不是艺术家凭空臆造的表现形式所能达到的"创意"。

广告创意贵在创新，只有新的创意、新的格调、新的表现手法才能吸引公众的注意，才能产生不同凡响的心理说服力，加深广告影响的深度和力度，给企业带来经济价值。

设计师要有正确的广告创意观念。在构思广告创意的过程中，从研究产品入手，研究目标市场、目标消费者、竞争对手、市场难题，确定广告诉求主题，确定广告创意的表现形式，广告创意始终要围绕产品、市场、目标消费者，有的放矢地进行有效诉求。设计师在思维上要突破习惯印象和恒常心理定式，从点的思维转向发散思维、多元思维。应由表及里、由此及彼地展开思维，学会用水平思维、垂直思维、正向思维与逆反思维，以使思路更开阔、更敏捷，在发散思维的同时把握住形象思维与逻辑思维的辩证规律，充分发挥想象力，使广告更加富有个性和独创性。

4　营销策划方案

营销策划是一种为了改变企业现状，达到理想目标，借助科学方法与创新思维，分析研究创新设计并制订营销方案的理性思维活动。营销策划方案就是在市场营销过程中，把策划过程用文字记录下来所形成的文体。

【营销策划方案的特点】

1）超前性

营销策划方案的撰写应当在营销预测的基础上进行，必须对企业未来的发展方向、根本任务、基本目标、战略步骤及其每一个阶段的问题做出合理的、科学的安排和规划。

2）主观性

任何策划活动都是主观之于客观的东西，不同策划人员认识客观世界的能力和水平不同，造成同一个策划目标出现不同的策划结果，甚至策划效果也会出现巨大的差异。

3）系统性

这是由市场营销活动的系统性决定的。它要求策划人员在策划过程中必须注意各种营销职能的衔接与协调，而且必须注意对企业各种营销资源、力量进行整合，才能收到预期的策划效果。

4）复杂性

这是由企业营销活动及其效果影响因素的复杂性决定的。它要求策划人员一方面必须具有丰富的实践经验，对要策划对象的每一个细节都非常清楚；另一方面要求策划人员必须对营销策划方案进行反复推敲，以确保整个营销策划方案的明确具体和切实可行。

5）可控性

可控性即营销策划的方案和结果是可控的和可预期的。由于营销策划方案中的各项措施都是企业各种可控性营销手段的具体应用，因此企业管理部门完全可以根据市场形势的发展和企业目标的变化对营销策划方案进行适度的调整，以确保营销策划案具有高度适应性。

营销策划方案必须具备鲜明的目的性、明显的综合性、强烈的针对性、突出的可操作性等特点，即满足"围绕主题、目的明确，深入细致、周到具体，一事一策，简易明了"的要求。

【营销策划方案的作用】

企业的建立需要策划，企业的宣传需要策划，企业的经营需要策划，企业的发展更需要策划。具体地说，营销策划方案的作用如下。

1）有助于企业营销活动的目的得到进一步明确

通过营销策划方案，可清楚地了解企业未来的任务、目标、投资组合计划、企业扩张的方式和途径，从而可以从根本上消除企业经营活动的盲目性，凡是与企业营销目标不符的行为不会发生，耗费企业有限资源的现象也可以避免。

2）有助于提高企业营销活动的针对性

任何营销策划方案都是在企业特定营销目标的指导和约束下做出的，这就确保了企业日后营销活动的针对性，即每一项工作、每一项措施都是为了解决企业特定时期将要面临的特定问题。

3）可以增强企业营销活动的计划性，避免主观随意性

营销策划方案对企业未来的活动内容进行了详尽的安排，是企业各个部门、各个员工的行动纲领。一般情况下，只要市场形势没有发生大的变化，就应当不折不扣地予以执行，这样可以使企业的营销走上规范有序的轨道。

4）实现企业营销的个性化和差异化

随着消费者个性的发展及个性化消费的日渐突出，企业要在市场竞争中立于不败之地，必须依靠个性化和差异化的产品、服务和营销方式实现企业营销的个性化和差异化，从而吸引消费者的目光，抓住消费者的心。虽然个性化和差异化的基础是客观的，是消费者需求的特点和竞争者的行为，但是，如果没有策划人员的高瞻远瞩和敏锐的洞察力，也是难以发现这些特点和差异的。

5）提高企业产品的竞争力和营销效益

从理论上说，在产品工艺质量差异不大的情况下，企业产品的竞争力来自产品"卖点"的新颖、独特和奇异，来自企业品牌的知名度和美誉度，来自企业独特销售手段对渠道成员的吸引力。离开了营销策划，上述产品竞争力的支撑点将难以形成。同样，企业营销的效益要得到改善和提高，也需要营销策划的支持，只有通过营销策划，才能在提高营销活动针对性、计划性、主动性和创造性的基础上，从根本上避免企业的无效劳动。

【写作知识】

营销策划方案的基本结构是：营销策划方案封面、营销策划主题和项目介绍、营销策划分析、营销策划目标、营销执行方案（即保障措施）。

1）营销策划方案封面

在这部分内容中，策划者需分项简要概述以下内容。

（1）营销策划方案的全称。

基本格式如"××银行关于××××营销策划书"。

（2）营销策划方案的部门与策划人。

基本格式如"策划人：×××、×××、×××"。

（3）营销策划的时间。

2）营销策划主题和项目介绍

根据不同的营销策划对象（即营销策划项目），拟定各自的主题。营销策划主题是整个营销方策划方案的基石和内核，是营销策划的基本准绳。在阐述营销策划主题的基础上，要对营销策划项目做简要的介绍，包括项目的背景、项目的概况、项目的进展、项目的发展趋势等。

3）营销策划分析

营销策划分析可以是逐项分类分析，也可以是综合分析，视策划的具体情况而定。

（1）项目市场分析。

宏观环境状况，主要包括宏观经济形势、宏观经济政策、金融货币政策、资本市场走势、资金市场情况等。项目市场状况，主要包括现有产品或服务的市场销售情况和市场需求情况、客户对新产品或服务的潜在需求、市场占有份额、市场容量、市场拓展空间等。同业市场状况，主要包括同业的机构、同业的目标市场、同业的竞争手段、同业的营销方式、同业进入市场的可能与程度等。各种不同的营销策划所需的市场分析资料是不完全相同的，要根据营销策划需要去搜集，并在营销策划方案中简要说明。

（2）基本问题分析。

基本问题分析包括营销策划所面临的问题和所要解决的问题是什么，这些问题的生成原因是什么，其中主要原因有哪些，解决这些问题的基本思路如何确定，出发点是什么，通过何种途径、采取什么方式解决等。

（3）主要优劣势分析。

①主要优势分析：围绕营销策划主题，确定需要开展哪方面的市场营销活动（如市场调查、新产品开发、市场促销、广告宣传等），分析企业拥有哪方面的优势，主要对自身优势（即自身的强项）进行分析，也应考虑外部的一些有利因素。营销策划就是要利用好有利因素，发挥自身优势。分析优势时应冷静客观，既不能"过"，也不能"不及"，要实事求是。

②主要劣势分析：分析与将要开展的市场营销活动相关联的外部一些不利因素和自身的弱项、短处等。营销策划就是要避免和化解这些不利因素，弥补自身的不足。

③主要条件分析：分析将要开展的市场营销活动所需要的条件，包括已具备的条件和尚须创造的条件，将这些条件逐一列出，逐一分析，以求得资源的最佳利用与组合。

4）营销策划目标

不同项目的营销策划，有各自不同的营销策划目标，而营销策划目标大多由一些具体的指标所组成。拟订营销策划目标时要实事求是。

5）营销执行方案（即保障措施）

制订营销执行方案是营销策划的重头戏，是对市场营销活动各环节、各方面工作的精心设计、周密安排和逐一布置与落实，是营销活动组织、开展的脚本。

制订营销执行方案应考虑以下问题：①理顺本次营销活动所涉及的各种关系；②把握本次营销活动的重点和难点；③确定本次营销活动应采取的策略；④弄清楚开展本次营销活动可利用的人、财、物等方面的资源与条件，确定策划预算；⑤确定本次营销团队人员的组成，各参与部门及人员在本次营销活动中所应完成的任务、所应承担的责任和所应充当的角色；⑥构建开展本次营销活动的监控、反馈机制和传导系统；⑦确定完成本次营销活动的时间安排（分阶段任务）；⑧预测开展本次营销活动可能出现的突发问题与应急措施；⑨确定本次营销活动的考核奖惩方式。

【写作注意事项】

1）要突出卖点

每个营销策划方案都有独特的卖点，让读者一看就明白，一看就心动。

2）要突出创新

不要把营销策划方案当作计划书来写，因为计划书无须创意，只处理细节，而营销策划案必须有创意。

3）要突出重点

营销策划方案切不可面面俱到，无论是项目介绍、策划分析还是营销执行方案都要突出重点。

【写作例文】

书店营销策划案

一、策划背景

1. 总体的消费态势

消费总体趋向更加讲究经济实惠和个性消费。

2. 书店的文化背景

（1）目标消费者主要是读书爱好者及周围的青少年和在校学生，他们能够接受个性、经济的新理念。书店所塑造的健康的读书形象与目标市场的文化背景所要求的高生活质量、追求悠而不闲的生活方式匹配。

（2）大多数在校学生都没有去旧书店买书的习惯。

3. 书店营销环境中的微观制约因素

（1）从个人角度来看，店主缺乏专业的经营理念指导，比较随意，没有明确的管理和监控系统，属于清闲一派。

（2）书店的书籍来源：书籍主要是收购大学生及周围居民的旧书，成本低廉。种类混杂，各种书籍均有。

4. 市场概况

（1）市场的规模。

随着文化水平的提高，人们越来越注重自身修养的提高，同时，在日益商业化的街道很难找到一处休憩心灵的场所，旧书店的氛围不适合大学生的精神需求，从销售的角度来看，消费者市场较大。

（2）市场的构成。

本书店周围有3家书店，均属于新书店，主要是应对各种考试而开设的，图书种类包括如英语四六级复习题、公务员考试试题、考研复习试题等，也有一些名著。

这些书店基本不与本书店构成直接竞争关系，双方以互补的形式存在，但也在某种程度上存在目标消费者重合的现象。

（3）市场构成的特性。

市场无季节性，长期存在，消费时间固定（晚上），消费人群较稳定。

二、策划时间

20××年11月28日—12月3日。

三、策划目标

满足学生及周边市民对新知识的需求，提高本书店在学生和市民中的知名度。预计在一年内，实现在××区消费市场以及潜在消费市场的开发和占领，并以此为基础，向周边辐射。

四、现状分析

（1）在实地调查的 100 名调查者中，57%的人曾经购买过新书，也有部分人去过二手书店。

（2）在曾经过购买新书的 57%的调查者中有 42%的调查者认为书的质量应有待提高。

（3）书店的服务不够完善。如有些书售出后，使用者发现书本缺页，而书店对此情况不愿承担相关责任。

（4）书店的宣传力度不够。在调查中，我们发现有相当一部分人对正版书没有认识，更别说对书店的认识以及对新书的购买欲望。

五、SWOT 分析

1. 优势

（1）新书的利润可观。

（2）客源广，主要来源于周边学校及社区。

（3）无污染，无保质期，易于保存和收藏。

（4）书店与学校图书馆相比，消费者可以订购自己喜爱的图书，可以随时随地阅读以及重复阅读，而图书馆的书要在规定的时间归还，续借手续耗时麻烦。

（5）本地区人群文化程度较高，消费能力较强。

（6）本地区并没有实力较强的竞争者。

2. 劣势

本书店不是位于主要的街道，不够显眼且面积规模不大，还需要进一步装修。图书种类多，收购和整理工作量大；常年注意防潮、放火、防虫，增加了管理的难度；质量问题难以保障。

3. 机会

此区域只有本店一家书店，不存在同行业竞争者；大学和社区在此集中，周围市民素质较高，便于宣传与推广，特别是拥有教师和学生这一特色群体，市场前景可观。许多旧书上有原来读者的标记，不利于读者阅读。

4. 威胁

很多人对新书认识不足；主要购买者是学生，不利于书店某些门类的图书销售，目标市场定位较单一；虽然不受新书店的威胁，但是受二手书店的威胁；进货的渠道不畅通，折扣低；本书店的知名度不够高，从而导致丧失机会。

六、营销策略

1. 产品策略

（1）要根据书店的目标市场的主次来制定产品策略。书店要在特色经营的同时多元化经营，即分为四个模块：考证类（包括图书和资料）、文学类、杂志期刊类、其他类。本书店的主要客户是学生，特别是大学生，而大学生在校期间较注重考证，如英语四六级证、会计证、计算机证、导游证等，可以根据此情况，在进书时注重选择与考证有关的图书，并把此项目做成本店特色。书店只保留近两年的考证类图书,超过期限的将不予订购,以避免存货积压。对于剩下的三类,在每一年年末都要进行筛选和处理,以减小库存量。

(2)要提高产品质量。对于严重影响客户阅读的问题书要加以处理,从而树立书店的好形象,吸引购买者。

2. 价格策略

定价依据是图书的成本和利用价值。

(1)灵活定价。如资料类的图书可根据资料的知名程度定价。其他图书可以依据具体情况定价。

(2)数量折扣。当客户购买一定数量或团购一定数量的图书时可给予一定的优惠。

(3)会员折扣。当客户累积购买一定数量的图书时,赠送会员卡,对会员给予终生优惠折扣。

3. 渠道策略

销售渠道主要是实体店销售,附带网络销售。在学校等地方设置销售代理点,主销各类杂志、期刊。

4. 促销策略

增进消费者对新书的认识和提高本店知名度是目前重要的一步。可以采用发放传单、进行赞助活动等方式加强宣传。

七、目标市场分析

1. 市场细分

对市场进行细分可以更精确地把握市场推销机会,得到更好的推销效果,增加利润。

(1)需求差异性:划分不同的消费群体并分析不同消费群体的需求。

(2)可达到性:细分出来的市场应是营销活动能够抵达的,亦即通过努力能够使产品进入并对消费者施加影响的市场。一方面,有关产品的信息能够通过一定媒体顺利传递给该市场中的大多数消费者;另一方面,在一定时期内有可能将产品通过一定的分销渠道运送到该市场。

(3)足量性:细分出来的市场,其容量或规模要大到足以获利。

(4)行动的可能性:现有资源能确保为细分市场提供迎合主体需要的产品或服务。

2. 市场定位

(1)利益定位。定位为"服务第一",充分满足消费者的需求,把握消费者的购买心理,带给消费者便利与愉悦。

(2)价格与质量定位。结合价格与质量,定位为"物美价廉":货物超值,服务一流。

八、策划的经费预算

经费预算分为两部分:图书投资成本和促销宣传成本。图书投资成本较为复杂,涉及不同种类图书的不同订购方式。整体预算为2万~3万元。销售不出去的图书可以变卖以收回成本,关键在于怎么扩大销量。这就涉及促销成本。促销成本为2 000~3 000元即可,包括传单的印制费用和促销人员工资。

九、各种危机处理预案

(1)出现严重质量事故时应当及时查明原因并对消费者做出解释以及道歉,切不可推卸责任。

(2) 面对顾客投诉，应虚心接受顾客的意见并及时做出改进以求更大程度的发展。

(3) 货物供应不足或不准时，应及时说明原因并尽最大努力解决问题以树立良好的形象。

(4) 若发现盗版书，应及时为消费者更换并致歉，加强图书检查，避免此类事故再次发生。

十、检查及评估

对比每月的销售量和来店的人数，评估消费者对本店的认知度，后期采取问卷调查的方法评估。

课堂演练

(1) 营销策划案的写作注意事项有哪些？如何扬长避短？

(2) 为了更好地推进贵州乡村振兴，现请你为贵州农产品撰写一个营销策划案。

头脑风暴

如何做好营销策划的可行性分析？

拓展延伸

营销策划的要点和战略

1. 营销策划的要点

1）市场环境分析

进行市场环境分析的主要目的是了解产品的潜在市场和销售量，以及竞争对手的产品信息。只有掌握了市场需求，才能做到有的放矢，减少失误，从而将风险降到最低。以凉茶为例，凉茶一直以来为南方人所喜爱，这其中有气候、饮食习惯方面的原因，因此应该将主要的营销力量集中在南方城市，如果进行错误的定位，将营销力量转移到北方，无论投入多大的人力、财力，都不会取得好的营销效果。

2）消费心理分析

只有了解消费者为什么购买产品，才能制订针对性的营销方案。营销大多是以消费者为导向的，根据消费者的需求来制作产品，但这是不够的，还要对消费能力、消费环境进行分析才能使整个营销活动获得成功。

3）产品优势分析

产品优势分析包括本品分析和竞品分析。只有做到知己知彼，才能战无不胜。在营销活动中，本品难免被拿来与其他产品进行对比，如果无法了解本品和竞品各自的优势和劣势，就无法打动消费者。在某次营销类课程中就发生过这样的情况，在实操模拟中，两位学员进行销售情境模拟，其中一位扮演销售人员的学员在整个过程中对本品和竞品都缺乏足够的了解，导致另一位学员只能通过直观的感觉来猜测产品特性，最终导致整个销售过程以失败告终。因此，应通过营销手段，让消费者了解本品的优势，进而产生购买欲望是营销活动重要的环节。

4）营销方式和平台的选择

营销方式和平台的选择既要结合企业自身情况和营销策略，同时要兼顾目标群体的喜好,如针对全国儿童的产品,就可以根据儿童的特点,在电视台的儿童频道以动画短片的形式展现产品,这样不仅将产品信息传达给儿童,同时能够刺激家长消费。

对于一些快消品,则可以选择和产品切合度较高的方式,如SNS平台中十分流行的争车位、开心农场等游戏,就吸引了很多汽车企业和饮料企业加入,并且取得了非常好的效果。

营销是一个较复杂的体系,但所有营销活动都应基于以上四点进行。

2. 营销策划的战略

1) 知己知彼、百战不殆

与竞争对手过招时,知己知彼是关键,这样有利制订进攻策略。系统搜集竞争对手的信息,分析竞争对手的优、劣势,寻找竞争对手的薄弱环节进行进攻。尽可能多地获取竞争对手的信息。竞争信息系统的建立和实施要遵循两个原则:实用、有效。

2) 避实就虚、攻击软肋

在与竞争对手进行交锋时选择对方的薄弱环节进行攻击,不要选择在竞争对手的优势领域与竞争对手发生正面交锋,要避实就虚,针对竞争对手的薄弱环节制订市场策略,避其锋芒,乘虚而入,在提高资源效率的同时,有力打击对手。

3) 快速强攻、先发制人

兵法有云:"先发制人,后发制于人"。无论在产品的卖点、媒体资源,还是渠道、终端方面,都要先声夺人、先发制人,这样才能以优势压倒竞争对手。

4) 以强攻弱、集中攻击

兵法讲究集中优势兵力,各个击破。战场上如此,商场上也如此,要在竞争对手控制的市场中选择集中性攻击策略。

5) 抢位营销、量力而行

兵法讲究量力而行,营销也是一样的道理。之所要量力而行,就是要让优势最终转化为胜势。

5　专题活动策划方案

专题活动策划方案主要是指社会组织为某一明确目的,在某特定时间围绕某一特定主题精心策划的大型活动而衍生的一种文体。

【专题活动策划方案的特点】

(1) 明确的目的性。

专题活动策划方案具有明确的目的性。专题活动要投入大量的人力、物力,因此讲究投入的效益。专题活动的社会影响大,如果专题活动策划方案的目的性不强,则不利于组织形象的建立。

(2) 广泛的传播性。

专题活动有许多公众参与,其本身就是一个传播媒体,一旦开展,就能产生强烈的社会效应,加上其他大众传播媒介的宣传,其影响力就更大。因此,专题活动策划方案具有广泛的传播性。

（3）很强的效率性。
（4）较大的灵活性。
（5）紧密的协调性。

【专题活动策划方案的种类】

根据专题活动内容，专题活动策划方案可分为：新闻活动策划方案、社会赞助活动策划方案、服务活动策划方案、重大节日庆祝与庆典活动策划方案等。

【专题活动策划方案的写作知识】

专题活动策划方案要素包括：专题活动名称、专题活动背景（缘由）、受众对象、专题活动的目的和意义、实施地点、实施时间、实施形式、资源需要、经费预算、专题活动中应注意的问题及细节、实施效果预测等。

专题活动策划方案一般包括：标题、署名、成文日期、正文、附件。

（1）标题。

标题要详细、明晰、一目了然，如"××××年×月××大学××活动策划书"，置于页面中央，当然可以写出正标题后将此作为副标题写在下面。

（2）署名。

署名包括策划单位或个人。

（3）成文日期。

（4）正文。

①专题活动背景。这部分内容应根据专题活动策划书的特点在以下项目中选取内容重点阐述，具体项目有：基本情况简介、主要执行对象、近期状况、组织部门、专题活动开展原因、社会影响，以及相关目的动机。应说明专题活动的环境特征，主要考虑环境的内在优势、弱点、机会及威胁等因素，对其做好全面的分析（SWOT 分析），将内容重点与环境分析的各项因素结合，对过去和现在的情况进行详细的描述，并通过对情况的预测制订计划。如果环境不明，则应该通过调查研究等方式进行分析加以补充。

②专题活动的目的、意义和目标。对专题活动的目的、意义应用简洁明了的语言表述清楚，在陈述要点时，该活动的核心构成或策划的独到之处及由此产生的影响（经济效益、社会利益、媒体效应等）应该明确写出。专题活动的目标要具体化，并需要满足重要性、可行性、时效性。

③资源需要。列出所需人力资源、物力资源，包括使用的场地（如教室或活动中心）。可以列为已有资源和需要资源两部分。

④活动开展。作为策划方案的正文部分，该部分的表现方式要简洁明了，使人容易理解，但表述要力求详尽，没有遗漏。此部分不仅局限于用文字表述，也可适当加入统计图表等。对策划的各工作项目，应按照时间的先后顺序排列，绘制实施时间表以便于方案核查。人员的组织配置、活动对象、相应权责及时间地点也应在这部分加以说明，执行的应变程序也应该在这部分加以考虑。

这里可以提供一些参考要素：会场布置、接待室、嘉宾座次、赞助方式、合同协议、媒体支持、校园宣传、广告制作、主持、领导讲话、司仪、会场服务、电子背景、灯光、音响、摄像、信息联络、技术支持、秩序维持、衣着、指挥中心、现场气氛调节、接送车辆、活动后清理人员、合影、餐饮招待、后续联络等。

⑤经费预算。专题活动的各项费用根据实际情况进行具体、周密的计算，然后用清晰明了的形式列出。

⑥专题活动中应注意的问题及细节。内外环境的变化，不可避免地会给策划方案的执行带来一些不确定性因素，因此，当环境变化时是否有应变措施、出现损失的概率是多少、造成的损失有多大等也应在策划方案中加以说明。

⑦活动负责人及主要参与者。注明组织者、参与者、嘉宾、单位（注意：如果是小组策划，应注明小组名称、负责人）。

⑧实施效果预测。

（5）附件。

【写作注意事项】

（1）找准专题活动策划定位。

要基于专题活动所要解决的问题，有针对性地制订活动方案。

（2）可以专门为策划书制作封面。

可以对策划书可以进行包装，如用设计徽标作为页眉等。

（3）附件可附于策划书后，若内容较多可单独装订。

（4）一个大策划书，可以包含若干子策划书。

（5）小结。可总结归纳策划预期效果和实际效果的差距，也可以对专题活动存在的问题进行反思。

【写作例文】

国际劳动妇女节专题活动策划方案

国际劳动妇女节即将到来，为了让广大女职工度过一个充实愉快、富有意义的节日，根据妇联文件精神，结合××乡工作实际，将在全乡开展以"加强学习、提升素质、做魅力女性"为主题的系列活动。

一、指导思想

以提高全民健身理念为指导，紧紧围绕××乡政府中心工作，举行庆祝国际劳动妇女节系列活动，旨在增强广大职工的凝聚力、战斗力，激发广大职工爱岗敬业、乐于奉献的精神，展示新时代女性风采。

二、活动要求

高度重视，全员参与。各科室负责人要高度重视此次专题活动，鼓励本科室员工积极参与活动，做好各项准备工作。

二、活动时间

3月6日9点—12点。

三、活动参加人员

××乡全体女职工。

四、活动形式

游戏、比赛。

五、活动具体安排

1. 猜谜语（共35道谜语，其中15道关于国际劳动妇女节知识，提高大家对国际劳动妇女节的认识，20道为脑筋急转弯）。

2. 转凳子。

3. 顶气球。

4. 颠乒乓球（每次由2～4人进行，用乒乓球拍颠球走一圈，中途不能把乒乓球掉下去，谁先完成谁赢）。

5. 做动作，猜东西（2人为一组，每次2～3组参赛，准备一个盒子，盒子里面放一些纸条，纸条上写一些简单的名词，比如拖鞋、馒头、蔬菜，然后甲、乙两人面对面，先让甲抽盒子里面的一张纸条，看完之后不能说出来，只能通过肢体语言让乙猜纸条上的内容，2分钟内哪个组猜得最多哪个组赢）。

6. 齐心协力（2人一组，每次3～4组参赛，用一根绳子绑住两个人的脚，来回走一圈，哪个组先完成哪个组胜出）。

7. 踩你没商量（每次由4人参加，每个人的双脚腕上都绑8个气球，然后相互踩气球，最终脚腕上剩下气球最少者胜出）。

8. 丢筷子（每次由3～4人参加，参赛选手坐在凳子上，脚下放一个啤酒瓶，嘴里叼着筷子在离瓶口半米的地方对准啤酒瓶松开嘴，将把筷子丢进酒瓶，1分钟内谁丢得最多谁胜出）。

9. 叼皮筋（4～6人一组，每个人最里面叼一根筷子，筷子头上勾一根皮筋，由第一个人把皮筋传递给最后一个人，再由最后一个人把皮筋传递给第一个人，中间皮筋不能落，哪个组用时最少哪个组胜出）。

10. 活动结束，发放纪念品。

11. 全体人员合影留念。

课堂演练

（1）专题活动策划方案的特点有哪些？

（2）为了送别即将毕业，踏上新征程的师兄、师姐们，请你撰写一份毕业活动策划方案。

头脑风暴

专题活动策划方案与活动方案的区别是什么？

拓展延伸

公关专题活动策划及其步骤

所谓公关专题活动策划，是指公关人员根据组织形象的现状和目标要求，分析现有条件，谋划、设计专题活动和具体公关活动最佳行动方案的过程。公关专题活动策划方案是公关专题活动的具体行动方案，是公关专题活动评估的依据和标准。公关专题活动有明确的目的性，以公共关系主题传播为目的。公关专题活动有明确的诉求对象，这些诉求对象是公关的目标受众。公关专题活动是有计划、有步骤开展的团体活动。公关专题活动策划的步骤包括以下几个方面。

1) 综合分析信息

公关专题活动策划是从分析信息开始的。公关专题活动策划者面对大量的各种信息，分析时要重点注意以下两大类信息。一类是社会组织自身状况信息。它包括组织的战略目标和现实状况、由诸要素综合体现的组织知名度和美誉度。另一类是影响社会组织运行的各种社会信息，如国家的政策法规，组织目标公众，竞争对手，合作伙伴，传播媒介以及财政、金融、交通、能源、通讯、人口等方面的背景及信息。及时发现对组织有利的契机和不利的因素，策划出有成效的公关专题活动方案。

2) 确定公关专题活动的目标

公关专题活动的目标是指组织通过公关专题活动所要达到目的。不同的组织有不同的公关目标，不同时期的组织也有不同的公关目标。在确定公关目标的时候，要注意组织的任何活动都要服务于组织的总目标，策划目标一定要与组织的总目标协调，策划目标的实现要有利于总目标的实现。

3) 确定目标公众

在公关专题活动的目标确定后，就要确定目标公众。公众是组织公关专题活动的对象，任何组织都有其特定的目标公众。目标公众，是在对全部公众进行调查分析的基础上，经过层层筛选，逐步缩小范围而最终选定的。在策划时还要把握不同目标公众的需求和特点。

4) 确定公关专题活动主题

成功的公关专题活动，无论是战略型的还是战术型的，都是由一系列项目所组成的。为了突出重点，必须确定公关专题活动的主题，主题是公关专题活动的中心，是公关专题活动内容的集中表现。任何公关专题活动只有围绕主题来开展，才有可能达到目的。

公关专题活动的主题设计，要求形式新颖、生动，有鲜明的个性，语言要精练、简明扼要，能对公众产生强大的吸引力，具有感召力。

公关专题活动主题的具体表现形式多种多样，一般由公关目标、信息个性和公众心理和审美情趣构成。例如西安杨森制药厂开展的"重走长征路"大型主题活动，在"重走"的路上向贫穷地区免费送药，吸引了公众的目光，获得了社会的好评，建立了清晰鲜活的组织形象，提高了公众对企业产品的信任度，从而在整体上塑造出良好的企业形象，有助于企业目标的达成。

5) 选择公关专题活动的模式

选择公关专题活动模式的依据是组织在不同时期的公关目标和公关对象，公关专题活动的模式具有明显的适应性特征。

一般来说，在组织的初创期、发展期、出现问题时期、衰落期及危机时期，应相应地选择建设型、维系型、改进型、防守型和矫正型的公关模式来完成组织的战略公关目标；而针对不同的公众和不同的活动内容，则应采取宣传型、交际型、服务型、社会型、征询型的公关模式来完成组织的战术公关目标。

6）选择公关专题活动的时机

良好的公关专题活动，要抓住有利时机发挥作用。选择公关专题活动的时机，对于一个组织来说至关重要。根据组织不同发展时期的具体情况和需要，可以选择如下时机：新产品、新服务、新技术推出之时；组织更名、转产或与其他组织合并时；组织获得荣誉，引起关注时；组织遇到某种偶发事件、发生某种失误或被公众误解时；重要的节日、社会上发生重要事件时等。

7）确定时间、空间

在公关专题活动策划方案中，首先要确定实现活动目标所需要的全部时间。要考虑各分目标项目所需的时间以及各个场地之间衔接所需的时间如何安排最为恰当；还需考虑横向关系的问题，如公关工作能否与其他相邻工作同时进行而互不冲突、能否使相邻的两项工作相得益彰；更要考虑公关计划实施的过程是一个动态的过程，在计划执行中很可能需要变动，因此在确定时间表时要留有一定的余地。

其次是要确定公关专题活动开展的场地。应根据不同的公关项目内容来确定场地。场地的类型和范围是由公众活动空间所决定的。应根据经济条件来确定活动的范围和场地的档次。还应适当考虑自然条件。

8）活动经费预算

公关预算是一个复杂的工程，必须按照公关专题活动的项目和过程进行详细的分析计算，尽量不要遗漏项目。

9）形成策划书

策划书是策划成果的体现，是公关专题活动实施的行动依据和指南。策划书的基本结构由八个部分构成：标题、主题、目标、组合分析、活动步骤、传播渠道、经费预算、效果预测。其还包括策划者署名、时间及附件（视策划书篇幅而定）等部分。

6　活动安全应急预案

活动安全应急预案，是指为保障某项活动安全、顺利进行，用于处置、应对活动过程中所发生的突发状况，根据评估分析或经验，对潜在的或可能发生的安全事故及突发状况而事先制订的应急处置方案。

【活动安全应急预案的特点】

1）针对性

针对性，即对具体的活动做具体的活动安全应急预案。

2）周密性

周密性，即对在活动的各项环节开展时有可能发生的各种突发情况进行合理、科学的应对。

3）时效性

活动安全应急预案一定是要在活动开展前做好，而不是等到活动过程中出现状况后再临时制定应对办法。

4）灵活性

活动过程中所出现的状况不一定是完全可预料的，因此有时也需要临场应对。

5）实践性

活动安全应急预案的目的是确保活动顺利开展，因此应确保所制定措施的可操作性。

【活动安全应急预案的种类】

1）按照活动场地分类

校园活动安全应急预案、社会活动安全应急预案、商场活动安全应急预案、企业活动安全应急预案。

2）按照活动内容分类

研学旅游活动安全应急预案、演出活动安全应急预案、比赛活动安全应急预案、社团活动安全应急预案。

【活动安全应急预案的写作知识】

活动安全应急预案一般由标题、主体、结尾及附件构成。

（1）标题。

标题采用公文式标题写法，如"中国人民保险公司××县××公司防洪涝灾害预案"。

（2）主体。

主体主要包括以下内容。

①总则。

A. 编制目的。简要阐述编制应急预案的重要意义和作用，如加强和规范管理、提高保障和处置能力、有效预防和应对突发事件、减少危害及保障安全等。

B. 编制依据。主要编制依据是国家相关法律、法规、政策规定和国家相应应急预案。

C. 适用范围。是指应急预案针对某一区域内的某种类型突发事件做出反应，应急预案只在制定单位管辖地域和职责范围内适用，要级别明确、针对性强。

D. 工作原则。要求明确具体，如统一领导、分级管理，条块结合、以块为主，职责明确、规范有序，反应灵敏、运转高效，整合资源、信息共享，预防为主、快速处置等原则。

②危险源及风险分析预判。

主要针对周围环境、活动设施设备、参加活动人员等可能出现的突发情况或存在的潜在危险进行全面分析研判，如火灾、人员拥挤踩踏等。

③成立应急组织，明确职责。

应急组织是应急预案的重点内容，能确保应急预案有序、高效实施，减小潜在风险所造成的人员、物资损害及事件影响。

A. 设立应急组织，明确主要负责人、组成人员及相应的职权。

B. 以突发事件应急响应过程为主线，明确突发事件发生、报告、响应、结束、善后处置等各环节的主管与协作联动部门。以应急准备及保障机构为支线，明确参与部门的职责。

④预防预警机制。

应急预案的对象是假定发生的突发事件,预防预警机制是应急预案的关键内容。

A. 信息监测。确定预警信息监测、收集、报告和发布的方法、程序,建立信息来源与分析、常规数据监测、风险分析与分级等制度。

B. 预警行动。明确预警的方法、渠道以及监督检查措施和信息交流与通报程序,在预警期间采取的应急措施及有关应急准备。

C. 预警支持系统。建立预警体系和相关技术支持平台,明确使用、维护、改进系统的要求。

D. 预警级别发布。明确预警级别的确定原则、信息确认与发布程序等。按照突发事件的严重性和紧急程度,分为一般(Ⅳ级)、较大(Ⅲ级)、重大(Ⅱ级)、特别重大(Ⅰ级)4级预警,颜色依次为蓝色、黄色、橙色和红色。

⑤应急响应。

应急响应是应急预案的核心内容,即应急指挥机构应用反馈机制,合理应用应急力量和资源,把握时机,强化控制力度,防止事态恶化;对已发生的事件,将其破坏力和影响范围控制在最低级别。一般应包括以下方面。

A. 确定应急级别。按照突发事件的可控性、严重程度和影响范围,分为一般(Ⅳ级)、较大(Ⅲ级)、重大(Ⅱ级)、特别重大(Ⅰ级)4级。

B. 响应应急程序。根据突发事件的级别明确响应主体,遵循属地原则,按照处置方案、处置措施,明确各相关部门联动参与的应急救援措施。

按照职责、权限、措施和要求,进行处置过程,同时避免可能造成的次生、衍生和耦合危害。

a. 信息报送和处理。按照要求和程序向上级部门逐层报送相关信息。

b. 信息发布。按照突发事件新闻发布应急预案的有关规定,遵循实事求是、及时准确的原则,明确信息发布的内容、方式、机构及程序。

c. 应急结束。明确应急状态解除或紧急响应措施终止的发布机构及程序,并注意与现场抢救活动的结束区别开来。

⑥善后处置。

A. 理赔。

B. 事故分析评估。

⑦保障措施。

A. 人力资源保障。列出各类应急响应的人力资源,包括政府、军队、武警、机关团体、企事业单位、公益团体和志愿者队伍等。明确社会动员的条件、范围、程序和必要的保障制度。

B. 经费保障。明确应急经费的来源、使用范围、数量和管理监督措施,提供应急状态下政府经费的保障措施。

C. 物资、装备保障。包括物资调拨和组织生产方案。根据具体情况和需要,明确具体的物资储备、生产及加工能力储备、生产流程技术方案储备。

D. 电力、通信保障。建立通信系统维护及信息采集等制度,确保应急期间信息通畅。明确参与应急处置各部门单位的通信方式,确保应急期间党、政、军领导机关及现场指挥的通信方案。

  E. 交通运输保障。包括各类交通运输工具的数量、分布、功能、使用状态等信息，驾驶员的应急准备措施，征用单位的启用方案，交通管制方案和线路规划等。

  F. 医疗卫生保障。包括医疗救治资源分布、救治能力与专长、卫生疾病控制机构的能力与分布、各单位的应急准备保障措施、被调用方案等。

  G. 技术装备保障。包括技术系统及储备，应急设施设备，突发事件现场可供使用的应急设备的类型、数量、性能和位置，备用措施以及相应的制度等。

  H. 治安维护。制定应急状态下治安秩序的各项准备方案，包括警力培训、布局、调度和工作方案等。

  ⑧监督管理。

  监督管理，即强调应急预案的演练、宣传和培训，明确应急预案不仅是供人观看，更重要的是要在实践中应用，在培训和演练中发现的问题可以成为应急预案修改更新的参考。

  A. 应急演练。明确应急演练的范围、内容、组织及工作要求等。

  B. 宣传和培训。包括应急预案，应急法规和预防避险、自救互救的应急常识宣传，各级领导、应急管理和救援人员的常规性和专业性培训以及培训的工作要求等。

  C. 奖惩和责任。明确监督主体和罚则，明确奖惩对象、奖惩方式及责任追究程序等。

  ⑨附则。

  A. 名词术语解释。应急预案中专用名词、术语、缩写语和编码的定义，说明突发事件的类别、等级以及对应的指标定义，统一信息技术、行动方案和机关术语等编码情况。

  B. 应急预案管理与更新。明确应急预案制定、监督管理及实施的部门和单位，规定应急预案评审与更新方式。

  C. 应急预案解释部门。明确应急预案批准、印发机关和解释部门。

  D. 应急预案实施时间。明确应急预案实施或生效的时间，一般从印发之日起施行。

  （3）结尾。略。

  （4）附件。

  各种表单和说明文件，包括操作手册、指挥机构组织结构图、应急部门通信方式、指挥部成员联系方式、人员疏散地图、资源位置图、紧急设备使用说明等。

【写作注意事项】

  （1）合理预判。

  （2）周密制定。

  （3）职责明晰。

【写作例文】

学校活动安全应急预案

  为了积极展现育才学校（以下简称"学校"）学生热爱祖国、朝气蓬勃、天天向上的精神风貌，努力学习、勤于探索、勇于创新的青春风采，切实做好6月1日在育才学校举行的××年中小学艺术节文艺演出安全保障工作，根据区教育局安全文件精神，为了确保本届校园艺术节安全、有序进行，特制定以下安全应急预案。

一、校园艺术节期间的安全预防措施

（一）学校成立第一届校园艺术节安全领导小组。

组长：陈×；

副组长：刘×；

成员：略。

（二）学校领导在全校师生大会上强调校园艺术节期间的安全问题，让每一位老师和学生从思想上真正重视安全问题。

（三）各班班主任必须利用班会对学生进行校园艺术节期间的安全教育，各班级要对全体学生提出纪律要求，并叮嘱同学们注意饮食卫生和天气变化。各班要成立安全检查小组，选派工作负责的班干部担任组长。

（四）各班在演出前必须认真组织已报名演出的学生到指定位置等待。

（五）安全领导小组、校团委必须认真检查校园艺术节中使用的场地和器材，尽可能消除场地和器材所造成的安全隐患。

（六）校园艺术节期间，学校安全领导小组成员加强对各场地的巡查，发现问题及时解决。

（七）校医室准备好必备的药品和器材，做好各种损伤处理的技术准备。

二、安全应急处理措施

1. 出现学生受伤害或不适的情况，由各活动负责人立即报告大会组委会。

2. 组委会立即安排校医进行检查和处理，并及时通知班主任。

3. 由校医进行诊断，如要及时送医院，则由校车送学生去医院（如情况紧急，则联系120，派急救车），校医、班主任负责陪同。

4. 班主任、学校领导及时与学生家长联系和沟通，如实反映情况，安排处理有关事宜。

三、处置突发事件原则

1. 统一指挥的原则。

2. 密切协同，灵活机动的原则。

3. 讲究方法，耐心疏导的原则。

4. 不隐瞒事实真相的原则。

四、安全要求

1. 各班要收集信息，将所掌握的信息及时向领导小组汇报，落实遇事汇报制度，保证信息畅通。

2. 各位安全负责人要牢记职责，熟悉业务，并保持头脑清醒，一切行动听指挥。

课堂演练

（1）活动安全应急预案主体部分包括哪些内容？

（2）近期，学校将举办大型文艺汇演活动，现请你针对这次大型文艺汇演活动制定一份活动安全应急预案。

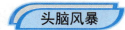

活动安全应急预案与专题活动策划方案有何异同？

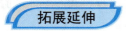

预案不等于方案

预案与方案都是告诉人们怎么做，但是预案不等于方案。

预案是指根据评估分析或经验，对潜在的或可能发生的突发事件的类别和影响程度事先制定的处置措施，主要目的是确保某项活动能够顺利开展，避免突发情况或危险对人员、财物、环境造成损害。

方案是从目的、要求、方式、方法、进度等方面做好全方位、周密性的具体部署，是针对活动实施的具有可操作性的计划。

简单来说，预案就是在某事件有可能发生之前针对该事件所做的多种假设的草案。在事件发生之后可依照预案进行部署，将损失最小化或利益最大化。方案是在事件发生之前所拟定的计划步骤，使事件按照计划步骤实施而取得预期的效果。

方案的内容多是上级对下级部署涉及面比较大的工作，一般都用带"文件头"的形式下发，因此不用落款，只有标题、成文时间和正文三部分内容。

方案的正文一般有两种写法：一是常规写法，即按"指导方针""主要目标（重点）""实施步骤""政策措施"及"要求"几个部分来写，这个较固定的程序适合一般常规的单项工作；二是变项写法，即根据实际需要加项或减项的写法，适合特殊的单项工作。

不管哪种写法，"主要目标""实施步骤""政策措施"这三项是必不可少的，实际写作时的称呼可以不同，如把"主要目标"称为"目标和任务"或"目标和对策"等，把"政策措施"称为"实施办法"或"组织措施"等。

7 实验报告

实验报告是指实验人员把实验的目的、方法、过程、结果等描述、记录下来，经过整理，如实记录，形成书面汇报。实验报告是在科学研究活动中人们为了检验某一种科学理论或假设，通过实验中的观察、分析、综合、判断，如实地把实验的全过程和实验结果用文字形式记录下来的书面材料。实验报告具有情报交流和保留资料的作用。

【实验报告的特点】

1）规范性

实验报告的写作对象是科学实验的客观事实，内容科学，表述真实、质朴，判断恰当。

2）客观性

客观性又称纪实性。实验报告以客观的科学研究的事实为写作对象，它是对科学实验的过程和结果的真实记录,虽然也要表明对某些问题的观点和意见,但这些观点和意见都是在客观事实的基础上提出的。

3)确证性

确证性是指实验报告中记载的实验结果能被任何人所重复和证实,也就是说,任何人按给定的条件去重复这项实验,无论何时何地,都能观察到相同的科学现象,得到同样的结果。

4)可读性

为了使读者了解复杂的实验过程,实验报告除了以文字叙述和说明以外,还常常借助图像、表格等形式,说明实验的基本原理和各步骤之间的关系,解释实验结果。

【实验报告的种类】

1)根据实验的性质划分

(1)创新型实验报告。创新型实验报告是指从事一项新的科学实验研究,设计出一个从过程到结论都是全新的实验而完成的实验报告;或是对前人的实验做了改进或改正,得出更新的结果而完成的实验报告;或是用新的实验方法验证了已有结果的实验报告。

(2)检验型实验报告。检验型实验报告是指重复前人已经做过的实验,来验证某一科学原理、定律或结论的实验而形成的实验报告。

2)根据实验的目的划分

(1)定性实验报告。以测定物质的性质为目的进行实验而形成的实验报告。

(2)定量实验报告。以测定物质性质的相关数据为目的进行实验而形成的实验报告。

(3)定型性实验报告。以检验某种工艺或某种产品的性能和功用为目的进行实验而形成的实验报告。

(4)模拟实验报告。为了测试或验证一定条件下某种假设成立与否或科学原理的性质,人为地控制研究对象,在实验室人工模仿特殊的环境和条件进行实验而形成的实验报告。

(5)分析成因实验。由已知结果去分析、寻求未知原因的实验而形成的实验报告。

【实验报告的作用】

1)积累科研资料

在科研活动中,为了检验某种科学理论或假设,进行创造发明和解决实际问题,往往要进行实验,通过观察、分析、综合、判断,如实地将实验过程和结果记录下来,这就是实验报告。实验是搜集科学事实的基本手段之一,实验报告具有保留、积累资料的作用。

2)总结科研经验

科技人员亲历实验过程,探讨研究科学现象,揭示科学规律,以客观事实为基础,形成实验报告。这是对科学实践和社会实践活动成果的总结,是实践环节的理性回归,经得起实践的检验,对于提高认识、澄清误区具有积极的作用。

3）展示科研成果

实验报告是科技人员记录实验过程和实验结果的一种科技文章，具有一定的学术价值。实验报告可以反映最新的科研信息，显示科研工作的最新进展，引领科技发展的最新动向，具有展示科研成果的作用。

4）提高科研能力

实验报告是科技人员对所做实验的再理解、再创造的工作，有利于对理论知识的理解和记忆，促使人们重视基本技能和技术的学习及应用。撰写实验报告对于培养学术思想，活跃学习气氛，提高观察、思考、分析能力具有十分重要的作用。

5）培养科研素养

实验报告也是记录科研工作进展情况的重要文件，科技人员完成科研工作任务，随时予以记录，形成书面材料，营造科研氛围。学生完成实验，撰写实验报告，有利于对知识的巩固、运用、吸收，是培养科研人才的重要途径，有利于培养科研素养。

【写作知识】

实验报告包括：实验标题、实验说明、实验目的、实验原理、实验设备（环境）及要求、实验步骤、实验内容、实验结果、讨论和分析、结论。

1）实验标题

可以是"实验内容+报告"的形式。

2）实验说明

需明确实验的人员、时间、地点、内容。

3）实验目的

实验目的要明确，在理论上验证定理、公式、算法，并使实验者获得深刻和系统的理解；在实践上，掌握使用实验设备的技能、技巧和程序的调试方法。一般需说明是检验型实验还是设计型实验，是创新型实验还是综合型实验。

4）实验原理

明确实验所依据的基本原理、设计原理及所使用的计算公式。

5）实验设备（环境）及要求

在实验中需要用到的仪器设备、实验用品，以及实验对环境的要求，应给出具体名称、规格、型号、数量。

6）实验步骤

简明扼要地写出明确的步骤、流程。

7）实验内容

要列出实验所依据的原理、定律和操作方法，将实验过程、数据记录、计算步骤、实验现象等如实写清。记录时要抓住重点（如实验方法、实验现象、实验措施）。

8）实验结果

对于实验结果的表述，一般有三种方法。

（1）文字叙述：根据实验目的将原始资料系统化、条理化，用准确的专业术语客观地描述实验现象和结果，要有时间顺序以及各项指标在时间上的关系。

（2）图表：用表格或图像使实验结果突出、清晰，便于相互比较，尤其适合分组较多，且各组观察指标一致的实验。

（3）曲线图：可用记录仪器描绘出曲线图，以表明指标的变化趋势。

在实验报告中，可任选其中一种方法或几种方法并用，以获得最佳效果。

9）讨论和分析

要对实验的结果进行解释和分析，如实验结果与预期结果是否一致，如果不一致是因为什么，说明了什么问题，以及实验的意义。

10）结论

对实验结果进行归纳总结，如阐述心得，提出新的问题、建议。结论要求简练、准确、严谨。

【写作注意事项】

（1）内容客观。
（2）逻辑严谨。
（3）格式规范。
（4）语言精准、简练。

【写作例文】

土力学实验报告

土力学实验是土质学和土力学的重要组成部分之一，无论是地面上的高层建筑、重型厂房、高速公路和飞机场，还是地面下的车库和隧道等，这些工程建设项目都与它们赖以生存的土体有着密切的关系。土力学实验用于测定土的工程性质，并提供可靠的性质参数指标，同时对建筑物地基的设计和施工提供不可缺少的参数。土力学实验对于培养学生理论联系实际和实际动手能力具有极其重要的作用。

土力学实验的要求如下。

1. 每次实验前要认真预习，并在实验报告上填写实验目的和所用实验设备。
2. 在实验中要遵守实验规则，爱护实验设备，仔细观察实验现象，认真记录实验数据。
3. 在实验结束离开实验室前，要将实验原始记录数据填入实验报告，经实验指导教师签字认可后方可离开实验室。
4. 实验后，要及时对实验数据进行整理、计算和分析，填写好实验报告，交授课教师批阅。

实验一　土的含水率实验

实验日期　　　年　　月　　日

同组成员　　　　　　　　　　　　　　　　　　　　　指导教师（签字）

实验目的

实验设备（规格、型号）

实验记录及数据处理

试样编号	铝盒编号	盒+湿土质量/g	盒+干土质量/g	盒质量/g	水质量/g	干土质量/g	含水率/%	平均含水率/%	备注
最终得出的含水率/%									

实验二　土的密度实验（环刀法）

实验日期　　　年　　月　　日

同组成员　　　　　　　　　　　　　　　　　　　　　　指导教师（签字）

实验目的

实验设备（规格、型号）

实验记录及数据处理

试样编号	环刀号	环刀+湿土质量/g	环刀质量/g	湿土质量/g	环刀容积/mL	湿密度/(g·cm^{-3})	平均湿密度/(g·cm^{-3})	含水率/%	干密度/(g·cm^{-3})	平均干密度/(g·cm^{-3})

其他计算指标	指标名称	计算公式	计算值
	土的孔隙比 e		
	土的孔隙度 n		
	土的干容重 γ_d		
	土的饱和容重 γ_{sat}		
	土的浮容重 γ'		
	土的饱和度 n		

课堂演练

（1）实验报告的特点和作用分别有哪些？

（2）结合你所学的专业课程，选择一个原理、定律或结论，写一篇实验报告。

头脑风暴

如何辩证地看待实验报告与实验数据分析的关系？

拓展延伸

实习报告

实习报告是在校大中专学生在部分或全部完成专业课程，根据教学计划实习后，向学校提交的有关实习工作的记录和总结的书面材料。

通过撰写实习报告对实习过程进行记录，较详细地反映实习内容，运用所学专业知识，分析实际工作中遇到的问题，总结工作经验，为正式走上工作岗位奠定良好的基础。撰写实习报告时要认真，要反映实习过程中的真实情况。

一、实习报告的结构

实习报告的基本结构分为两部分。

（1）前置部分包括封面、毕业实习计划、毕业实习成绩考核表。

（2）主体部分包括题目和正文。

①题目。一般统一格式为"关于在×××单位从事×××岗位的实习报告"或"关于在×××单位开展×××业务的实习报告"，也可以直接使用"实习报告"。

②正文。其内容包含四个方面。

一是实习单位及岗位介绍。首先，把此次实习目的叙述清楚，应言简意赅、点明主题；其次，写出实习单位的全称、性质、规模、法人、业务、效益、岗位名称、岗位人员状况、岗位职责、岗位业务流程等情况，应重点介绍实习岗位，要求详略得当、重点突出。

二是实习内容及过程。这是实习报告的重点。主要描述实习工作内容，要求内容翔实、层次清楚，侧重实际动手能力和技能的培养、锻炼和提高，但切忌日记或记账式地简单罗列。

三是实习总结与体会。这是实习报告的精华部分，主要谈实习中遇到的实际问题并提出解决方案，要求条理清楚、逻辑性强，要着重写出作者对实习的总结、体会和感受，特别是自己所学的专业理论与实践的差距，明确今后努力的方向。

四是致谢。这是对实习单位及实习指导教师的感谢，要求言简意赅，有真情实感。

二、实习报告的特点

（1）专业性。它要求对在实习中运用有关专业的知识解决问题的情况进行报告，内容具有很强的专业特色。

（2）总结性。它要求对实习情况进行全面的回顾总结，并概括出规律性的东西，使自身素质和能力不断得到提高。

（3）报告性。它要求写给实习指导教师或学校有关部门，属于上行文。要努力做到客观准确，用语得体。

三、写作实习报告的注意事项

（1）反映情况，突出重点。

（2）分析概况，总结规律。

（3）实事求是，材料具体。

（4）表达得当，用语得体。

例文

大学生实习报告

一、实习目的

这次实习是我们毕业前的一次综合性实习。在本次实习中，为了拓展我们的知识面，扩大与社会的接触面，增加我们在社会竞争中的经验，锻炼和提高我们的能力，以便在毕业后能真正走入社会，能够适应国内外的经济形势的变化，并且能够在生活和工作中很好地处理各方面的问题，学校允许我们根据自己所学的知识及兴趣爱好寻找实习单位，进一步运用所学知识分析和解决实际专业问题，提高我们的实际工作能力，为毕业实习和顶岗实习打下良好的基础。

二、实习前的准备

因为学校允许我们自己寻找实习单位,所以在实习前的一周我们不停地搜索各方面的信息。我一直找不到适宜的实习单位,就在我准备放弃的时候,我们看到了川菜府酒楼的招聘信息,于是我抱着试一试的心态去面试,没想到与老板进行交谈后,老板很爽快地聘用了我。在经历过无数次找工作失败的挫折后,我对自己说,这次必须好好做。

三、实习资料

川菜府酒楼是四川风味的饭店。它位于翟营南大街卓达商贸广场,属于中小规模饭店,一共三层楼:一楼大厅、二楼卡间、三楼雅间。大厅和卡间可坐客人1~4位,雅间可坐客人8~14位。

我在这里的实习岗位是服务员,下面对我们的工作内容和规章制度做简单的介绍。我和厨师们一样,都是上午九点上班,上班后先打扫卫生,然后十点开饭,十一点迎客,下午两点下班(同样也是我吃饭的时间),下午五点上班,上班后也是先打扫卫生,然后迎客,晚上九点吃饭,九点半下班。服务员、传菜生均属于前厅,厨师们属于后厨。其中,前厅三天一倒班,两人值班,务必有一人在大厅,不值班的人能够到点就下班,而值班的人得等客人走后才能休息,休息时大厅里也务必留一个人,这是我们的值班制度。因为该饭店有三个楼层,所以服务员也不是固定地待在那个楼层,同样也是三天一倒班。

服务员的具体工作如下。上班后打扫各自负责的楼层,摆好餐具,打好热水,收拾好后等着上客,客人来后为客人倒茶水、点菜。说到点菜,如今稍具规模的饭店都使用点菜宝,当然我们也不例外,它跟手机差不多,很好学,几分钟就能学会。点完菜后就等着传菜生传菜,上好菜后如果不是很忙的话能够休息一下。客人用完餐后结账,等客人走后,收台、撤台和摆台,整体流程大致就是这样。

四、实习体会

实习,就是把我在学校所学的理论知识,运用到客观实际中去,使自己所学的理论知识有用武之地。只学不实践,那么所学的就等于零。理论应与实践结合。另外,实习可为以后找工作打基础。通过这段时间的实习,我学到了一些在学校里学不到的东西。因为环境不同,接触的人与事不同,从中所学的东西自然就不一样了。要学会从实践中学习,从学习中实践。现在中国的经济飞速发展,国内外经济发展日新月异,每一天都不断有新的东西涌现,我们在拥有越来越多的机会的同时,也面临更多挑战。社会对于人才的要求越来越高,不只要学好学校里所学到的知识,还要不断从生活中、实践中学习其他知识,不断地从各方面武装自己,这样才能在竞争中突出自己、表现自己。

短短1个月的实习工作使我受益匪浅,不仅让我开阔了眼界,最主要的是让我懂得了如何更好地为人处世。当今社会处在快速的发展变化中,所以我们要用发展的眼光看问题,要不断提高思想认识,完善自我。下面谈几点心得体会。

第一是要真诚。我们绝不能忽略真诚的力量。记得第一天来饭店时,我有些疑惑,不明白老板会怎么要求我、我应该怎样做、要做些什么,等等。踏进饭店的大门,只见几个陌生人用疑惑的眼神看着我。我微笑着和他们打招呼,尴尬的局面立刻得到了缓解,大家都很友善地微笑着欢迎我的到来。从那天起,我养成了一个习惯,每天早上见到他们都要微笑着说声"早!",那是我心底真诚的问候。我总觉得,经常有一些细微的东西容易被我们忽略,比如轻轻的一声问候，它表达了对老师、同事、朋友的尊重和关心，也让他人感觉到被重视与被关心。仅仅几天的时间，我就和同事们打成一片，很好地跟他们交流、沟通、学习，我想，应该是我的真诚换得了他们对我的信任。对服务员而言，跟客人交流更得真诚，客人来店后首先向他们问好，然后把客人带到相应的楼层，点菜时更得细心和真诚，只有这样，客人觉得服务好，下次才会光顾，生意才会好。

第二是要有激情与耐心。激情与耐心，就像火与冰，看似完全不同，却能碰撞出最美丽的火花。作为服务员，应根据客人的喜好，热情地帮助他们介绍菜品或耐心地等他们看完菜单后再点菜。

第三是主动出击。当你能够选择的时候，应把主动权掌握在自己手中。在实习期间，我主动地帮同事打扫卫生，主动地帮老板做些力所能及的事，并用心地寻找适宜的时间，向老板请教问题，跟老板像朋友那样交流，谈生活、学习以及未来的工作，通过这些我和老板及同事们走得更近。在实习中，他们会教我怎样做事，使我获益良多。

第四是感受到学校和社会的距离。在学校，只有学习的氛围，毕竟学校是学习的场所，每一个学生都在为取得更高的成绩而努力。而实习单位是工作的场所，每个人都会为了获得更多报酬而努力。无论是学习还是工作，都存在竞争，在竞争中要不断学习别人先进的地方，也要不断学习别人怎样做人，以提高自己的能力。记得老师以前说过大学是一个小社会，但我总觉得校园里总少不了那份纯真、那份真诚，学生终归是学生。而走进企业，接触各种各样的客户、同事、上司等，关系复杂，得去应对从未应对过的一切。在学校，理论的学习是多方面的，而在实际工作中，可能遇到书本上没学到的状况。有时候我会疑惑，实际操作这么简单，但为什么书本上的知识让人学得这么吃力呢？这是社会与学校脱轨了吗？也许老师是正确的，虽然大学生活不像社会生活，但总是社会生活的一部分，这是不可否认的事实。因此，要感谢老师孜孜不倦的教导，使我有了更多的知识去应付各种工作上的问题。作为一名新世纪的大学生，应懂得与社会上各方面的人交往，处理社会上所发生的各方面的事情，这就意味着大学生要注意社会实践，社会实践必不可少。毕竟，大学毕业后，我已经不再是一名大学生，而是社会中的一分子，要与社会交流，为社会做贡献。只懂得纸上谈兵是远远不及的，以后的人生旅途是漫长的，为了锻炼自己成为一名合格的、对社会有用的人才，多接触社会是很有必要的。在这里我要说的是：我们上学，学习先进的科学知识，是为了将来走进社会，献出自己的一份力量，我们应在这段宝贵的时间里努力掌握专业知识，以便明天更好地为社会服务。

回顾实习生活，我的感触是很深的，收获是丰硕的。

纸上得来终觉浅，绝知此事要躬行。在短暂的实习过程中，我深深地感觉到自己所学知识的肤浅和在社会实践中知识的匮乏。在刚开始实习的一段时间里，我对一些工作感到无从下手，茫然不知所措，这让我感到十分难过。在学校我总以为自己学得不错，一旦接触实际，才真正领悟到学无止境的含义。

千里之行，始于足下，这一个月短暂而又充实的实习，对我走向社会起到了一个桥梁的作用，是人生的一段重要的经历，也是一个重要步骤，对将来走上工作岗位也有很大帮忙，能够避免我毕业后在工作中眼高手低现象。向他人虚心求教、遵守组织纪律和单位规章制度、与人礼貌交往等一些为人处世的基本原则都要在实际生活中认真贯彻，好的习惯也要在实际生活中不断培养。这一段时间所学到的经验和知识大多来自老板和同事们的教导，这是我一生中的一笔宝贵财富。这次实习也让我深刻了解到，在工作中和同事维持良好的关系是很重要的。做事首先要学做人，要明白做人的道理，如何与人相处是现代社会中做人的一个最基本的问题。对于自己这样一个即将走向社会的大学生来说，需要学习的东西很多。

实习是每个大学生必须拥有的一段经历，它使我在实践中了解社会，让我学到了很多在课堂上根本就学不到的知识，也开阔了视野，增长了见识，为我以后进一步走向社会打下坚实的基础。最后衷心地感谢学校给我们带给了这次宝贵的实习机会。

最后，我想对所有在实习期间帮助我、鼓励我的领导和前辈表示最衷心的感谢，祝愿您们工作开心，身体健康，生活幸福美满。

8　调研报告

调研报告是对某一情况、某一事件、某一经验或问题，经过在实践中对其客观实际情况的调查了解，将调查了解到的全部情况和材料进行"去粗取精、去伪存真、由此及彼、由表及里"的分析研究，揭示本质，找出规律，总结经验，最后以书面形式陈述出来。调研报告的核心是实事求是地反映和分析客观事实。调研报告主要包括两个部分：一是调查，二是研究。调查，应该深入实际，准确地反映客观事实，不凭主观想象，按事物的本来面目了解事物，仔细地钻研材料。研究，即在掌握客观事实的基础上，认真分析，透彻地揭示事物的本质。

【调研报告的特点】

1）目的明确

应以研究为目的，根据社会和工作的需要，制定出切实可行的调研计划，有计划地、积极主动地实践，从明确的追求出发，深入第一线，不断了解新情况、新问题，有意识地探索和研究，写出有价值的调研报告。

2）注重事实

调研报告讲求事实。它通过调查得来的事实材料说明问题，用事实材料阐明观点，揭示规律，引出符合客观实际的结论。调研报告的基础是客观事实，一切分析研究都必须建立在客观事实的基础之上，确凿的事实是调研报告的价值所在。因此，尊重客观事实，用事实说话，是调研报告的最大特点。调研报告的材料必须真实无误，调研报告涉及的时间、地点、事件经过、背景介绍、资料引用等都要求准确真实。一切材料均出之有据，只有用事实说话，才能提供解决问题的经验和方法，研究的结论才能有说服力。如果调研报告失去了真实性，也就失去了它赖以存在的科学价值和应用价值。

3）论理性

调查报告的主要内容是事实，主要的表现方法是叙述。调研报告的目的是从这些事实中概括出观点，而观点是调研报告的灵魂。因此，占有大量材料，不一定就能写好调研报告，还需要对调研的东西进行分析综合，进而提炼出观点。对材料的研究，要在正确思想的指导下，用科学方法经过"去粗取精、去伪存真、由此及彼、由表及里"的过程，从事物发展的不同阶段，找出起支配作用的、本质的东西，把握事物的内在规律，运用最能说明问题的材料并合理安排，既要弄清事实，又要说明观点。这就需要在对事实叙述的基础上进行恰当的议论，表达出调研报告的主题思想。议论是"画龙点睛"之笔。调研报告紧紧围绕事实进行议论，要求叙大于议，有叙有议，叙议结合。如果议大于叙，就成了议论文。所以要防止只叙不议，观点不鲜明；也要防止空发议论，叙议脱节。夹叙夹议是调研报告的主要特色。

4）语言简洁

调研报告的语言简洁明快，不要求细腻的描述，只需以简明朴素的语言报告客观情况。由于调研报告涉及可读性问题，所以语言有时可以生动活泼，适当采用群众性的生动而形象的语言。同时，注意使用一些浅显生动的比喻，增强说理的形象性和生动性，但前提必须是为说明问题服务。

【调研报告的种类】

1）按照服务对象分类

可分为市场需求者调研报告（消费者调研报告）、市场供应者调研报告（生产者调研报告）。

2）按照调研范围分类

可分为全国性市场调研报告、区域性市场调研报告、国际性市场调研报告。

3）按照调研频率分类

可分为经常性市场调研报告、定期性市场调研报告、临时性市场调研报告。

4）按照调研对象分类

可分为商品市场调研报告、房地产市场调研报告、金融市场调研报告等。

【写作知识】

调研报告一般由标题、正文、结尾构成。

1）标题

调研报告标题的具体写法有以下几种。

（1）公文式标题。这类调研报告标题多数由事由和文种构成，平实沉稳，如"关于知识分子经济生活状况的调研报告"；也有一些由调研对象和"调查"二字组成，如"知识分子情况的调查"。

（2）一般文章式标题。这类调研报告标题直接揭示调研报告的中心思想，十分简洁，如"本市老年人各有所好"。

（3）提问式标题。这是典型调研报告常用的标题写法，特点是具有吸引力，如"'人情债'何时了"。

（4）正副题结合式标题。这是用得比较普遍的一种调研报告标题，特别是典型经验的调研报告和新事物的调研报告。正题揭示调研报告的思想意义，副题表明调研报告的事项和范围，如"深化厂务公开机制 创新思想政治工作方法——关于武汉分局江岸车辆段深化厂务公开制度的调查"。

2）正文

调研报告的正文包括前言、主体两部分。

（1）前言。

调研报告的前言简要地叙述为什么对某问题（工作、事件、人物）进行调查；调查的时间、地点、对象、范围、经过及采用的方法；调查对象的基本情况、历史背景以及调查后的结论等。这些方面的侧重点由作者根据调研目的确定，不必面面俱到。

调研报告开头的方法很多，有的引起读者注意，有的采用设问手法，有的开门见山，有的承上启下，有的画龙点睛，没有固定形式，但一般要求紧扣主旨，为主体部分的展开做准备。前言的文字要简练，概括性要强。

（2）主体。

主体是调研报告的主干和核心，是前言的引申，是结论的依据。主体部分主要写明事实的真相、收获、经验和教训，即介绍调查的主要内容。主体部分要包括大量的材料——人物、事件、问题、具体做法、困难障碍等，内容较多，所以要精心安排调研报告的层次，安排好结构，有步骤、有次序地表现主题。

调研报告中关于事实的叙述和议论主要都写在主体部分，是充分表现主题的重要部分。一般来说，调研报告主体的结构有三种形式。

第一，横式结构。把调查的内容加以综合分析，紧紧围绕主旨，按照不同的类别分别归纳成几个问题来写，每个问题可加小标题。每个问题往往还包含若干个小问题。典型经验性质调研报告一般多采用这样的结构。这种调研报告结构观点鲜明，中心突出，使人一目了然。

第二，纵式结构。该结构有两种形式，一是按调查事件的起因、发展和先后次序进行叙述和议论，一般情况调研报告和揭露问题的调研报告多使用这种结构方式，有助于读者对事物发展有深入的全面的了解；二是按成绩、原因、结论层层递进的方式安排结构，一般综合性质的调研报告多采用这种结构形式。

第三，综合式结构。这种结构形式兼有纵式和横式两种特点，互相穿插配合，组织安排材料。采用这种结构形式，一般是在叙述和议论发展过程中用纵式结构，而写收获、认识和经验教训时采用横式结构。

调研报告的主体部分不论采取什么结构形式，都应该做到先后有序、主次分明、详略得当、联系紧密、层层深入，为更好地表达主题服务。

3）结尾

结尾是调研报告分析问题，得出结论，解决问题的必然结果。不同的调研报告，结尾的写法各不相同。一般来说，调研报告的结尾有以下五种：对调研报告归纳说明，总结主要观点，深化主题，以提高人们的认识；对事物发展做出展望，提出努力的方向，启发人们进一步探索；提出建议，供领导参考；写出尚存在的问题或不足，说明有待今后研究解决；补充交代正文没有涉及而又值得重视的情况或问题。结尾的语言要简明扼要。

【写作注意事项】

1）确定主题

主题是调研报告的灵魂，对调研报告写作的成败具有决定性意义。因此，确定主题时要注意：主题应与调查主题一致；要根据调研和分析的结果确定主题，主题宜小且宜集中，与标题协调一致，避免文题不符。

2）取舍材料

对经过统计分析与理论分析所得到的系统的完整的调研资料，在组织调研报告时仍需精心选择，不可能也不必都写入报告，要注意取舍。

（1）选取与主题有关的材料。

不能将材料简单堆砌，去掉无关的、次要的、非本质的材料，使主题集中、鲜明、突出。

（2）注意材料点与面的结合。

材料不仅要支持报告中的某个观点，而且要相互支持。

（3）要比较、鉴别、精选材料，选择最好的材料来支持作者的观点，使每一份材料能够"以一当十"。

3）布局和拟定提纲

这是调研报告构思中的一个关键环节。布局就是指调研报告的表现形式，它反映在提纲上就是调研报告的"骨架"。拟定提纲的过程实际上就是把调查材料进一步分类、架构的过程。拟定提纲的原则是：围绕主题，层层进逼，环环相扣。提纲必须层次分明。

调研报告的提纲有两种，一种是观点式提纲，即将作者在调研中形成的观点按逻辑关系一一列写出来；另一种是条目式提纲，即按层次意义逐条列写提纲。也可以将这两种形式结合起来制作提纲。

4）起草报告

这是调研报告写作的行文阶段。在行文时要注意以下方面。

（1）结构合理（标题、导语、正文、结尾、落款）。

（2）报告文字规范，具有审美性与可读性，如"制定优惠政策，引进急需人才""运用竞争机制，盘活现有人才"。

（3）通读易懂。注意对数字、图表、专业名词术语的使用，做到深入浅出，语言具有表现力，准确、鲜明、生动、朴实。

5）修改报告

调研报告起草好以后，要认真修改，主要是对调研报告的主题、材料、结构、语言文字和标点符号进行检查，在完成修改之后，才能定稿向上报送或发表。

【写作例文】

农民工文化需求调研报告

文化需求是社会人的一般需求。根据马斯洛的需求层次理论，人有生理需求、安全需求、社交需求、尊重需求和自我实现需求五类，依次由较低层次到较高层次发展。当新生代农民工物质需求逐步得到满足时，其他方面的需求就会被激发出来，文化需求显得相当突出。

一、新生代农民工文化需求现状分析

1. 新生代农民工对文化娱乐生活的需求

文化作为一种符号，体现着新生代农民工的精神状态。新生代农民工已经由生存理性转变到社会理性，物质已经不再是他们唯一的需求，他们的文化精神需求同样迫切。但是由于经济原因，农民文化消费能力不强；另外，包括政府部门在内的社会各界，对新生代农民工

的文化需求未给予足够的重视和关注，把农民工的精神文化需求排斥在外，其文化娱乐生活极其单调。调查显示，新生代农民工的休闲娱乐方式主要是睡觉、听广播等较为原始、低级的娱乐方式。即使有的农民工开始接触网络等较现代化的娱乐方式，他们也大多把网络作为打发时间的工具（聊天、看电影等），而没有有意识地利用网络在信息传递、文化提升、人际交往等方面的重要功能。新生代农民工相对单调的文化生活使他们在价值观上呈现出保守、落后的特征，大大不利于其市民化进程。

2. 新生代农民工对专业技能的需求

学习一门过硬的技术是大部分新生代农民工最强烈的愿望。新生代农民工的文化水平比传统农民工虽然有了显著提高，但因为没有一技之长，他们即使有心摆脱出卖苦力的低级打工状态，也普遍感到心有余而力不足。新生代农民工融入城市生活的第一个"坎"，就是求职过程中的技术门槛，他们普遍陷入一种"技术困境"。另外，随着产业的升级，城市此刻紧缺技术工人，但求职农民工80%没有任何技能，远远满足不了市场需求。虽然新生代农民工已经有了初步的学习意识，但由于学习成本较高以及收益不稳定，对于学什么、怎样学，他们还存在很多认识上的误区。

3. 新生代农民工对科学文化知识的需求

虽然新生代农民工的文化水平较传统农民工有显著提高，但是其平均受教育年限却远远短于城市从业人员，这种差距与农村城市化的进程不适应。新生代农民工要想真正融入城市，就要不断学习，理解新知识、新技能，从根本上适应从农民到市民的角色转变。随着新生代农民工维权意识的逐渐增强和自我意识的觉醒，他们要顺利地争取自己的权利，务必有相应的法律知识和文化知识与之匹配，他们的实践需要决定了他们对文化知识的渴求。另外，许多农民工在城市遭受到缺乏科学文化知识带来的困惑和失望，有些人把期望寄托在下一代身上，期望子女能够受到良好的教育，从而改变自己的命运。

二、新生代农民工文化需求原因分析

（1）新生代农民工受教育程度相对较高，学习欲望强烈。新生代农民工与传统农民工相比，文化水平比较高，基本具有初中以上学历，还有一部分是高中生，甚至有些人受到过中专或高技类课程培训，知识面、信息来源比较广。同时在工作过程中，新生代农民工的学习热情较高，知识能够改变命运这种观点在新生代农民工中得到最广泛的认同。他们不仅自己有着强烈的学习欲望，而且对下一代也寄予很大的期望。对知识的渴望使新生代农民工对文化供应提出了更高的要求，现有的文化状况远远不能满足新生代农民工的文化需求。

（2）新生代农民工对城市的认同度较高，土地意识淡化。新生代农民工自身特性的变化和技能素质的提升，加上农地制度变迁使新生代农民工的乡土社会认同感减弱，他们大多数往往直接从学校进入外出务工行列，有的还是在城里跟着打工父母成长起来的，对于现代产业规律的熟悉程度远高于传统农业。同时，他们极力谋求城市社会的认同，在经历了城市生活及文化氛围的熏陶之后，更感觉到城乡社会的差距，从而表现出对城市社会更强烈的向往。他们忽视各种制度性的障碍仍然存在，转变就业观念、生活方式、消费方式，用心主动地融入城市生活。新生代农民工对城市生活的向往和追求对传统的思想观念、双重制度和限制政策提出了挑战。

（3）新生代农民工职业期望值较高，立足长远发展。新生代农民工进城务工的目的，更多的不是为了生存而是为了谋求发展。他们有较强的拼搏意识和进取精神，有自己的思想,甚至有明确的职业规划。他们不仅满足于挣钱来改善家庭生活,而是要求有所发展。他们更看重个人的潜力和机会,相信通过个人努力拼搏能获得成功。在争取待遇、谋求更大发展空间方面,新生代农民工要求的更加直接。一些新生代农民工刻苦学习专业技术,以提高就业的竞争力。他们把务工当做学习、提高、适应的过程,期望通过自身的努力,实现从农民到工人再到更高社会身份的转变。这要求政府和社会务必重视新生代农民工对知识和专业技能的渴求,满足他们的发展需要。

三、满足新生代农民工文化需求的对策

(1) 多方推进,丰富新生代农民工的文化生活。

尽管新生代农民工的生活方式已经和城市居民差异不大,但在精神上,他们仍独自形成了一个群体,这个群体和城市文化似乎有些格格不入。满足新生代农民工的文化需求,使他们尽快融入城市文化,需要政府、社会、企业和新生代农民工的共同努力。

①发挥政府的主导作用。政府是丰富新生代农民工文化生活的主导者,要把丰富新生代农民工文化生活纳入公共服务范畴,不断增强公共服务的职能。

②企业要充分发挥新生代农民工的主体作用。要根据新生代农民工的需要层次,增加文化活动设施,丰富新生代农民工的业余文化生活。同时,要组织新生代农民工开展丰富多彩的业余文化活动,激发新生代农民工的参与热情。

③用心发挥社会组织的重要作用。社区、各级工会、共青团、妇联等人民团体要经常为新生代农民工组织一些形式多样的群众性文体活动,满足他们多层次、多方面的文化需求。

(2) 加强教育培训,全面提高新生代农民工的素质。

对新生代农民工而言,自身素质的高低直接关系到获取资源能力的强弱,进而影响着他们的社会认同状况和社会融入能力。

①要对新生代农民工进行科学文化知识培训。根据新生代农民工比较年轻、受教育水平较高、理解能力较强等特点,通过建立和完善多层次新生代农民工教育培训体系,使他们学习现代科学文化知识,并通过多层次教育体系来引导和组织新生代农民工理解就业和创业培训,提高其综合素质和职业技能水平。同时开展职业道德教育,把他们培养成为既熟练掌握职业技能,又具有良好职业道德的新型劳动者。

②扩大新生代农民工的社交面,加强与其他群体尤其是城市居民的互动交流。要利用社区、街道办及其他社会团体等资源优势组织丰富多彩的活动,在交流和互动中增进了解,促进融合,从而使新生代农民工在思想观念、行为方式、礼貌素养等方面受到潜移默化的影响。同时,使城市居民纠正对新生代农民工的偏见,消除歧视,以平等的心态看待并接纳他们。

③加大对新生代农民工教育培训的投入。通过政府主导、社会团体辅助等方式整合现有的教育培训资源,充分发挥各类教育培训机构和工青妇组织的作用,用心探索政府、企业与社会共同推进新生代农民工教育和培训的新路径,多渠道、多层次、多形式开展新生代农民工职业培训和素质教育,不断提高新生代农民工的整体素质。

> **课堂演练**

(1) 调研报告由哪几部分构成?

(2) 为了更好地了解大学生就业情况,提高大学生就业率,请以小组形式开展大学生创业活动调研,形成调研报告。

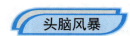

调查报告和调研报告的写作侧重点分别是什么?

调研方法与注意事项

(1) 调研方法有很多种,经常使用的方法主要有以下几种。

①实地考察法。可以到基层单位(教研室、机关科室、实验室,教研室、医院等)进行实地考察,获取第一感观印象。

②民调法。可分层次召开有各种代表(党员代表、老师代表、学生代表、人大代表、政协委员、党外领导干部、专家学者、离退休老干部代表等)参加的座谈会,听取各方面对某问题的意见建议。

③访谈法。包括小型访谈会、上门个别访谈、电话访谈、QQ群访谈等多种方式。

④问卷法。通过问卷调查、网络征集等形式,征集群众的意见建议。

(2) 开展调研活动的注意事项。

各单位要提高对调研重要性的认识,认真组织调研队伍,遴选精干人员进行调研工作。调研时要坚持实践原则,要发现和解决实际问题;要坚持群众路线,多听群众意见,注意调查的覆盖面以及调查结果的群众认可度。同时,还要认真设计选题和内容,特别要注意选择关键问题、突出问题、难点问题等。

调研报告一定要以事实为依据提出问题,如果问题较多,要着重提出突出问题和群众关注的热点问题,不仅要提出问题,还要分析问题产生的原因。调研要按照规定动作统一部署、协调一致。既要按规定动作做好调研安排,又要广泛征求各方面的意见,结合各单位实际搞创新,从调研内容、工作方法、操作方式上创新,做到灵活机动。

9 产品说明书

产品说明书是指全面、明确地介绍产品的名称、用途、性质、性能、原理、构造、规格、使用方法、保养维护、注意事项等内容的准确、简明的文字材料。

【产品说明书的基本功能】

产品说明书就是对产品的介绍和说明,包括产品的外观、性能、参数、使用方法、操作指南、注意事项等。

1) 传播知识

当产品说明书伴随着产品走向消费者群体的时候,它所包含的新知识、新技术也为消费者所了解。

2) 指导用户

产品说明书对产品进行客观的介绍、科学的解释,使消费者了解产品的特性,掌握产品的操作程序,从而达到科学消费的目的。

3）宣传企业

产品说明书在介绍产品的同时，也宣传了企业，因此兼有广告宣传的性质。

4）推销产品

产品说明书对产品进行专门介绍，有助于加深消费者对产品的认识，激起消费者的购买欲，促成消费行为，从而起到推销产品的作用。

【产品说明书的特点】

1）真实性

产品使用涉及千家万户，关系到广大消费者的切身利益，决不允许夸大其词，鼓吹操作，甚至以假冒伪劣产品谋取经济利益。

2）科学性

产品是科学与生产实践的产物，在一定程度上体现了当代的科技水平，是科技的实用型代表。

3）条理性

因文化、地理、生活、环境等的不同，人们对产品说明书的内容还存在认识和理解上的差异，所以，产品说明书在陈述产品的各种要素时，要有由浅入深、循序渐进的过程。

4）通俗性

很多消费者没有专业知识，因此有必要用通俗浅显和大众喜闻乐见的语言，清楚明白地介绍产品，使消费者使用产品时得心应手，对注意事项心中有数。

5）实用性

产品说明书强调产品的实用性，目的在于突出产品的优势，利于消费者使用产品。

6）广告性

产品说明书激起消费者的购买欲，促成消费行为，所以具有一定的广告性。

【产品说明书的种类】

1）按照性质分类

可分为工业产品说明书、农产品说明书、金融产品说明书、保险产品说明书等。

2）按照写作方法分类

可分为条款（条文）式产品说明书、图表式产品说明书、条款（条文）和图表结合式产品说明书。

3）按照内容分类

可分为产品说明、使用说明、安装说明、演出说明。

【写作知识】

产品说明书通常由标题、正文和落款三个部分构成。其中，正文是产品说明书的主体部分。

1）标题

产品说明书的标题通常由产品名称或说明对象加上文种构成，一般放在第一行，要注重视觉效果，可以采用不同的体例设计。

2）正文

正文是产品说明书的主体部分，是介绍产品的特征、性能、使用方法、保养维护、注意事项等内容的核心所在。正文内容主要有概述、指标、结构、特点、使用（安装）方法、注意事项、保养方法、责任。

3）落款

在落款处写明生产者、经销单位的名称、地址、电话、邮政编码、Email 等内容，为消费者进行必要的联系提供方便。

【产品说明书的形式】

1）概述式

用一段话简明扼要地说明对象，做总体概括式介绍。

2）条款式

采用分条说明的方式，通常用于简介产品。

3）复合式

综合使用概述式和条款式，先给用户一个总体印象，再使用户了解具体项目内容。

4）图文式

不仅用文字说明，而且配以图表，直观明了、图文并茂地加以说明。各种家用电器说明书多采用此种形式。

5）综合式

把概述式、条款式、图文式有机结合运用即综合式。

【写作注意事项】

（1）实事求是。
（2）表达准确。
（3）语言通俗。
（4）突出重点。

【写作例文】

噪声抑制智能耳机产品说明书

一、产品简介

噪声抑制智能耳机是一款集成了最先进噪声抑制技术的高质量音频设备，采用人体工学设计，舒适贴合，适合长时间佩戴。无论是在喧嚣的街头，还是在吵闹的办公室，都能让您沉浸在自己的音乐世界中，享受纯净的音乐体验。

二、产品功能与特性

（1）主动噪声抑制：先进的主动噪声抑制技术，能够有效地抑制环境噪声，让您在任何环境中都能享受清晰、纯净的音质。

（2）高品质音频：采用高质量的音频驱动器，提供深沉且丰满的低音、清晰且明亮的中高音。

（3）佩戴舒适：采用人体工学设计，配有多种尺寸的耳塞，适合各种耳型，长时间佩戴也不会感到不适。

（4）蓝牙连接：支持蓝牙5.0，可以快速稳定地与各种设备连接。

（5）长续航：一次充电，可连续使用长达20小时，让您无须担心电量问题。

三、使用说明

（1）配对与连接：打开耳机和您的设备蓝牙，选择耳机的蓝牙名称进行配对连接。

（2）开启噪声抑制：长按耳机上的噪声抑制按钮，直到听到提示音表示噪声抑制功能已开启。

（3）调整音量与切换歌曲：通过耳机上的控制键，可以方便地调整音量、切换歌曲。

（4）充电：当耳机电量低时，通过附带的USB充电线进行充电。

四、注意事项

（1）请不要在潮湿环境中使用或存放耳机，以免耳机进水。

（2）请使用原装或者认证的充电器和充电线为耳机充电。

（3）请勿使用尖锐物品刮擦耳机，以免造成耳机外观损伤。

五、售后服务

我们为您提供一年的产品保修服务，如有任何产品质量问题，请及时与我们的客户服务中心联系。我们将尽全力为您提供满意的解决方案。

课堂演练

（1）产品说明书的作用与形式有哪些？

（2）你认为随着社会的发展，未来最有可能发明生产哪一种产品？请就此写一份产品说明书。

头脑风暴

产品说明书最重要的特点是什么？请给出原因。

拓展延伸

产品说明书写作常犯错误如下。

（1）不符事实——夸大产品性能。

（2）内容不全——缺少必要介绍。

（3）表达繁复——不够通俗简明。

（4）篇幅过长——缺乏对内容的适当选择。

（5）翻译有误——不能正确表达本意。

推荐阅读

(1)《乡愁》(余光中);
(2)《我爱这土地》(艾青);
(3)《有的人》(臧克家);
(4)《初春》(舒婷);
(5)《中国的汽车呼唤着高速公路》(邵燕祥);
(6)《种子的梦》[柯岩(冯恺)];
(7)《苏州园林》(叶圣陶);
(8)《中国石拱桥》(茅以升);
(9)《故宫博物院》(黄传惕);
(10)《都江堰》(余秋雨);
(11)《丑石(节选)》(贾平凹);
(12)《读书人是幸福人(节选)》(谢冕);
(13)《国家荣誉感》(冯骥才)。

参 考 文 献

[1] 《中国历代文学名篇》编委会. 中国历代散文名篇 [M]. 呼和浩特：内蒙古人民出版社，2009.
[2] 唐品. 古文观止精粹 [M]. 北京：天地出版社，2017.
[3] 闻一多. 节子之歌：闻一多诗歌散文经典 [M]. 长春：吉林出版集团，2018.
[4] 李静. 唐诗宋词鉴赏 [M]. 北京：华文出版社，2009.
[5] 萧涤非，马茂元，程千帆，等. 唐诗鉴赏辞典 [M]. 上海：上海辞书出版社，1983.
[6] 吴熊和. 唐宋词汇评·两宋卷（一）[M]. 杭州：浙江教育出版社，2004.
[7] 黄岳洲. 中国古代文学名篇鉴赏辞典（下卷）[M]. 北京：华语教学出版社，2013.
[8] 王淄尘. 四书读本（上册）[M]. 北京：中国书店，1986.
[9] 杨伯峻. 论语译注. 北京：中华书局，2006.
[10] 游国恩，王起，萧涤非，等. 中国文学史（一）[M]. 北京：人民文学出版社，1963.
[11] 周扬，刘再复. 中国大百科全书·中国文学（第Ⅰ卷）[M]. 北京：中国大百科全书出版社，1986.
[12] 黄岳洲. 中国古代文学名篇鉴赏辞典（上卷）[M]. 北京：华语教学出版社，2013.
[13] 十三经注疏整理委员会. 论语注疏 [M]. 北京：北京大学出版社，2000.
[14] 夏征农. 辞海（缩印本）[M]. 上海：上海辞书出版社，2000.
[15] 王之望. 中国文学名篇欣赏 [M]. 天津：天津人民出版社，1991.
[16] 钱仲联，章培恒，陈祥耀，等. 元明清诗鉴赏辞典（清·近代）[M]. 上海：上海辞书出版社，1994
[17] 吴小如. 汉魏六朝诗鉴赏辞典 [M]. 上海：上海辞书出版社，1992.
[18] 姜亮夫. 先秦诗鉴赏辞典 [M]. 上海：上海辞书出版社，1998.
[19] 王秀梅. 诗经（下）：雅颂 [M]. 北京：中华书局，2015.
[20] 海兵. 杜甫诗全集诗注 [M]. 乌鲁木齐：新疆人民出版社，2000.
[21] 萧涤非. 唐诗鉴赏辞典 [M]. 上海：上海辞书出版社，1983.
[22] 陈振鹏，章培恒. 古文鉴赏辞典（上）[M]. 上海：上海辞书出版社，1997.
[23] 李乃龙. 庄子分解 [M]. 桂林：广西师范大学出版社，2011.
[24] 王恺. 庄子还原注译 [M]. 郑州：河南文艺出版社，2011.
[25] 郭象，向秀. 庄子注 [M]. 广州：花城出版社，1998.
[26] 曹明纲. 陶渊明谢灵运鲍照诗文选评 [M]. 上海：上海古籍出版社，2002.
[27] 吴楚材，吴调侯. 古文观止 [M]. 哈尔滨：哈尔滨出版社，2012.
[28] 吴楚材，吴调侯. 古文观止（插图版）[M]. 北京：中国纺织出版社，2017.
[29] 朱一清. 古文观止鉴赏集评（二）[M]. 合肥：安徽文艺出版社，1996.
[30] 姚鼐. 古文辞类纂 [M]. 胡士明，李祚唐，标校. 上海：上海古籍出版社，2016.
[31] 李朝全. 诗歌百年经典 1917—2015 [M]. 北京：中央编译出版社，2016.

[32] 洪子诚. 中国新诗百年大典 [M]. 武汉：长江文艺出版社，2013.

[33] 姚国军. 中华经典诗词品鉴 [M]. 呼和浩特：内蒙古人民出版社，2016.

[34] 侯建. 中国经典诗词品鉴 [M]. 北京：中国人民大学出版社，2016.

[35] 李寅生. 中国古典诗文精品读本（下）[M]. 北京：国家行政学院出版社，2013.

[36] 方笑一，戎默. 故事词中的中华美德 [M]. 上海：上海人民出版社，2017.

[37] 梦华. 图解国学知识（全新图解版）[M]. 北京：中国华侨出版社，2016.

[38] 贺又宁，吴艳. 实用普通话教程 [M]. 北京：北京师范大学出版社，2015.

[39] 屈海英. 新编演讲与口才 [M]. 杭州：浙江大学出版社，2011.

[40] 孙海燕. 口才训练十五讲 [M]. 北京：北京大学出版社，2013.

[41] 郝敬宏. 中学辩论课程 [M]. 青岛：青岛出版社，2021.

[42] 蒋红梅，张晶，罗纯. 演讲与口才实用教程 [M]. 3 版. 北京：人民邮电出版社，2018.

[43] 刘志敏. 演讲与口才实用教程 [M]. 北京：人民邮电出版社，2017.

[44] 刘永娟. 口才与应用写作 [M]. 北京：电子工业出版社，2013.

[45] 腾龙江. 辩论技法与辩论口才 [M]. 昆明：云南人民出版社，2020.

[46] 谢伦浩. 学生口才艺术 [M]. 北京：石油工业出版社，2013.

[47] 朴杰，尤丽娟. 大学生职业规划与就业创业指导 [M]. 北京：北京邮电大学出版社，2019.

[48] 赵凡禹，水中鱼. 舌上风暴：辩论技法与辩论口才大全集 [M]. 北京：新世界出版社，2011.

[49] 王用源. 应用文写作技能与规范 [M]. 北京：人民邮电出版社，2022.

[50] 通识教育规划教材编写组. 应用文写作教程 [M]. 北京：人民邮电出版社，2017.

[51] 徐鸿，张隽. 应用文写作 [M]. 北京：人民邮电出版社，2015.

[52] 杨晓英，钟翠红. 新编应用文写作教程 [M]. 南京：南京大学出版社，2017.

[53] 谢志礼. 应用文写作教程 [M]. 杭州：浙江大学出版社，2015.

[54] 刘熙载. 艺概 [M]. 杭州：浙江人民美术出版社，2017.